PEDOFILIA NA IGREJA

© 2023 Fábio Gusmão e Giampaolo Morgado Braga

Direção editorial: **Bruno Thys e Luiz André Alzer**

Capa, projeto gráfico e diagramação: **Renata Maneschy**

Revisão: **Camilla Mota**

Dados Internacionais de Catalogação na Publicação (CIP)
(eDOC BRASIL, Belo Horizonte/MG)

G982p Gusmão, Fábio.
Pedofilia na Igreja: um dossiê inédito sobre casos de abusos envolvendo padres católicos no Brasil / Fábio Gusmão, Giampaolo Morgado Braga. – Rio de Janeiro, RJ: Máquina de Livros, 2023.
256 p. : 16 x 23 cm

Inclui bibliografia
ISBN 978-65-00-68872-6

1. Igreja Católica — Clero — Comportamento Sexual. 2. Pedofilia. 3. Crimes. sexuais contra crianças. I. Braga, Giampaolo Morgado. II. Título

CDD 261.83272

Elaborado por Maurício Amormino Júnior – CRB6/2422

Grafia atualizada segundo o Acordo Ortográfico da Língua Portuguesa de 1990, em vigor no Brasil desde 2009

1ª edição, 2023

Todos os direitos reservados à **Editora Máquina de Livros LTDA**
Rua Francisco Serrador 90 / 902, Centro, Rio de Janeiro/RJ – CEP 20031-060
www.maquinadelivros.com.br
contato@maquinadelivros.com.br

Nenhuma parte desta obra pode ser reproduzida, em qualquer meio físico ou eletrônico, sem a autorização da editora

FÁBIO GUSMÃO
GIAMPAOLO MORGADO BRAGA

PEDOFILIA NA IGREJA

UM DOSSIÊ INÉDITO SOBRE CASOS DE ABUSOS ENVOLVENDO PADRES CATÓLICOS NO BRASIL

máquina de livros

*A Emília e Isabella, por fazerem nascer
em mim o amor incondicional de avô.
A Cristina, pelo amor e incentivo nessa jornada.*
FÁBIO GUSMÃO

*A Antônio, meu filho, pelo amor sem fim.
A Sandra, minha mãe, por tudo.*
GIAMPAOLO MORGADO BRAGA

ÍNDICE

Prólogo 9

Prefácio 15

Apresentação 19

PARTE 1 – CASOS DE ABUSOS 27

Frei Tarcísio Tadeu 29

Padre Alfieri Bompani 43

Padre Edson Alves dos Santos 55

Padre Marcos Andreiv e freira Josiane Kelniar 71

Padre Hélio Aparecido 79

Frei Paulo Back 82

Padre Enoque Donizetti 98

O caso de Arapiraca 101

O caso de Limeira 110

PARTE 2 – CRIME SEM FRONTEIRAS 125

Padre Elias Francisco Guimarães 127

Padre Donald Bolton 131

Padre Peter Kennedy 134

Casos de Boston 137

PARTE 3 – INDIGNAÇÃO E SOLIDARIEDADE **145**

Vox Estis Lux Mundi 147

Rede mundial de sobreviventes de abusos 153

Banco de dados internacional 157

Ceticismo 161

PARTE 4 – DESAFIOS DA IGREJA **165**

As ações que vêm de dentro 167

Um padre no combate à pedofilia 177

Legionários de Cristo 180

Padre Zezinho 182

Processo canônico 190

Legislação brasileira 196

EPÍLOGO – O PEDÓFILO E A IGREJA..**199**

O que dizem os especialistas... 201

APÊNDICE – CASOS PESQUISADOS..**211**

Agradecimentos 249

Bibliografia 251

Nota do editor 255

PRÓLOGO

A missa noturna de sábado, 16 de fevereiro de 2008, na Paróquia Nossa Senhora Auxiliadora, em Rio Grande, era especial: comemorava as bodas de ouro de um casal da cidade gaúcha diante de parentes e amigos. Por volta das 19h, com a cerimônia já encerrada, o clima de festa foi interrompido. Da garagem do Liceu Salesiano Leão XIII, vizinho à igreja, veio correndo em desespero, seminua, uma menina de 12 anos. Fugia de um abuso sexual, praticado dentro de um carro.

Socorrida pela neta do casal e seu namorado — o rapaz estava do lado de fora da igreja e foi o primeiro a ver a cena —, a criança, aos prantos, levou-os à garagem. No caminho, atravessando o pátio, encontraram o dono do carro. Com a camisa amarrotada e para fora da calça, nervoso, o homem disse que a menina estava mentindo. No veículo, encontraram o restante das roupas da criança. O jovem ligou para a polícia. Quando a viatura da Brigada Militar chegou, os policiais prenderam em flagrante o proprietário do veículo: o padre Cláudio da Costa Dias, diretor do colégio.

✳ ✳ ✳

O Liceu Salesiano Leão XIII é uma construção com fachada de argamassa raspada, inaugurada em 1939, que ocupa um quarteirão na Avenida Buarque de Macedo, no bairro Cidade Nova, em Rio Grande, município de 212 mil habitantes a 320 quilômetros ao sul de Porto Alegre. O colégio é um dos seis mantidos no estado pela rede salesiana de escolas — um conglomerado educacional com mais de cem instituições e 85 mil alunos no país, criado pela ordem religiosa fundada em 1859 por Dom Bosco, sacerdote italiano.

Desde 2006, o padre Cláudio dirige o Liceu. Nascido em junho de 1970, ele se graduou em filosofia aos 22 anos. À época dos fatos, tinha 37. Os abusos sexuais pelos quais foi condenado a 13 anos e 4 meses de prisão estão esmiuçados na apelação criminal em que os desembargadores da 8ª Câmara Criminal do Tribunal de Justiça do Rio Grande do Sul mantiveram a pena da sentença da primeira instância. E também o condenaram por outro caso de abuso ocorrido apenas cinco dias antes.

Na madrugada de 11 de fevereiro de 2008, uma segunda-feira, o padre Cláudio, no seu carro, abordou duas meninas, de 11 e 12 anos, num ponto de ônibus na Avenida Portugal, uma das principais de Rio Grande, a cerca de um quilômetro do Salesiano. Elas tinham saído de um bloco de carnaval. A mais velha era a mesma que, dias depois, correria nua pelo pátio do colégio em busca de ajuda. Na versão do padre, as meninas fizeram sinal para ele parar; segundo as vítimas, foi o sacerdote quem as chamou. Como era tarde e não havia ônibus, elas aceitaram uma carona e foram levadas a um trailer de lanches, onde ele ofereceu cachorros-quentes, refrigerantes e uma lata de cerveja.

A cinco minutos de carro do Salesiano, na Rua Gonçalves Dias 201, à beira da Lagoa dos Patos, fica o Motel Psiu — "O melhor perto de você. Que tal agora?", diz a mensagem em letras vermelhas no muro. Terminado o lanche, o padre as levou ao motel. As meninas teriam se abaixado no carro para passar pela recepção. No quarto, ficou nu, tirou a roupa das garotas e fez sexo oral nelas. Em troca de silêncio, prometeu um celular de presente — "o que efetivamente ocorreu", segundo a denúncia do Ministério Público.

Quatro dias depois, na noite do dia 15, o padre encontrou novamente duas meninas num ponto de ônibus. Uma delas era a mesma de 12 anos da madrugada de domingo; a outra, uma criança de apenas 9 anos. O sacerdote as levou ao mesmo motel, ofereceu cerveja à mais nova e repetiu o que fizera anteriormente: beijou-as e praticou sexo oral. Os três dormiram na suíte — o padre alegou que estava tarde — e, na manhã do dia 16, as meninas sofreram novo abuso. Antes de irem embora, o religioso deu R$ 10 a cada uma e, mais uma vez, pediu segredo.

Até então, os crimes do padre Cláudio ocorriam às sombras. A situação começou a mudar naquele sábado, dia 16. À tarde, encontrou a garota de 12 anos no Centro de Rio Grande. Presenteou-a com um kit de material escolar e ofereceu carona à casa dela. Antes, porém, alegou que precisava passar no colégio e pegar um computador para ser consertado.

Segundo os fatos denunciados pelo Ministério Público, o padre deixou o carro no estacionamento da escola e levou a menina para sua sala. A garota contou que foi obrigada a assistir a filmes pornográficos no laptop, pediu para ir embora e Cláudio retornou com ela para o carro. Em vez de sair do estacionamento, porém, mandou que ela fosse para o banco traseiro e tirasse a roupa. Ele também passou para o banco de trás, ficou nu e tentou penetrá-la. O ato só não foi consumado porque o celular do padre tocou, a menina conseguiu abrir a porta e correu pela escola em busca de ajuda.

Após a prisão em flagrante, a defesa do padre Cláudio tentou, sem êxito, conseguir um habeas corpus. Aparentemente, não havia obstáculos à investigação da polícia: em 19 de março, pouco mais de um mês após o ataque no estacionamento da escola, o Ministério Público denunciou o salesiano. As meninas foram ouvidas. Os relatos, com detalhes dos abusos, são perturbadores.

O padre confirmou ao juiz conhecê-las, mas afirmou que foram elas, principalmente a de 12 anos, que o seduziram. Negou tê-las levado ao motel — disse que chegou até a entrada, mas retornou —, porém, admitiu os encontros, os lanches e o celular de presente. Ele confirmou em parte os relatos sobre a noite em que foi preso, mas negou ter tentado estuprar a menina. "Doutor, eu não vou negar, eu não vou afirmar, eu sou homem, na minha cabeça, naquela hora, passou muita coisa. Eu senti desejo, uma menina bem bonita fazendo insinuações pra você a semana inteira, te olha, vem se oferecer ali, tira a roupa dentro do teu carro, se deita no teu banco... Eu saí do lado de fora da porta, tava sentado ali pra sair. Como é que eu vou sair da garagem agora? Disse: Menina, tu tá maluca, põe a tua roupa, guria, tu é doida, põe a tua roupa. (...) Saí dali da porta da frente do motorista, caminhei para trás do carro, essa garota saiu do carro, veio, botou os bracinhos dela aqui no meu ombro e disse: 'Tio, eu faço qualquer coisa pra ti'. Eu disse: Guria, para com isso, vamos embora. A partir disso vocês já sabem o desfecho da história".

A promotora questionou-o sobre o compromisso basilar na Igreja Católica: "O senhor não honrava o voto da castidade, então?". O padre tentou se explicar: "Doutora, é difícil pra mim admitir isso. Tá bem, agora: eu tive relacionamento sempre com pessoas com quem eu tinha afinidade, elas estavam apaixonadas por mim e vice-versa, nunca precisei usar serviço de prostitutas, pagar pra ninguém, presentear, qualquer outra coisa. Se a senhora olhar as cartas, a senhora vai ver a pressão que as meninas fizeram pra ter algo comigo, inclusive". A promotora se espantou: "Meninas?". E questionou qual seria a idade delas. "Jovens, todas com 16, 17 anos pra cima...", tentou se explicar o sacerdote.

Em 19 de janeiro de 2009, menos de um ano após os abusos, o padre foi condenado em primeira instância por atentado violento ao pudor — tipificação de crime extinta mais tarde, com alterações na legislação penal, e hoje equiparada ao estupro. A promotoria havia pedido também condenações por estupro e por dar bebida alcoólica a menores, mas a Justiça não as acolheu. Houve recurso e, em 16 de dezembro daquele ano, os desembargadores do Tribunal de Justiça gaúcho negaram a absolvição do padre.

Demoraria quase dez anos para que as vítimas recebessem compensação financeira. Em 24 de agosto de 2017, a 6ª Câmara Cível do Tribunal de Justiça do Rio Grande do Sul confirmou a sentença que condenara o padre a pagar R$ 25 mil a cada uma das duas meninas que foram à Justiça contra ele, o colégio e a Mitra Diocesana de Rio Grande. A terceira menina não acionou o padre.

A essa altura, o salesiano não estava mais preso. Entre 2013 e 2019, segundo seus currículos disponíveis na internet, ele cursou administração em duas faculdades diferentes. Em 2020, fazia uma especialização na mesma área. De 2015 a 2017, quando já não era mais sacerdote, lecionou em universidades de Santa Catarina.

PREFÁCIO

Anne Barrett Doyle

Nos últimos 20 anos, o problema catastrófico do abuso sexual por parte do clero na Igreja Católica foi documentado publicamente em muitos países — nos Estados Unidos, principalmente, mas também na Irlanda, Austrália, Reino Unido, Alemanha, França e Chile, entre outros. No Brasil, no entanto, lar da maior população católica do mundo, esta tragédia tem sido, até agora, em grande parte escondida.

Nestes outros países, a exposição do encobrimento pela Igreja dos crimes sexuais do clero é impulsionada por forças externas: ordens judiciais obrigando a liberação de documentos secretos, investigações de dioceses por procuradores, investigações governamentais com poder legal para confiscar arquivos da Igreja e investigações por jornalistas.

Esses fatores de divulgação têm estado, em grande parte, ausentes no Brasil. Como resultado, autoridades católicas continuaram a operar impunemente, na ocultação de informações sobre crimes de agressão sexual e mostrando clemência para com os padres abusadores.

Com este livro, o resultado de uma investigação de três anos por dois dos mais respeitados jornalistas investigativos do Brasil, uma mudança histórica pode ser iminente. "Pedofilia na Igreja" expõe o poder descontrolado da hierarquia na ocultação de segredos obscuros.

O livro é um relato detalhado e sem precedentes de crimes sexuais cometidos por padres e da maneira imprudente e arrogante como a Igreja trata o assunto. Acredito que possa representar para o Brasil o que a investigação Spotlight, do "Boston Globe", foi para os Estados Unidos: o catalisador para responsabilizar a hierarquia brasileira pelo fim da violência sexual contra crianças e adultos vulneráveis em suas paróquias, hospitais, seminários e escolas.

A impunidade da Igreja no Brasil tem se baseado em sua capacidade de controle da narrativa pública. Ao reter a verdade, bispos mantiveram os fiéis no escuro e as vítimas à sua mercê.

Os últimos 20 anos nos ensinaram que o jornalismo tem uma contribuição essencial para inverter essa situação, da maneira mais construtiva que se possa imaginar. O jornalismo fortalece as vítimas e intimida as instituições que abusam do poder.

A prestação de contas não acontece sem a divulgação pública. Ponto final. Quando jornalistas qualificados reúnem evidências de encobrimento e as relatam, inicia-se um ciclo virtuoso. A divulgação leva a mais divulgação e, na melhor das hipóteses, resulta em processos judiciais, melhores leis, um público mais educado e instituições mais responsáveis.

Minha avaliação deriva de 20 anos de pesquisa. Sou codiretora da BishopAccountability.org, uma instituição independente sem fins lucrativos sediada nas imediações de Boston, nos Estados Unidos. Somos os principais pesquisadores mundiais sobre a crise do abuso sexual na Igreja Católica, mantemos um grande arquivo de casos de abuso outrora secretos, com oito mil registros ocorridos em diferentes partes do mundo. Fomos consultores do filme "Spotlight", vencedor do Oscar, sobre a investigação do "Boston Globe".

Embora a lista com os crimes cometidos por 108 padres relatados neste livro seja um enorme passo, na realidade é apenas o começo. Em uma instituição tão vasta quanto a Igreja Católica no Brasil, o escopo do abuso por parte do clero é provavelmente imenso. Considerando que nos Estados Unidos, com muito mais padres que no Brasil, mas uma população católica muito menor, a organização que dirijo, BishopAccountability.org, reuniu informações sobre mais de 7.500 clérigos acusados publicamente. Um estudo encomendado pela Igreja na França estima em cerca de três mil o número de clérigos envolvidos em abusos. É razoável supor, assim, que centenas e provavelmente milhares de molestadores de crianças no sacerdócio brasileiro permaneçam não identificados para o público.

Sou profundamente grata a Fábio Gusmão e a Giampaolo Morgado Braga por seu trabalho de alcance não só no Brasil, mas também no mundo católico. É um esforço fundamental para que crianças sejam protegidas, as vítimas tratadas e a própria Igreja se torne a força segura, honesta e compassiva do bem que Cristo pretendia.

ANNE BARRETT DOYLE
Codiretora da BishopAccountability.org
Boston, Massachusetts, Estados Unidos

APRESENTAÇÃO

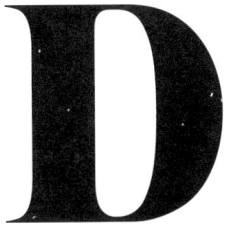

Desde o início deste século, notícias envolvendo abuso sexual de crianças e adolescentes por membros do clero católico tornaram-se frequentes. Não que não houvesse padres acusados de molestar menores, mas até os anos 1990 tais crimes apareciam pouco na mídia e os registros oficiais eram esparsos, casos isolados de desvios de comportamento de um ou de outro religioso. Nas últimas duas décadas, porém, investigações jornalísticas e policiais revelaram uma impressionante quantidade de ocorrências de pedofilia na Igreja Católica.

A enxurrada de casos veio à tona, mais ou menos na mesma época, nos Estados Unidos, no México, no Chile, na Argentina, na Austrália, na Alemanha, na Irlanda, em Portugal, na Espanha, na Itália, na França e no Canadá. Neste último país, o papa Francisco fez uma visita em julho de 2022, após a comprovação de abuso sexual a crianças indígenas em abrigos católicos entre 1883 e 1996. Pesavam ainda contra o clero local denúncias de castigos físicos e de racismo.

Na França, a investigação de uma comissão independente revelou, em outubro de 2021, que 216 mil crianças e adolescentes haviam sido molestadas por três mil padres desde 1950. Em dezembro de 2021, o jornal espanhol "El País" entregou ao papa Francisco um dossiê de 385 páginas, resultado de uma investigação sobre abusos praticados na Espanha por 251 religiosos, ao longo de 80 anos, contra 1.237 crianças. Naquele mesmo mês, a Igreja Católica na Espanha começou a apurar as denúncias.

Na vizinha Portugal, uma comissão independente criada a pedido da Conferência Episcopal Portuguesa investigou casos de violência sexual cometida por membros da Igreja contra crianças desde 1950. O relatório "Dar voz ao silêncio", divulgado em fevereiro de 2023, compilou testemunhos de 512 vítimas e estimou em 4.815 o total de crianças abusadas no período analisado.

Nos Estados Unidos, após o terremoto de casos envolvendo padres e o próprio arcebispo de Boston, trazidos à tona em 2002 pela equipe investigativa Spotlight do jornal "The Boston Globe" (que deu origem ao filme "Spotlight — Segredos revelados"), relatórios com denúncias de abusos sexuais por membros do clero foram revelados, diocese após diocese, ao longo dos 15 anos seguintes: Rockville Centre, em Nova York; Manchester, em New Hampshire; Portland, em Maine; Altoona-Johnstown, na Pensilvânia. A reboque da divulgação dos relatos de pedofilia, vieram os pedidos de falência das dioceses, resultado dos acordos de indenização das vítimas, todos na casa de dezenas ou centenas de milhões de dólares.

Em maio de 2022, após a Conferência Episcopal Italiana (CEI) eleger o cardeal Matteo Zuppi presidente dos bispos do país, foi anunciada a abertura de uma investigação independente sobre abuso sexual na Igreja na Itália. O relatório se propôs a abranger crimes nos últimos 20 anos, decisão que gerou críticas de associações de vítimas, que esperavam um corte de tempo maior.

Um mês antes, o papa Francisco determinara auditorias anuais para monitorar se as igrejas locais estavam implementando medidas destinadas a proteger crianças de abusos. Sem transparência, segundo o papa, os fiéis não têm como confiar na Igreja Católica. "Este relatório será um fator de transparência e responsabilidade e, espero, fornecerá uma auditoria clara de nosso progresso neste esforço. Sem esse progresso, os fiéis continuarão a perder a confiança em seus pastores, e pregar o Evangelho se tornará cada vez mais difícil", disse.

Um outro relatório, produzido por cinco pesquisadores da Universidade de Münster, no Oeste da Alemanha, denunciou que 610 crianças foram vítimas de clérigos na Diocese de Münster ao longo de 75 anos. Eles acreditam que o número de vítimas supere os seis mil. A equipe da universidade relacionou 196 sacerdotes a abusos, 90% deles jamais processados. Os casos ocorreram entre 1945 e 2020. Segundo o documento, ao menos dois atos de pedofilia eram cometidos semanalmente na diocese, nas décadas de 1960 e 1970.

Os crimes, porém, não se restringem a esse conjunto de países. Há relatos, por exemplo, de lugares como a Índia, onde o catolicismo é a religião de menos de 2% da população, e a Polônia, em que 93% são católicos. Entretanto, jamais houve investigação sistemática e abrangente sobre os crimes cometidos por padres no Brasil, o maior país católico do mundo.

* * *

Há 1,3 bilhão de católicos no mundo, segundo o Anuário Estatístico da Igreja publicado em 2019; quase metade (48,5%) distribui-se pelas Américas. O Brasil reúne cerca de 10% dos fiéis do planeta. De acordo com dados do Censo de 2010 do IBGE, os últimos disponíveis até a publicação deste livro, 123.280.172 brasileiros se declararam católicos, quase 65% da população. Em alguns estados, a proporção é bem maior que a média nacional: no Piauí, é de 85%; no Ceará, 79%; e na Paraíba, 77%.

A estrutura da Igreja no Brasil é imensa: o Anuário Católico de 2015 lista 24.528 sacerdotes e 11.011 paróquias. Um levantamento produzido em 2018 pela Regional Sul 2 (Paraná) da Conferência Nacional dos Bispos do Brasil (CNBB) apresenta números ainda maiores: 495 bispos, 18.240 padres diocesanos (os que são ligados diretamente a uma diocese), 9.175 padres religiosos (os que integram alguma ordem, como beneditinos, franciscanos, jesuítas, salesianos etc) e 34 mil freiras. Segundo a pesquisa da CNBB, há no país 111 mil igrejas e 11.850 paróquias, espalhadas por 268 dioceses e nove prelazias.

Apesar do gigantismo, denúncias de abusos sexuais praticadas por membros do clero no país são tímidas e, muitas, sequer investigadas. A cobertura pela imprensa é pontual, episódica e pouco aprofundada. A hierarquia da Igreja, por vezes, agiu para encobrir os crimes, proteger padres e silenciar as vítimas. A comunidade católica e as próprias famílias das vítimas, em inúmeros casos, se colocaram ao lado dos clérigos. O sistema de persecução criminal e judicial, que opera em segredo quando envolve menores, indiretamente protege o estuprador, a pretexto de resguardar a vítima. Não há qualquer trabalho que ofereça um panorama do problema no Brasil.

Cobrir essa lacuna é a proposta deste livro. Aqui, estão reunidos relatos e detalhes de crimes sexuais cometidos por membros do clero contra menores de idade. Os casos foram levantados através de uma pesquisa em mais de 25 mil páginas de documentos: processos nos tribunais estaduais de Justiça, tribunais federais, Superior Tribunal de Justiça (STJ) e Supremo Tribunal Federal (STF); denúncias produzidas pelo Ministério Público nos estados; inquéritos policiais; dossiês particulares; bases de dados estrangeiras; ações judiciais nos Estados Unidos e na Irlanda; reportagens publicadas em veículos de imprensa; e textos em arquivos de jornais nacionais e estrangeiros.

Também foram usados relatos feitos diretamente aos autores deste livro. Durante quase três anos, dezenas de pessoas foram ouvidas, entre vítimas e seus parentes, padres acusados ou condenados, membros da Igreja, promotores, advogados, policiais, jornalistas, padres que se dedicam ao estudo dos crimes de abuso, psicólogos especializados no tratamento de religiosos envolvidos com menores e no estudo dos desvios sexuais na Igreja, além de integrantes de associações internacionais de apoio às vítimas de violência sexual por membros do clero.

Sempre que possível, as informações foram cruzadas entre diferentes fontes ou confrontadas na comparação de testemunhos com dados documentais. Desta investigação, nasceu um inédito retrato da pedofilia na Igreja Católica no Brasil. No século XXI, pelo menos 108 membros do clero católico no país foram acusados, indiciados, denunciados, condenados ou se tornaram réus por envolvimento em abuso sexual de 148 crianças, adolescentes ou pessoas com deficiência intelectual, seja cometendo diretamente a violência ou acobertando-a.

A maioria dos crimes envolve clérigos brasileiros, mas também há alemães e italianos. Em duas ocasiões, padres brasileiros foram acusados ou condenados por crimes contra menores nos Estados Unidos. Há casos de sacerdotes estrangeiros que passaram pelo Brasil, acusados, condenados ou presos por abusos em seus países de origem. Em um deles, um ex-padre se escondeu no país trazendo na bagagem um histórico de ataques a 18 menores.

Abusadores de batina ocupam vários escalões da hierarquia católica. Nos casos levantados para este livro, aparecem arcebispos, bispos, monsenhores, padres, frades — e, em um deles, uma freira. Dos 108 religiosos, 60 foram processados e condenados em pelo menos uma instância judicial. Os crimes mais comuns são atentado violento ao pudor e estupro de vulnerável. Parte substancial dos casos ainda era investigada ou aguardava julgamento no início de 2023, o que deve tornar essa lista ainda maior. Muitas das acusações nunca chegaram à imprensa.

Para entender as condenações, é preciso antes compreender a legislação sobre crimes sexuais no Brasil e as modificações que sofreu nos anos em que ocorreram os casos aqui apresentados. Até agosto de 2009, estupro, segundo o Código Penal, era definido como "constranger mulher à conjunção carnal, mediante violência ou grave ameaça". Em suma, o crime se referia somente ao sexo vaginal. Qualquer outro abuso sexual (sexo oral ou anal, inclusive) era enquadrado como atentado violento ao pudor — fosse a vítima do sexo masculino ou feminino.

Em 7 de agosto de 2009, foi sancionada a Lei 12.015, que revogou o artigo 214 do Código Penal, no qual estava tipificado o atentado violento ao pudor. O crime foi absorvido pelo artigo 213, do estupro. A mesma lei criou um delito específico, o estupro de vulnerável (artigo 217-A do Código Penal), nos casos em que a vítima tem menos de 14 anos.

Nessas situações, pela lei, sempre existirá estupro, mesmo que haja o consentimento da vítima, porque entende-se que uma criança não tem discernimento para concordar com o ato sexual. A pena para o estupro de vulnerável é mais alta do que a do crime cometido contra maiores de 14 anos — vai de 8 a 15 anos de prisão. Também se enquadram no crime do artigo 217-A as situações em que a vítima, "por enfermidade ou deficiência mental, não tem o necessário discernimento para a prática do ato, ou que, por qualquer outra causa, não pode oferecer resistência".

Aqui, cabe mais uma distinção: o que é pedofilia, um distúrbio psíquico, e efebofilia, preferência sexual que não é classificada como doença. Pedófilos sentem atração por crianças antes da puberdade. Essa condição tem um código na Classificação Internacional de Doenças (CID-10) e é agrupada com outros transtornos da preferência sexual, como sadomasoquismo, voyeurismo e fetichismo. Já os efebófilos têm atração por adolescentes e jovens que passaram da puberdade. Esse quadro não tem classificação na CID-10 e não é, portanto, um diagnóstico psiquiátrico, mas sim uma preferência sexual.

Os crimes listados neste livro envolvem clérigos de 80 arquidioceses e dioceses, de Caçapava do Sul (RS) a Xingu-Altamira (PA), passando por Anápolis, Criciúma, Limeira, Mariana, Novo Hamburgo e Salvador, entre outras. Além dos padres diocesanos — que não pertencem a uma ordem religiosa —, há abusos de franciscanos, salesianos, beneditinos, claretianos, josefinos de murialdo, legionários, estigmatinos, dominicanos, doutrinários, agostinianos, palotinos, dehonianos, sacramentinos e jesuítas — esta, a mesma ordem do cardeal Jorge Bergoglio, o papa Francisco.

Nos casos aqui levantados, os religiosos agiram em 96 cidades de 23 estados, em todas as regiões do país, além do Distrito Federal. Há crimes no maior município do país, São Paulo, com mais de 12 milhões de habitantes, e na pequena Ichu, no interior da Bahia, cuja população é de 6.265 pessoas. Em cidades menores, os abusos se revelaram mais frequentes: 48 crimes ocorreram em municípios com menos de cem mil moradores.

Muitos dos crimes foram cometidos na casa paroquial ou dentro da própria igreja. Há, porém, abusos registrados em carros, na casa das vítimas, em propriedades particulares de religiosos e até em banheiro de shopping center. As penas impostas apresentam grande variação. Na média, as condenações são de 12,4 anos de reclusão.

Mesmo assim, são raros os casos em que religiosos foram presos e, quando isso ocorreu, deixaram a cadeia antes de completar o tempo da pena, beneficiados por progressões de regime, liberdade condicional ou por serem idosos — a idade média dos religiosos quando o crime foi cometido era de 49 anos. Há casos em que o tempo atuou a favor dos acusados e os crimes prescreveram antes do julgamento.

Da mesma forma que as penas impostas, o valor das indenizações pagas por sacerdotes e dioceses é baixo diante das demandas. Somados, os pedidos de indenização chegam a R$ 150 milhões. No entanto, as condenações efetivamente pagas (até 2022) totalizavam menos de R$ 1 milhão.

As idades das vítimas vão dos 3 aos 17 anos. Na proporção entre sexos, o masculino representa o dobro do feminino. Há um caso provado em que um único religioso violentou mais de uma dezena de crianças.

Os episódios levantados estão resumidos em um apêndice, no fim do livro, com dados públicos disponíveis sobre a situação criminal até a conclusão deste trabalho.

Para preservar vítimas entrevistadas pelos autores, seus nomes foram omitidos ou trocados, exceto quando elas fizeram questão de ser identificadas.

Fábio Gusmão e Giampaolo Morgado Braga
Maio de 2023

PARTE 1
CASOS DE ABUSOS

Frei Tarcísio Tadeu

A sala de aula ficou em silêncio para ouvir o homem baixo, de nariz afilado, acentuada calvície e lábios finos. Enquanto distribuía panfletos, com a voz calma, afável, porém firme, ele apresentava aos alunos pré-adolescentes de uma escola de Tubarão, cidade no sul de Santa Catarina, as vantagens de aprenderem a tocar instrumentos musicais. Era outubro de 2014 e Tarcísio Tadeu Spricigo começava a colocar em prática, novamente, planos para se aproximar, ganhar a confiança de crianças e de suas famílias e, depois, abusar delas.

Um dos alunos, Pablo (nome fictício), de 9 anos, encantou-se com a oportunidade de estudar música. Entregou à mãe o folheto que recebera, com informações sobre o curso. Ela foi até o professor, e o menino passou a frequentar as aulas. Cristiane (nome fictício) não sabia dizer não aos filhos. Criava dois sem ajuda do pai.

— Sou pai e mãe. Sempre tive que fazer o papel de pai também. Faço até hoje — diz.

O lugar das aulas não despertaria suspeitas: o salão paroquial da Igreja Nossa Senhora Imaculada Conceição, inaugurada em julho de 1986 no bairro pobre de Morrotes. Todos os sábados, das 16h às 18h, Pablo e outras crianças tinham aulas de violão e teclado com Tarcísio Tadeu. O professor continuava, assim, a seguir à risca o manual escrito por ele próprio, que se tornara público mais de uma década antes de se mudar para Tubarão, cidade com 107 mil habitantes.

Para entender melhor como o destino fez com que os caminhos daquele instrutor de música cruzassem com os de Pablo, é preciso voltar a 1999, na cidade de Agudos, no Centro-Oeste de São Paulo, a 985 quilômetros de Tubarão. Naquele tempo, seis anos antes de o pequeno Pablo nascer, Tarcísio Tadeu Spricigo, o frei Tarcísio, tornou-se popular nas paróquias da cidade paulista, subordinadas à Diocese de Bauru, e ganhou a confiança dos moradores. No Censo de 2010, Agudos registrou 34.524 habitantes, 18 mil deles católicos, o que ajudava o frei Tarcísio a transitar com desenvoltura pelo município.

Sua formação franciscana facilitou-lhe o acesso a lugares como o Seminário Santo Antônio, casa de frades pertencente à Província da Imaculada Conceição do Brasil, circunscrição da Ordem dos Frades Menores. A região também abriga as paróquias Santo Antônio, Nossa Senhora Aparecida e São Paulo Apóstolo. Esta última, no bairro pobre do Parque Pampulha, foi cenário dos crimes cometidos pelo frei.

O delegado Paulo Calil se lembra da manhã em que foi procurado pela mãe de uma aluna de Tarcísio.

— Ela estava muito nervosa, em choque. A filha tinha no máximo 8 anos e contou a mim e ao escrivão como eram os abusos.

O depoimento resultou numa apuração sigilosa. Apenas o delegado Calil, o escrivão, o promotor de Justiça e o juiz da Comarca de Agudos sabiam do caso.

— Ele assediava as crianças, fazia de uma maneira que se sentissem culpadas. Elas tinham aula de violão. Primeiro, o padre tocava o instrumento e, depois, tocava nas crianças — conta o delegado.

O abuso durava o tempo da aula. Frei Tarcísio era cuidadoso com o horário em que as mães chegavam para buscar os filhos. Tudo premeditado, inclusive atender individualmente os alunos, criando um ambiente para ficar a sós com cada um e cometer o crime. A menina de 8 anos revelou que, além dos toques, beijos e carícias, o padre também a penetrava. Após violentar a criança, o frei a levava ao banheiro, ao lado do quarto, sem a preocupação em dar banho ou cuidar dela. Pelo contrário. No banheiro, Tarcísio ocultava apenas os vestígios do abuso. O padre, de acordo com Calil, obrigava a menina a se sentar no vaso para expelir e não deixar restos de sêmen no corpo.

— Colocava a criança no vaso sanitário e ficava ao lado, esperando que eliminasse os vestígios. Era um monstro — diz o delegado.

Segundo Calil, o frei Tarcísio molestou pelo menos três crianças em Agudos. As mães de dois meninos também recorreram à polícia. Os relatos eram os mesmos: assim que deixavam os filhos na casa paroquial, o sacerdote os levava ao quarto destinado às aulas de música. Ali, havia um banco de madeira antigo e, em frente, um sofá velho onde se davam os abusos.

— Nós continuamos investigando, buscando provas, até que ele fugiu da cidade, foi transferido. Mas o inquérito não parou. Das três crianças que relataram abusos, apenas um caso foi adiante, porque os pais decidiram representar formalmente contra o padre. Estamos falando de fatos que ocorreram há quase 20 anos — diz Calil.

As suspeitas da polícia chegaram ao conhecimento da Diocese de Bauru, e causou estranheza a súbita transferência do padre franciscano: ainda no primeiro semestre de 2001, ele viajou 790 quilômetros até Anápolis, em Goiás, onde passou a viver. Recebido com deferência, o frei seguiu interpretando o mesmo personagem na nova paróquia. Traçou um plano para popularizar suas missas, que incluía a parceria com rádios locais. Terceiro maior município de Goiás, Anápolis tem 334.613 habitantes, 57% deles católicos.

A chegada do frei poderia representar a renovação que a Diocese de Anápolis necessitava, num momento em que a população evangélica crescia e já representava 37% na região. Tarcísio tinha 44 anos, era carismático, tocava e ensinava violão, escrevia livros e se comunicava com facilidade.

Suas missas eram animadas, e as pregações com música produziam uma rápida conexão com os paroquianos. Ele fazia também trabalho pastoral, com foco na educação de crianças e pré-adolescentes; oferecia aulas de reforço escolar para aqueles com dificuldade de aprendizado e encontrava tempo para ensinar violão.

Em Anápolis, o frei conseguiu um programa na Rádio Voz do Coração Imaculado. Aproveitava a audiência para convidar os ouvintes a participar da Missa de Cura, na Vila Góis e na Catedral do Bom Jesus. Segundo o padre Divino Antônio Lopes, que também atuava na região, ele apelava para frases como "os surdos vão ouvir, os paralíticos andarão, os cegos enxergarão, e muitos chorarão ouvindo o missionário". E se vangloriava de um livro, jamais publicado, de sua autoria: "Poderosas orações que mudarão sua vida para sempre". Em outro programa de rádio, ele dizia às crianças: "Quem tem pirulito chupa o pirulito, e quem não tem pirulito chupa o... *(depois de uma pausa)* dedo".

Em setembro de 2001, Wagner (nome fictício), de 13 anos, coroinha da igreja, foi convidado pelo padre a morar na casa paroquial. Para uma família humilde, que sonhava ver o menino crescendo balizado pelos dogmas da Igreja Católica, era uma bênção. O sacerdote ofereceu ajuda nos deveres da escola e disse que a companhia do garoto seria confortante. "Entreguei meu filho ao padre como se estivesse entregando a Deus", disse a mãe do menino à revista "IstoÉ", em novembro de 2005, após descobrir os abusos sexuais.

Na casa paroquial também havia aulas de violão para crianças — o mais novo dos alunos de Tarcísio tinha 5 anos. Wagner passou a frequentar o local em abril de 2002 e aprendeu rapidamente os primeiros acordes. Em maio, entretanto, a mãe percebeu sinais estranhos no filho; o rendimento escolar caiu e ele apresentava mudanças claras de comportamento. O menino amável se tornara agressivo, reativo, introspectivo e passou a ingerir bebida alcoólica com frequência.

E foi assim, sob o efeito do álcool, que Wagner contou, três semanas após mudar-se para a casa paroquial, que foi agarrado e beijado à força por Tarcísio. O sacerdote revelou-lhe que mantinha relações sexuais com um adolescente de Santa Catarina, na cidade onde morou. Na tentativa de seduzir o coroinha, disse que o menino do Sul era presenteado com o que quisesse. O padre insistiu em fazer sexo, mas Wagner se negou.

A reação do garoto não o desencorajou: o sacerdote seguiu com as investidas até consumar o abuso sexual. Ele não só beijava Wagner na boca, mas também se masturbava, ejaculando em sua perna, além de forçá-lo a praticar sexo anal. Segundo o menor, Tarcísio o fez jurar diante de uma imagem de Jesus que manteria segredo. Chocada com os relatos, a mãe denunciou o padre.

Aos policiais de Anápolis, o menino contou que o sacerdote abria a Bíblia, mandava que se ajoelhasse de frente para o altar e o obrigava a confessar os pecados e não os revelar a mais ninguém. A comunidade da paróquia ficou contra a família, obrigada a mudar de endereço. Os paroquianos julgavam que os relatos eram inventados.

* * *

A avó do pequeno Lucas (nome fictício), de apenas 5 anos, quase desmaiou quando o menino disse que sabia fazer amor. Ele frequentou as aulas de violão do frei Tarcísio, também em 2002, na Paróquia Nossa Senhora Sacerdócio. Dona Elza (nome fictício) foi entrevistada para o documentário "Sex crimes and the Vatican", produzido pela TV inglesa BBC, levado ao ar em 1º de outubro de 2006. O programa apresentou casos de pedofilia em diferentes países e revelou como a Igreja usara um documento secreto para acobertar os escândalos.

"Certo domingo, ele *(o neto)* me confessou: 'Sei fazer amor'. Daí eu perguntei: 'Do que você está falando? Você ainda é pequeno, do que está falando?'. Ele me respondeu: 'Não falei para a mamãe ou o papai porque iam bater em mim'. Eu lhe disse: 'Eu não vou. Me conte'. E assim descobri quem era o padre Tarcísio. Havíamos deixado o menino com o padre porque pensávamos que estivesse em boas mãos, que fosse uma boa pessoa, que falava a palavra de Deus. Eu confiava, sempre fui católica e não esperava isso de um padre. Agora, quando as crianças o veem, o chamam de 'mulherzinha do padre' e ele começa a chorar. Frequentemente, me diz que só quer morrer", contou à BBC.

Dona Elza levou Lucas aos pais, pediu que tivessem calma e prestassem atenção no que ele tinha a falar. A criança contou que o padre tirava seu short e a cueca e, depois, também tirava a calça durante as aulas de violão. Numa das vezes, narrou o menino, Tarcísio tentou penetrar-lhe, mas como doía e ele gritava, o padre desistiu.

Os abusos, a exemplo de Wagner, também eram acompanhados de pressão psicológica: jurar segredo diante da imagem de Jesus e ameaçá-lo de prisão caso revelasse o que acontecia na casa paroquial. Os pais de Lucas denunciaram Tarcísio à polícia, atitude que gerou a mesma reação contrária por parte da comunidade católica local. O comportamento da criança mudou até mesmo com a família. Ele passou a não mais beijar o pai.

Além dos casos de Wagner e Lucas, uma terceira denúncia chegou ao Conselho Tutelar da região de Anápolis, envolvendo um menor de 13 anos, que também morava na casa do frei. Mas o menino desapareceu e a investigação não foi adiante. As denúncias, no entanto, já eram mais do que suficientes para a Polícia Civil de Goiás investigar o sacerdote. O 2º bispo diocesano, Dom Manoel Pestana Filho, disse à imprensa: "Vamos aguardar o resultado dos exames. Se tudo for confirmado, ele será colocado à disposição da Justiça".

Tarcísio Tadeu Spricigo foi preso preventivamente em 12 de agosto de 2002, por ordem da Justiça de Goiás. Quando a polícia de Anápolis iniciou as investigações, descobriu o inquérito instaurado anos antes, em Agudos, dos casos envolvendo uma menina e dois meninos. Em setembro, porém, os advogados conseguiram na Justiça a revogação da prisão do sacerdote.

Naquele momento, o delegado Paulo Calil, da delegacia de Agudos, já havia conseguido um novo mandado de prisão temporária contra o frei, por atentado violento ao pudor a um dos meninos da cidade paulista, que tinha 8 anos na época em que sofreu os abusos.

— A situação do padre em Anápolis piorou e ele voltou para Agudos, onde esse menino nos procurou com a mãe para formalizar a denúncia. Ele tomou coragem quando soube que Tarcísio estava retornando à cidade para ser interrogado — lembra Calil.

Após quase dois anos fora de Agudos, Tarcísio Tadeu foi recebido pelo delegado, em 8 de outubro de 2002, com um mandado de prisão. A Justiça também atendeu ao pedido da polícia e expediu um mandado de busca e apreensão na casa paroquial. Ali, os investigadores encontraram diários, chamados pelas autoridades de "manuais de pedofilia", decisivos para consolidar as provas sobre a conduta criminosa do religioso.

— Apreendemos muita coisa na casa paroquial. Os diários estavam numa escrivaninha antiga, estilo Brasil-Império, numa gaveta trancada à chave — recorda-se o policial.

De maneira didática e minuciosa, o texto detalhava como ele seduzia os menores. Era uma espécie de manual sobre como abordar e molestar crianças e adolescentes. As condições social e familiar, por exemplo, estavam descritas como fundamentais na escolha do alvo: "Sei que chovem garotos, seguros, confiáveis e que são sensuais e que guardam total segredo, e que são carentes de pai e só contam com a mãe. Eles estão em todos os lugares, basta só ter um olho clínico e agir com leis seguras no campo social. (...) Me preparo para a caça... olho para os lados... com tranquilidade, porque tenho os garotos que eu quero sem problema de carências, pois sou o jovem mais seguro do mundo", escreveu.

Os relatos indicavam também que o clérigo cometia abusos há pelo menos uma década. Em 17 de julho de 1989, dez anos antes de se tornar um religioso conhecido em Agudos, ele registrara em seu diário: "Realizar-me afetiva, física e sexualmente, com segurança de continuidade e segredo". E elencou os seguintes passos:

> *Claro e definido = falar diretamente com a pessoa sobre o objetivo acima (elogios... gesto de carinhos... sorrisos... apoio moral... deixando-a importante).*
> *a) Objetivo oculto.*
> *1) Falar a esse garoto que sou um artista, que já tive um caso com um outro, bem profundo, e que ele sentiu muita saudade, chorou bastante, mas precisamos nos separar... até hoje ele escreve para mim.*
> *2) Quando estiver no meio dos outros, jogar uma coisa com a outra, de tal forma que o garotinho fique com ciúmes e me valorize.*

Em 18 de setembro de 1990, o frei demonstrava preocupação em evitar escândalos e buscar soluções para problemas: "Não me perco diante de garotos duvidosos que não guardam segredo", escreveu no diário. Ele anotou que precisaria agir na cidade de Siqueira Campos, no Paraná, a cerca de três horas de Londrina, onde uma mãe teria falado a respeito dele com outro frei. "Depois dos fracassos passados no campo sexual, aprendi uma lição!!! E esta é minha mais solene descoberta: Deus perdoa sempre, mas a sociedade jamais!".

A ação junto às famílias de suas presas era fundamental. Ele escreveu em seus cadernos que o acolhimento aos netos assegurava-lhe a confiança e a gratidão dos avós. O frei franciscano detalhava em cada página seu modus operandi:

> *Quais são as possíveis soluções?*
> *1 - Sentir-me bem em gostar de garotos.*
> *2 - Sentir-me socialmente aceito em expressar meu afeto aos garotos.*
> *3 - Ter equilíbrio e sentir-me amado por eles aceitando também o namoro como algo bonito e não apenas sexo.*
> *4 - Ter os garotinhos seguros de segredo, sem escrúpulos para sexo*
>
> *Levantamento das pessoas que posso tomar esta procedência.*
> *1) Idade > 7 > 8 > 9 > 10.*
> *2) Sexo > masculino.*

3) *Condições sociais > pobre.*
4) *Condições familiares > de preferência um filho. Sem pai, só com a mãe sozinha — ou com 1 irmã.*
5) *Onde procurar > nas ruas, escolas e famílias.*
6) *Como fisgar > aulas de violão, coralzinho, coroinha.*
7) *Importantíssimo > prender a família do garoto.*
8) *Possibilidades > garoto — carinhoso — calmo — carente de pai, sem bloqueios — sem moralismos.*

ATITUDES MINHAS
9) *Ponto de vista alheio > ver o que o garoto gosta e partir desta premissa para atendê-lo em cobrança a sua entrega a mim.*
10) *Como apresentar-se > sempre seguro — sério — dominador — pai, nunca fazer perguntas, mas ter certeza.*

Eram dezenas de páginas sobre seu prazer de seduzir e manipular os meninos. Em um trecho, ele contou um dos abusos: "O (…) está gostando muito de mim. Guarda segredo absoluto, por causa disso exige o mesmo segredo de (…). Me respeita e só quer dar para mim", escreveu, acrescentando que o menino estava apaixonado por ele e que nunca falou para ninguém sobre as investidas sexuais: "Quer dar o cu pra mim o quanto antes e chupar meu pau também".

Frei Tarcísio listou outras quatro crianças que violentava: "Nunca sequer abrem a boca pra ninguém sobre transar comigo, e gostam de mim". Adiante, diz que todos querem "transar em segredinho" e que "um não sabe do outro jamais". O sacerdote comemorava cada nova investida: "(…) é o garoto mais lindo, excitante, lábios grandes e carinhosos. Fortemente, sexualmente e com infinita paixão por mim e não se aguenta mais sem mim".

Os alvos futuros eram destacados no diário. Uma criança de 8 anos teve os hábitos mapeados: o menino, pelo que registrara no manual, gostava de comer salgadinhos, assistir a desenhos animados e passear. A descrição da personalidade também constava das anotações: extrovertido, "nervosinho" e não gosta de responder a mesma pergunta duas vezes. Frei Tarcísio teria conseguido abusar da criança, mas o pai do menor descobriu e ameaçou processá-lo.

Nos diários não há apenas relatos dos crimes. Tarcísio anotou passagens sobre a Igreja e até uma novena pedindo a destruição de inimigos. Ardiloso, confessou que sabia como mexer na economia da comunidade onde atuava. Segundo o frei, bastava uma abordagem com um jeito especial para conseguir doações: "E imediatamente, com total aprovação, colocam a mão no bolso, doam dinheiro, terrenos, objetos". Ele comemorou o sucesso financeiro, dizendo-se cada vez mais rico: "Poderoso, conseguindo tudo o que eu quiser e andando os quatro cantos do mundo. Sempre aumentando minhas posses e missão".

A importância do uso do rádio e da TV na comunicação com os fiéis era uma fixação sua, desde o período em que morou no Paraná. Ele revelou uma disputa com outro padre, que lhe negara acesso aos meios de comunicação: "Que todo o exibicionismo, murmuração, prepotência do padre Walter lhe quebre a cabeça, obrigando-o a abrir o rádio e a TV para mim também", escreveu, em forma de prece. Por fim, comemorou o sucesso do Coral Verde-Amarelo, que regia na cidade de Califórnia, também no Paraná: "Todas as gravadoras estão abrindo mão para gravar o que eu quiser, porque minhas músicas são chocantes. Sou o 'Tarcísio das Multidões'".

Além do diário, a polícia encontrou na casa paroquial uma carta de recomendação escrita pelo bispo de Bauru, Dom Aloysio José Leal Penna. Era uma prova de que a Igreja tinha conhecimento dos atos criminosos do clérigo.

— Achamos a carta quando ele voltou para Agudos. O bispo Dom Aloysio recomendava que o frei Tarcísio fosse mantido sob supervisão psicológica. Isso revela que a Igreja tinha, no mínimo, suspeitas dos problemas dele em Anápolis. Nessa época, Dom Aloysio já tinha sido transferido e era arcebispo de Botucatu. Insisti na oitiva dele por carta precatória para saber como um padre veio com uma recomendação dessas de outra região do Brasil — diz o delegado.

Após se aprofundar no diário, o delegado Paulo Calil procurou Tarcísio na cadeia pública de Agudos, em 2002. O interrogatório pegou o frei de surpresa:

— Foram cinco horas de interrogatório, o mais longo de minha carreira. Eu fazia as perguntas em cima do que havia no diário. Em determinado momento, ele percebeu e parou de responder — conta Paulo Calil.

A prisão do frei era o momento mais esperado pelas mães das vítimas.

Uma delas chorou quando soube que Tarcísio Tadeu fora detido pela polícia de Agudos.

— Ela era viúva, morava sozinha com o menino e levava o garoto às aulas de música. Quando leu o que ele escrevera no diário, se culpou muito — recorda-se Calil.

O inquérito, que ainda demandou um minucioso trabalho de perícia na casa paroquial, com fotos do lugar onde ocorriam os abusos, foi concluído com o indiciamento de Tarcísio. O delegado pediu a prisão preventiva por atentado violento ao pudor, concedida em 31 de outubro de 2002 pelo juiz Adilson Aparecido Rodrigues Cruz, da Vara Única da Comarca de Agudos. Como os pais das outras duas crianças não o denunciaram formalmente, o padre respondeu por atentado violento ao pudor de apenas um menino.

Ele foi levado à cadeia pública de Bauru para aguardar o julgamento. Nesse período, demonstrava desequilíbrio: ficava nu na cela, mesmo diante do juiz corregedor da Vara de Execuções Criminais, que fiscalizava a unidade prisional. Em 16 de fevereiro de 2003, um mês antes de sair o resultado do julgamento, o frei Tarcísio Tadeu foi feito refém por presos numa rebelião na cadeia pública de Bauru e solto horas depois, sem ferimentos.

❉ ❉ ❉

Em março de 2003, o juiz Adilson Aparecido Rodrigues Cruz, da Comarca de Agudos, o condenou a 15 anos, 1 mês e 20 dias de prisão por atentado violento ao pudor contra o menor que tinha 8 anos quando foi violentado. Dois anos depois, em 18 de novembro de 2005, quando o pequeno Pablo nascia em Santa Catarina, Tarcísio foi condenado pela juíza Ana Maria Rosa Santana, da 1ª Vara Criminal da Comarca de Anápolis. A magistrada sentenciou o padre a 14 anos e 8 meses de reclusão, em regime fechado, por estupro e atentado violento ao pudor de dois meninos, um de 13 (Wagner) e outro de 5 anos (Lucas), entre 2001 e 2002.

Ela considerou o depoimento das vítimas integralmente: "Eles estavam muito seguros, usaram o linguajar próprio do meio em que vivem e, pela idade, não tinham censuras para contar". A juíza teve acesso ao diário do frei, apresentado como prova técnica pelo Ministério Público, mas desconsiderou-o na sentença para evitar uma anulação do julgamento pela defesa do réu. "A polícia técnica de São Paulo constatou que quem escreveu o diário foi o acusado, mas a perícia de Goiás não pôde confirmar a grafia por meio de fotocópia. Para evitar anulação da sentença, já que estaria usando uma prova emprestada de outro processo (de Agudos), não a incluí", salientou na decisão.

No ano seguinte, em 2006, as famílias de Wagner e Lucas, abusados por Tarcísio Tadeu, acionaram a Igreja Católica, em Goiás, por danos morais e materiais. Para eles, a Diocese de Anápolis também era responsável pelos crimes por tê-lo recebido quando já existiam suspeitas, sem afastá-lo das funções religiosas. No entanto, em 11 de dezembro de 2008, o juiz Delintro Belo de Almeida Filho deu ganho de causa à Diocese de Anápolis, e as vítimas foram condenadas ao pagamento das custas processuais. A decisão não considerou as condenações anteriores do padre.

O cumprimento da pena de Tarcísio Tadeu começou a contar desde a sua prisão preventiva em 8 de outubro de 2002. A defesa impetrou recursos em instâncias superiores para reduzir o tempo de cadeia. O padre tinha bom comportamento e trabalhava para obter a remissão da pena. Em 2008, o homem que cumpria pena por abusar de crianças conseguiu o benefício de saída temporária do presídio no feriado de Nossa Senhora Aparecida. Nesta data, por ironia, é comemorado o Dia das Crianças no Brasil. Naquele momento, Tarcísio cumprira seis anos dos 29 anos, 9 meses e 20 dias de sua sentença.

A progressão de regime era natural, e sua defesa trabalhava para que deixasse a cadeia antes do tempo. Assim, em 11 de abril de 2008, ele passou ao regime semiaberto e, em 13 de dezembro de 2011, ao aberto. Quando conseguiu o benefício, Tarcísio Tadeu, que já tinha sido expulso da Igreja Católica, solicitou à Justiça a mudança de estado: foi morar em Santa Catarina, com o argumento de ficar mais próximo dos pais, na cidade de Tubarão, onde três anos depois escolheria o pequeno Pablo como sua nova vítima. Desta vez, sem a batina, usou o disfarce de professor de música da igreja local.

* * *

Em novembro de 2013, um documento da Vara de Execuções Criminais do Tribunal de Justiça de Santa Catarina mostra que o ex-padre já cumprira 12 anos, 6 meses e 3 dias da pena. Tarcísio Tadeu vivia em liberdade, só atendendo às exigências feitas pelo Ministério Público em audiência na Vara de Execuções Criminais: "No mais, diante do requerido pelo Ministério Público, intime-se o sentenciado para, no prazo de 30 (trinta) dias após a intimação, comprovar ocupação lícita, remunerada, diversa daquela que praticava quando cometeu os crimes pelos quais foi condenado, ou seja, professor de música, sob pena de regressão de regime para o semiaberto".

Seis meses depois, em maio de 2014, nova decisão reforçava os compromissos de Tarcísio com a Justiça: "Intime-se o reeducando para que compareça, no prazo de 10 (dez) dias, à unidade criminal desta comarca para fins de ser cientificado acerca das condições estabelecidas para o regime aberto a seguir declinadas: 1) não se ausentar da cidade onde reside ou mudar de residência, sem prévia autorização judicial; 2) comprovar em juízo, no prazo de 30 (trinta) dias, o exercício de atividade lícita; 3) recolher-se à sua residência, diariamente, até as 20 (vinte) horas, pernoitando até as 06 (seis) horas; e nos finais de semana e feriados, permanecer em sua residência em período integral; 4) comparecer em juízo, MENSALMENTE, para informar e justificar suas atividades; 5) não se utilizar de substâncias tóxicas, nem bebidas alcoólicas; 6) não frequentar bares, casas de prostituição ou estabelecimentos similares; 7) não portar armas ou instrumentos capazes de ofender a integridade física de outrem".

※ ※ ※

Sem a batina, Tarcísio Tadeu seguia a vida de predador sexual. Com fiscalização falha de suas atividades fora da prisão, ele continuou dando aulas de música. Foi fácil conseguir espaço no salão paroquial da Igreja Nossa Senhora Imaculada Conceição, em Morrotes, bairro de Tubarão. Ele se empenhava em fazer parte da vida da cidade.

Além de frequentar as missas, Tarcísio se matriculou num curso de inclusão digital. Ele foi entrevistado numa reportagem do Instituto Federal de Santa Catarina, em 12 de novembro de 2017, e comentou sobre as aulas: "Hoje já consigo, por exemplo, montar uma apostila para os alunos. Estou começando a pegar o jeito com o computador. O curso é muito bom, os jovens explicam bem". Tarcísio aparece na foto que ilustra a matéria, ao lado de outros alunos.

Os colegas não sabiam, mas, três anos antes, Tarcísio tentara abusar sexualmente de um menino de 9 anos. Como gostava de música, Pablo se tornou aluno do ex-padre pedófilo, que descumpria a proibição da Justiça de dar aulas e de sair nos fins de semana. O menino e o irmão foram criados pela mãe sem segredos entre eles. Cristiane também os ensinou sobre os cuidados com estranhos.

— Ele não chegou a abusar, porque sempre conversei com meus filhos e mostrava quando acontecia algo parecido. Mas ele tentou, sim, coagir meu filho a mentir para mim. Graças a Deus, Pablo me contou no mesmo dia. Naquela época, ele tinha 9 anos — lembra a mãe.

Tarcísio Tadeu aproveitou a aula de 25 de outubro de 2014, um sábado, por volta das 18h, para investir contra Pablo. Estavam na sala de catequese. Tarcísio esperou que os demais alunos saíssem. "Você conhece algo do amor?", perguntou ao garoto. Sem entender, a criança respondeu que mais ou menos.

Tarcísio o convidou a ir ao shopping e disse a Pablo que escolhesse um presente, desde que não contasse à mãe. O ex-padre, porém, não esperou o passeio: pediu que o garoto se sentasse em seu colo, mas o menino se recusou. Mesmo assim, o abraçou à força, acariciou suas costas, pernas e mordeu-lhe o pescoço.

Como se nada tivesse ocorrido, o professor pediu ao menino para conversar com sua mãe. O pretexto era contar sobre o potencial da criança para a música e, com isso, convencê-la a deixar Pablo mais tempo com ele. Assustado, o garoto concordou e foram à casa dele. A mãe achou estranha a argumentação do professor e, mais tarde, depois de ouvir do filho sobre o que acontecera, foi à polícia.

❋ ❋ ❋

Após a investigação, o ex-sacerdote foi denunciado mais uma vez pelo Ministério Público, agora em Santa Catarina, pelo crime de estupro. Em juízo, Pablo contou como foi a abordagem do abusador: "(...) que, lá no dia que ele abraçou, ele pediu pra dar um beijo no rosto dele e o depoente disse que não, isso acha que foi depois de ele abraçar, mas foi naquela mesma situação lá; que também disse que não ia sentar no colo dele; que, na hora do beijo, ele falou que não era para contar para ninguém; que, na hora do abraço e do beijo, sentiu que já estava acontecendo alguma coisa, não sabia que tipo de coisa era, mas não achou que era normal, aquilo não era ensinar música; que, quando ele deu o abraço, sentiu que não era abraço de amigo, não era abraço de namorado, ele estava agarrando; que tem outros amigos que nunca abraçaram assim, agarrando; que ficou incomodado quando ele deu aquele beijo".

A juíza da 2ª Vara Criminal de Tubarão, Liene Francisco Guedes, condenou Tarcísio Tadeu Spricigo a 10 anos, 10 meses e 20 dias em regime fechado. Na decisão, a juíza concedeu-lhe o direito de recorrer em liberdade. Pouco tempo depois, a defesa entrou com um recurso pedindo a absolvição e desqualificação do delito e obteve vitória parcial: a pena foi reduzida para 3 anos em regime fechado. A decisão, de 10 de setembro de 2019, levou o ex-frei de volta à prisão.

Somadas, as penas totalizaram 32 anos, 9 meses e 20 dias de prisão: 15 anos, 1 mês e 20 dias de reclusão na sentença da Comarca de Agudos, São Paulo; 14 anos de cadeia em Anápolis, Goiás; e, por fim, os 3 anos de prisão na sentença do Tribunal de Justiça de Santa Catarina, todas em regime integralmente fechado. Segundo o Tribunal de Justiça de Santa Catarina, ele cumpriu pena em Tubarão e em outro município catarinense, Curitibanos.

Tarcísio Tadeu conseguiu novamente a liberdade condicional em março de 2022. Ele só precisa comparecer em juízo bimestralmente, assim como ter endereço fixo atualizado nos autos do processo na Vara de Execuções Criminais. A pena total de Tarcísio Tadeu está prevista para acabar em 9 de julho de 2033.

Padre Alfieri Bompani

"**P**araaaaaaaaaaa!!!!". O grito engasgado saiu forte, alto, como se fosse de gente grande, mas a voz era do pequeno Leo (nome fictício), de apenas 6 anos, um menino franzino. O berro carregado de medo e raiva era a única arma de que dispunha para se proteger e bastou, pelo menos naquele dia, para afastar o homem que lhe impingia dor.

O menino permaneceu por alguns segundos com o corpo contraído no canto do banheiro, na mesma posição de proteção em que se manteve enquanto era molestado. A água do chuveiro limpava o toque em seu corpo. Ele terminou rapidamente, se enxugou como pôde e se escondeu. Leo não entendia o que se passara. Anos mais tarde, em 8 de abril de 2002, aos 9 anos, ele fez este relato na delegacia de Sorocaba, que investigava uma série de abusos cometidos pelo padre Alfieri Eduardo Bompani, da Diocese de Sorocaba.

As investigações revelaram a personalidade sombria do sacerdote, que incluía a autoria de contos sobre sexo em cinco diários, codificados para dificultar o entendimento de quem tivesse acesso aos textos sem permissão. Ele registrava as investidas, os abusos e até as fantasias mais ocultas. Os cadernos foram apreendidos pela polícia na casa paroquial.

Assim como outras crianças, Leo chegou em 1999 ao Sítio Nazaré, em Salto de Pirapora, cidade de 45 mil habitantes na região metropolitana de

Sorocaba, a 121 quilômetros de São Paulo. Fundado em 24 de junho de 1906, o município ganhou sua primeira capela no ano seguinte e uma imagem do padroeiro, São João Batista — consagrado pela virtude e retidão, que adotou o batismo como símbolo de purificação da alma. No lugar da primeira capela está, hoje, a Igreja Matriz.

O sítio abrigava a instituição que cuidava de menores de famílias humildes, fundada pelo padre Alfieri Eduardo em 1999. Ele criou com membros da paróquia a Associação Maria de Nazaré, que angariou recursos para montar o Sítio Nazaré, aparentemente um lugar perfeito na visão da família de Leo: o menino teria casa, estudo e comida, além de orientação religiosa. O sítio, porém, se revelou um inferno, como ele e outros garotos o descreveram repetidas vezes à polícia. Os abusos aconteciam sempre que o padre aparecia de surpresa no local à noite.

Havia quatro quartos na casa: um para o padre, outro para os caseiros — marido e mulher, que também cuidavam das crianças e dos adolescentes —, um terceiro para a filha deles e o maior, onde dormiam os garotos. Nem mesmo a presença de vários meninos significava proteção. Leo lembrou nos depoimentos uma dessas investidas. "Ele ia no quarto onde dormia todo mundo, vinha até a minha cama, tirava minha roupa e passava as mãos no meu pênis, na bunda, enfiava o dedo... Ele segurava meus braços com uma mão e continuava a tocar no meu pênis com a outra", contou na delegacia o garoto, que se livrava do abuso somente quando o padre percebia sua fúria.

Na sequência, Alfieri investia contra outra criança, numa cama ao lado. Em vão, alguns tentavam se desvencilhar. Havia situações em que o sacerdote os atacava enquanto assistia a filmes pornográficos na sala da casa. Às vezes, o padre mostrava revistas eróticas e dava dinheiro, disse Leo.

O menino contou a uma psicóloga da Vara da Infância e da Juventude daquela comarca que não gostava do Sítio Nazaré. Em um relatório de julho de 2002, a profissional registrou o desejo da criança de morar com a mãe e repetiu o que dissera aos investigadores.

Já Marlos (nome fictício) tinha 12 anos quando foi morar na casa paroquial, em Sorocaba, onde o padre Alfieri vivia. Em depoimento à polícia no dia 4 de julho de 2002, ele revelou abusos semelhantes aos que Leo era submetido: "encoxadas", toques, masturbação e massagem nas nádegas.

Até o cerco era igual. Marlos tentava fugir, mas nem sempre conseguia. Na delegacia, ele contou que pediu à família para sair "daquele inferno". Foi atendido, mas o inferno só mudou de lugar.

O menino passou por um abrigo em Votorantim e, em seguida, foi levado para o Sítio Nazaré. Encontros pelos corredores e cômodos da casa faziam parte da rotina. Numa das vezes, o padre aproveitou um momento sozinho com ele para jogá-lo contra a parede e beijá-lo à força. Aos policiais, o garoto não escondeu a raiva. Marlos disse que não tinha a quem recorrer; segundo ele, havia um "código de silêncio" entre os abrigados do Sítio Nazaré.

***

Padre Alfieri Eduardo tinha mais de 30 anos de sacerdócio quando as denúncias vieram à tona. Era admirado não apenas pelas belas homilias na Paróquia Nossa Senhora de Fátima, em Sorocaba; tornou-se conhecido também por seus livros "Caminho de vida — Preparação para a eucaristia (Livro 1)" e "Caminho de vida — Preparação para a crisma (Livro 2)", publicados pela Editora Santuário, à venda ainda hoje na internet e lançados no mesmo ano em que foi preso pela polícia de São Paulo.

Alfieri era um religioso dedicado à sua congregação: aconselhava casais que passavam por turbulências, recolhia doações para os pobres e cuidava de crianças e adolescentes em situação de vulnerabilidade social. No início, abrigou quem não tinha para onde ir e os que precisavam de apoio para se livrar de dependência química. Ele dizia que o sítio, na zona rural de Salto de Pirapora, era a realização de seu sonho.

A investigação sobre Alfieri foi iniciada em 2002 e buscou vítimas a partir da inauguração do Sítio Nazaré e entre antigos moradores da casa paroquial. A primeira denúncia partiu de um jovem, então com 17 anos. Ele revelou à polícia o que acontecia com os meninos acolhidos na chácara.

A delegada Tânia Munhoz Guarnieri ficou responsável pelas investigações na Paróquia Nossa Senhora de Fátima, na Vila Mineirão, comandada por Alfieri. Ela ouviu de seis crianças e adolescentes que os abusos eram frequentes no programa de atendimento às vítimas de maus-tratos e de abandono pelos pais. Com base nos depoimentos, Tânia Munhoz pediu a prisão temporária do padre, além de um mandado de busca e apreensão na casa paroquial.

As buscas foram feitas em 2 de abril de 2002. Alfieri estava ausente. Era dia de seu aniversário e ele fora festejar com outros três padres numa represa em Nazaré Paulista. Em entrevista para este livro, o padre explicou por que não procurou a delegacia assim que chegou de viagem:

— Eles *(os policiais)* estiveram lá sem a minha presença, chamaram um paroquiano. Pegaram diários, fitas de vídeo... Moravam dez pessoas lá nessa época, dois eram menores. Essas fitas eram deles, nem sei o que tinha nelas. A delegada queria muito me incriminar, mas não tinha como. Aí, fui depor na delegacia uma vez e alguns moleques também.

Alfieri foi preso provisoriamente na noite de terça-feira, 9 de abril, uma semana após as buscas da polícia, sob a acusação de abuso sexual contra seis menores. Tinha, então, 57 anos. Entre outras provas enviadas ao Ministério Público e à Justiça pela delegada, constavam fotos de três garotos nus e os diários com relatos sexuais, encontrados na casa paroquial.

O padre negou os crimes à Vara da Infância e da Juventude de Sorocaba. Ele ficou no Centro de Detenção Provisória da cidade, no bairro Aparecidinha, mas não chegou a cumprir os 30 dias da prisão temporária: foi libertado no décimo dia. Nesse período, em uma carta, Alfieri comparou seu sofrimento ao de Jesus: "Jamais poderia pensar que, um dia, eu pudesse estar neste lugar de sofrimento e dor, apontado como o pior dos criminosos. Estou experimentando a Paixão de Nosso Senhor Jesus Cristo, em que me acusam, de maneira impiedosa, e desejam que eu seja crucificado".

Em outro trecho, ele questionou seus acusadores. "Não posso acreditar que sequer passe pela cabeça de alguém que eu tenha tido a coragem de machucar justamente aqueles a quem mais amei e adotei como filhos diletos". Alfieri se disse vítima de ingratidão: "Onde estão agora os que ajudei a tirar das drogas e da vida miserável que levavam? (...) O que foi que eu fiz para receber tanta ingratidão?".

Três dias após a prisão de Alfieri, a delegada já tinha ouvido dez menores entre 9 e 17 anos. Seis deles confirmaram terem sido molestados. O último a denunciá-lo foi Álvaro (nome fictício). Uma reportagem sobre o caso chamou atenção do adolescente, que assistia ao noticiário da TV, na sala de casa, com a mãe. Munido de coragem, revelou que o padre fez o mesmo com ele. O menino contou à delegada que, aos 14 anos, teve um desentendimento com a mãe. Uma prima aconselhou a família a procurar o padre Alfieri. Álvaro passou, então, a morar na casa paroquial com o clérigo. Após a terceira semana, começou a ser assediado. "Não reagi. Era pequeno e não tinha como ir contra o padre", disse à delegada.

Depois de um ano e seis meses na casa paroquial, o menino voltou a morar com a família e ficou claro que tinha dificuldades emocionais. Segundo laudo do Instituto Médico Legal, de 22 de outubro de 2002, feito por determinação da Justiça já na fase do processo criminal contra Alfieri, o adolescente era "portador de Transtorno de Personalidade Emocionalmente Instável, associado à inteligência nos limites inferiores da normalidade". No documento constava que o jovem "tinha prejudicada, parcialmente, sua capacidade de entendimento e autodeterminação à época dos fatos em questão, sem condição psíquica de decidir sobre a prática de qualquer ato sexualizado nem sobre as consequências dos mesmos".

A mãe de Álvaro, Madalena (nome fictício), recorreu à Justiça para interditar o filho. Anos mais tarde, em março de 2011, em depoimento no processo por danos morais e materiais, ela disse que o levou para ser atendido em São Paulo, por neurologista e psicólogo, mas não tinha meios de custear o tratamento. "A situação piorou muito desde que ele passou pela casa do padre, tornou-se totalmente dependente e interditado. Já foi internado cinco vezes em hospital psiquiátrico e vive à base de remédios", relatou em uma audiência na Vara Cível.

※ ※ ※

A prisão temporária de Alfieri Eduardo foi revogada na tarde de 19 de abril de 2002 pelo juiz Mauricio Valala, da 2ª Vara Criminal de Sorocaba. Nesse mesmo dia, acontecia o encerramento da 40ª Assembleia Geral da CNBB (Conferência Nacional dos Bispos do Brasil). Estava prevista para o fim do encontro, em Indaiatuba, a 102 quilômetros de São Paulo, a divulgação de uma mensagem sobre pedofilia, por conta dos abusos em vários países envolvendo clérigos.

Naquela semana, detalhes registrados nos diários do padre Alfieri ganharam o noticiário do país todo. Entretanto, o então presidente da

CNBB, Dom Jayme Henrique Chemello, disse à imprensa que não haveria nenhum comunicado por tratar-se de "um problema relativamente novo, que está sacudindo o mundo todo". O bispo acrescentou: "No Brasil, o país precisa ter clareza de seus valores éticos e evangélicos. Esse sensualismo exacerbado acaba atingindo a Igreja, mas ainda não temos um conjunto de medidas para tomar, uma sequência de atos". Dom Jayme admitiu que a questão afetava a CNBB: "Claro que nos sentimos atingidos. Não podemos estar ausentes de um problema tão grave, que, aliás, também atinge todas as categorias".

Dois dias antes de Alfieri ganhar o benefício de responder ao processo em liberdade, a CNBB anunciou que reforçaria a formação de padres, com a ajuda de psicólogos e pedagogos, para estancar o surgimento de novos casos.

O Ministério Público denunciou o padre em 8 de setembro de 2003 por atentado violento ao pudor contra 14 crianças, mas Alfieri foi absolvido de nove acusações. Sua condenação teve como agravante sua condição de líder religioso de uma comunidade, com ascendência sobre crianças. Na sentença em primeira instância, publicada em 7 de dezembro de 2004, o sacerdote recebeu pena de 92 anos, 2 meses e 20 dias de reclusão. A Igreja indicou um advogado para cuidar de sua defesa. Por meio de recurso, ele teve a pena reduzida para 48 anos, 7 meses e 12 dias. Alfieri ficou preso em regime fechado por 13 anos.

***

Em julho de 2020, quando estava em liberdade condicional há quatro anos, Alfieri aceitou falar para este livro sobre as acusações. Contou a sua versão e jurou inocência, na primeira entrevista que deu em mais de uma década. Ele diz que foi vítima da ambição de alguns jovens.

— Fui preso em casa pela delegada. Tinha acabado de fazer uma soja para comer. Até hoje tenho saudade daquela soja. Deve ter apodrecido lá. Fiquei dez dias preso, saí e me levaram para um lugar onde fiquei por um tempo.

Ele disse que teve ajuda de membros da Igreja para se esconder quando ganhou o direito de responder em liberdade: foi levado inicialmente para um local distante de sua cidade e mudou de endereço várias vezes.

— A Igreja me levou para esse lugar de retiro e me deixou lá. Eu não quero incriminar... Não quero deixar ninguém com problema, né?! Eu estava em liberdade e não fugindo da polícia. Mas fiquei lá uns meses, depois fui para Mato Grosso. A televisão ficou falando de mim dez dias seguidos, de manhã, de tarde e de noite. Eu estava com a moral lá embaixo — diz.

Sobre os 13 anos em que ficou preso, ele lembra:

— Minha vida na cadeia foi uma beleza! Me colocaram no setor de trabalho. Cerca de 90 presos moravam nesse local, com celas de seis a 12 pessoas em cada uma. Fiquei nesse pavilhão de 2003 a 2010. Depois, acabaram com as regalias. Fui trabalhar no setor judiciário, um escritório que cuidava dos papéis dos presos, como os pedidos de saidinha da prisão. Em 2004, fui professor de inglês, português e história.

Na cadeia, o padre celebrou missa para alguns detentos. As hóstias lhes eram entregues por grupos de católicos, assim como suco de uva, já que vinho era proibido:

— Cheguei a converter algumas pessoas.

Alfieri conta que decidiu ser padre aos 9 anos, mas cumpriu a vocação sacerdotal tarde, quando estava noivo e trabalhava num banco em Votorantim, no interior de São Paulo. Antes disso, namorou duas moças. Aos 24 anos, conheceu um missionário, por quem se encantou ao assistir uma missa. Desfez o noivado, e o antigo sonho de se tornar padre o levou ao seminário.

Em 8 de dezembro de 1973, a ordenação de Alfieri coincidiu com a inauguração da nova Igreja Matriz de Votorantim, e se deu pelas mãos de Dom Paulo Evaristo Arns. Ele se tornou o primeiro padre votorantinense. Após ordenado, foi designado pelo bispo de São Paulo para duas pequenas paróquias, "bem pobres", até conseguir, dois anos depois, uma igreja mais abastada, com melhor côngrua — ajuda de custo que os padres recebem. Largou o banco e se dedicou integralmente ao sacerdócio.

Em 1978, partiu para um intercâmbio nos Estados Unidos. Ficou em Somerville, cidade de Massachusetts, no Condado de Middlesex, onde rezou missas por dois meses, em inglês e português. A cidade reúne muitos portugueses e brasileiros. A sete quilômetros dali, na jurisdição da Arquidiocese de Boston, naquele período já aconteciam abusos contra crianças acobertados pelo alto clero, denunciados mais de duas décadas depois pela equipe Spotlight, do jornal "The Boston Globe".

De volta ao Brasil, o padre foi para Guaianases, também em São Paulo, e fixou residência em Sorocaba nos anos 1980.

***

A investigação da polícia a Alfieri avançou para além dos depoimentos das crianças. Foram recolhidas provas materiais na busca à casa paroquial: vídeos pornográficos, objetos pessoais e manuscritos. Cinco deles eram diários, com códigos decifrados por peritos, com a ajuda de um glossário explicando seus significados — encontrado num anexo aos cadernos.

No material havia contos eróticos. Os personagens tinham nomes de crianças internas no Sítio Nazaré e na casa paroquial. No que ele batizou de "5º diário", eram descritos os abusos aos meninos no sítio. "Há dois dias não encoxo ninguém. Me masturbei duas vezes ontem, sendo uma delas com o (...). Ele chupou meu cacete... Bati uma punheta pegando no (...)". Em outro trecho, o sacerdote registrou: "Tomei cerveja e uísque e comi o (...), mas não ejaculei".

No processo que tratava do pedido de indenização, o juiz Pedro Luiz Alves de Carvalho, da 5ª Vara Cível da Comarca de Sorocaba, fez referência aos diários: "No processo criminal foram apreendidos diários do padre, onde este relatava relações sexuais. Também foi apreendido um livro denominado 'Contos homossexuais', nos quais o padre demonstrava personalidade altamente erótica, descrevendo relações sexuais, anais e orais, entre pessoas do sexo masculino, inclusive menores de idade. Em interrogatório na Justiça Criminal, o padre Alfieri negou as acusações, mas confirmou ser o autor de tais escritos, afirmando serem apenas fantasias. Nos diários, há relatos indicativos de atos libidinosos como sexo oral, 'encoxadas', masturbação e sexo anal".

Em sua defesa, Alfieri argumenta tratar-se de ficção e mera coincidência os nomes de personagens serem os de meninos que abrigava. Ele diz, na entrevista para este livro, que está "recuperando a moral perante a sociedade":

— Gosto de escrever e pegaram esses escritos. Eu escrevia sobre homossexualidade e colocaram como se fossem práticas minhas. Nunca pratiquei nada daquilo. Era tudo coisa da minha cabeça. Ficou o dito pelo não dito.

Alfieri tenta dar uma abordagem científica aos textos, chamando-os de "método para curar" homossexuais.

— Estava tentando ajudar três pessoas a resolverem seus problemas homossexuais pela saturação. Eu os levava a ler várias vezes os contos até que saturassem daquilo. Estava trabalhando nisso quando fui preso. Esse método ajudou muito nos Estados Unidos, onde foi empregado e deu certo. A pessoa lê quatro, cinco vezes e acaba mudando — diz, sem indicar referências de estudos americanos.

Alfieri nega ser homossexual, tampouco homofóbico. Entretanto, afirma ter praticado o "método da cura gay" com as crianças e adolescentes abrigados no sítio. Ele ainda lamenta que jamais saberá se o seu "método da saturação" funciona. Sobre ter escrito os contos em códigos, justifica que se preocupava em evitar a leitura das histórias pelos meninos.

Em um dos textos, com o título "Diário de um vigário do interior", constavam relatos sobre Inocêncio (nome fictício), como era chamado um dos adolescentes que viviam no Sítio Nazaré. Segundo ele, o nome do livro é ficção porque não há vigário na Igreja, e Inocêncio nada tem a ver com o jovem.

Na polícia, Inocêncio, um adolescente de 15 anos, detalhou como chegou à casa paroquial e ao Sítio Nazaré e narrou os abusos que ocorriam por lá. O jovem foi levado pela mãe à casa paroquial numa tentativa de livrá-lo das drogas. No processo cível, o juiz citou a visita de uma assistente social da Infância e da Juventude da Vara Distrital de Votorantim à casa da família do menino em junho de 2001. A irmã de Inocêncio contou à profissional que, embora amoroso, o menino "avançava na mãe quando usava drogas". A assistente social salientou que Inocêncio era pequeno, franzino e pouco desenvolvido fisicamente para a idade. Tinha abandonado a escola e aparentava ser "usuário de drogas pesadas". Segundo a família, ele começou a apresentar um quadro de problemas em 1996, aos 9 anos.

Ao juiz, Inocêncio disse que era comum todos andarem nus no Sítio Nazaré, inclusive o padre Alfieri. Na sauna, segundo ele, os meninos também ficavam sem roupa, enquanto o padre os ensaboava e os beijava na boca. O menino contou ainda que, quando se machucou num jogo de futebol, o sacerdote ofereceu-lhe massagem: levou-o a um dos quartos, tirou sua roupa, despiu-se, acariciou suas nádegas e seu pênis de modo "libidinoso". Disse que recebeu sexo oral e foi obrigado a fazer o mesmo em Alfieri, até que "saiu um líquido branco do pênis do padre". Inocêncio afirmou ter sentido "muita raiva dele!".

O adolescente contou ter ficado quatro meses no Sítio Nazaré, com abusos frequentes. "Ele tentava introduzir o pênis, forçava, mas eu não deixava fazer até o fim. Eu não reagia porque tinha medo de ser mandado embora e que minha mãe soubesse".

Anos depois desse depoimento, em 17 de março de 2011, Inocêncio voltaria à Justiça para testemunhar no processo por danos morais contra Alfieri. Ele disse que, após sair do sítio, chegou a ficar na Fundação Estadual para o Bem-Estar do Menor (Febem) por assalto à mão armada, mesmo trabalhando como pintor. Já com família constituída, pai de um menino, o rapaz sentia repugnância toda vez que se lembrava do tempo em que morou com o padre. Ele revelou que sua primeira experiência sexual foi com Alfieri e disse que passou a consumir drogas pesadas no período em que ficou na casa paroquial e no Sítio Nazaré.

Embora negue contato sexual, Alfieri confirma que o sítio era um lugar onde havia sexo, mas entre os menores. O ex-padre refere-se a Inocêncio como promíscuo:

— Ele transava com todos da casa. Inclusive, o mandei embora, mas ele não quis sair.

* * *

A condenação de Alfieri Bompani não foi suficiente para reparar os danos aos menores, segundo o procurador Claudio Takeshi Tuda, que acompanhou o caso com a equipe da Assistência Judiciária Criminal de Sorocaba. Em 6 de março de 2006, ele acionou a Igreja Católica e a Associação Maria de Nazaré: pediu R$ 210 mil para cada um dos 13 menores que teriam sido abusados pelo sacerdote. O total da ação chegava a R$ 2,73 milhões de indenização por danos morais causados por Alfieri. O procurador ressaltou a responsabilidade da Igreja, cobrou a criação de um protocolo de fiscalização e exigiu o pagamento de tratamento psiquiátrico às vítimas.

A Mitra Arquidiocesana/Cúria Metropolitana de Sorocaba contestou suas responsabilidades, salientando que "padre não é empregado nem preposto da diocese"; alegou que o "padre é a própria Igreja, de modo que não há subordinação jurídica, mas subordinação divina". De acordo com a defesa, a responsabilidade da Igreja se daria se os "atos ilícitos fossem praticados no exercício do trabalho ou por ocasião dele, e, no caso dos autos, os fatos narrados não ocorreram na paróquia em que o padre exerce suas atividades, mas na esfera da vida privada". A casa paroquial, ainda segundo a defesa, "é a residência disponibilizada pela Igreja ao padre, não é extensão ou anexo da Igreja".

A Associação Maria de Nazaré, por sua vez, alegou que, se alguma indenização fosse devida, a responsabilidade seria de Alfieri, com responsabilidade solidária da Mitra Arquidiocesana e da Cúria Metropolitana.

A defesa do religioso pediu a prescrição em relação a três autores do processo sob a alegação de que vinham de famílias desestruturadas e terem sido abusados em suas casas, "de modo que eventuais traumas sofridos na infância ocorreram em suas próprias famílias muito antes de irem viver na casa paroquial ou no Sítio Nazaré".

O processo se arrastou até 2020. O juiz Pedro Luiz Alves de Carvalho, da 5ª Vara Cível da Comarca de Sorocaba, destacou na sentença pontos que sustentaram sua decisão: "Os contos homossexuais escritos pelo padre, juntados a fls. 986/1024, demonstram as fantasias sexuais, versam sobre relações sexuais, anais e orais, entre pessoas do sexo masculino. Nota-se, ainda, que o diário menciona nomes de diversas pessoas reais, como psicólogos, padres e autoridades, comprovando que os relatos não são fantasiosos nem fictícios. Restou comprovado que as crianças assistiam a filmes pornográficos, sendo que em apenas uma videolocadora constatou-se a locação de 58 fitas pornôs, na ficha de (...), que residia na casa paroquial".

Ao enfatizar a responsabilidade da Igreja, o magistrado indicou um trecho do depoimento do padre João Carlos Orsi, representante da Igreja, em que diz: para casos como o de Alfieri, o Código Canônico estabelece a perda do estado clerical. O juiz atendeu parcialmente o pedido: condenou a Mitra Arquidiocesana/Cúria Metropolitana de Sorocaba, a Associação Maria de Nazaré e Alfieri Eduardo Bompani a pagarem a cada vítima R$ 43.540 de indenização, com juros e correção desde o início da ação. Dos 13 menores que recorreram à Justiça, seis ganharam a causa, quatro perderam e três disseram que não foram abusados. Em abril de 2020, foi homologado o acordo para extinção do processo que, segundo a mãe de um dos jovens, resultou no pagamento de R$ 140 mil a cada um deles, divididos em uma parcela de R$ 65 mil e outras cinco de R$ 15 mil.

Alfieri não se recorda do fim da ação, mas assegura que não pagou nada às vítimas. Ele vive num apartamento modesto, em Vila Carvalho, Sorocaba, comprado com o dinheiro do INSS que juntou no período de cumprimento da pena. O ex-sacerdote não recebe auxílio da Igreja; seu sustento vem da aposentadoria.

***

O processo canônico contra Alfieri começou bem depois de sua condenação. Ele prestou depoimento a um padre enviado pela Congregação para a Doutrina da Fé em 2010, quando já cumpria pena há sete anos. Dias depois de sua primeira prisão provisória, ele contou que foi orientado pela arquidiocese de sua cidade a escrever para a Igreja Católica se defendendo das acusações.

— Em 2010, veio um cara do Rio de Janeiro, que tinha cargo na Igreja. Ele me fez algumas perguntas, tipo um questionário. Isso aconteceu anos depois de eu ter mandado a carta para a Igreja — conta.

O ex-padre não sabe se foi laicizado, ou seja, se perdeu o direito ao sacerdócio e foi desligado da Igreja. Também não procurou informações sobre o resultado do processo canônico. O Vaticano, por sua vez, não informou sobre a situação de Alfieri.

Mesmo negando sua culpa, Alfieri diz que a Igreja não pode acobertar denúncias de pedofilia e que deveria fazer um acompanhamento dos religiosos desde o seminário, com o apoio de psicólogos.

— Esse meu afastamento obrigatório acho justo, a partir do que as pessoas falam a meu respeito. Dentro desse contexto todo de condenação, o bispo está sendo coerente. Ele tem que agir de acordo com o que está na frente dele. A Igreja se baseou no processo civil. Talvez eu seja retirado do sacerdócio. Perder o estado sacerdotal é quase certo, a não ser que eu já o tenha perdido e não saiba — ressalta.

Em todos os documentos públicos pesquisados, não há informações sobre o afastamento do padre de suas funções sacerdotais.

Padre Edson Alves dos Santos

O caminhão-baú velho era pequeno, mas tinha espaço suficiente para transportar a pouca mobília de duas casas humildes, algumas malas e o peso da dor provocada pela violência que Victtor dos Reis Duarte, de 11 anos, carregava no corpo e na alma. Do banco de trás do Fiat Palio cor de abóbora do tio do menino, a visão dos amigos da rua era turva, efeito das lágrimas. Ao lado de Victtor, os dois irmãos olhavam a cena, também acompanhada pela avó no banco da frente. Como não cabia todo mundo no carro, a mãe e o padrasto seguiram no caminhão. Dessa vez, o choro da criança era por outra dor: não veria mais os colegas.

O sentimento é o mesmo ainda hoje, após ter deixado em 2005 a Rua 35, Quadra 36, Lote 18, setor Nova Flórida, em Alexânia, Goiás. Na lembrança, os momentos felizes no barracão sem laje e reboco nos fundos do terreno onde viviam os avós. Mesmo com tanta pobreza, a família era feliz. A fé, expressa sobre móveis antigos e quebrados nas imagens de santos e Bíblias, parecia inabalável. A partir daquele momento, a vida da família seria reconstruída em São Sebastião e depois em Ponte Alta, no Gama, ambos no Distrito Federal, onde o avô comprou um terreno para erguer uma casa.

Reviver tudo isso é voltar no tempo. A voz embarga e a fala fica entremeada de pausas, uma muleta para conseguir caminhar pelas lembranças. Victtor tinha 26 anos em agosto de 2020 quando aceitou conversar para este livro sobre o período que o marcou profundamente. Entende que dar cara aos abusos sofridos quando criança sirva de alerta para quem passou o mesmo que ele. Mostrar o rosto é uma forma de provar que foi vítima de um homem intitulado representante de Deus.

— Eu me lembro dos meus colegas se aproximando e perguntando por que a gente estava saindo de lá, ninguém sabia ainda. Não falei nada. Eu só conseguia chorar — conta.

Fazia sol forte no dia da despedida de Alexânia. O carro em movimento ia deixando a parte mais alta da rua, um pequeno morro, onde o asfalto cinza era coberto pela poeira do barro vermelho dos terrenos baldios que intercalavam as casas simples do lugar. À época, apenas o lado esquerdo da rua tinha construções. As lembranças das brincadeiras, das caminhadas até a escola e o apoio nos momentos mais difíceis seriam a salvação quando a saudade apertasse.

A saída da terra natal representava mais que a esperança de uma vida nova. Era a tentativa de fugir do julgamento de parte dos 20 mil moradores da cidade, a 118 quilômetros da capital, Goiânia, que ficaram contra a família diante das denúncias envolvendo o padre Edson Alves dos Santos. Muitos acreditavam que a família tinha algum interesse por trás das acusações e passaram a hostilizá-la nas ruas. Nem mesmo ir à igreja eles podiam mais. Apenas as crianças pequenas, muitas delas colegas de Victtor, não sabiam o motivo da partida repentina.

❋ ❋ ❋

O sonho de se tornar coroinha começou cedo para Victtor. A fé católica da família conduziu o menino, que ainda bem pequeno passou a frequentar as missas do padre Edson, na Igreja Imaculado Coração de Maria. O sacerdote dizia que Victtor era o seu secretário — ele já ajudava em pequenos afazeres da paróquia. A avó, Iraci, conversou com o padre sobre o desejo do menino de ser coroinha e foi orientada a se encarregar da roupa do neto, uma túnica, comprada com a ajuda de Patrícia, mãe de Victtor. Catequista da igreja, legionária e zeladora da mãe peregrina, a avó se emocionou quando o neto entrou na missa de Páscoa, todo paramentado. Ele também estava muito feliz.

— Eu tinha pedido à minha avó para ser coroinha. Ela falou com o padre, me colocaram na escola e fiz a primeira comunhão. Eu ia para a igreja por Deus. Tinha uma conexão com Deus — diz.

Em pouco tempo, porém, a alegria deu lugar à tristeza, à vergonha e ao medo. Victtor, que era uma criança ativa e adorava brincar, tornou-se quieto, introspectivo. A avó e a mãe do menino só entenderiam a mudança de comportamento tempos depois, quando um homem de Anápolis ligou. Ele se identificou como advogado e revelou dois casos de abusos cometidos pelo padre Edson contra coroinhas.

No entanto, dona Iraci e Patrícia decidiram, a princípio, não se envolver com a história; achavam que poderia ser vingança, algo assim. Elas só passaram a suspeitar do padre, de fato, quando Rogério (nome fictício), um coroinha da paróquia já há dois anos, procurou Patrícia para contar o que estava acontecendo com Victtor.

Rogério tinha 17 anos e sabia que o sacerdote, à época com 64, abusava do menino, da mesma forma que ele era seviciado. No dia 1º de julho de 2005, Victtor saiu da igreja, onde dormira, por volta das 9h30. Rogério o acompanhou no caminho de casa e revelou que era molestado por Edson. O garoto, então, admitiu que sofria os mesmos abusos.

Ao chegar à casa do menino, Rogério aproveitou um momento a sós com a mãe e a avó de Victtor para contar tudo. Atônita, Patrícia não teve coragem de falar com o filho naquele momento e pediu ajuda à mãe. Durante um passeio com o menino à casa de um tio, dona Iraci abordou o assunto. A avó lembrou a conversa no depoimento que deu à Justiça, mais tarde: "Falei com ele sobre o que Rogério tinha contado. Ele chorou e disse sentir culpa por deixar o padre fazer isso com ele", relatou.

A revelação dos abusos à avó também foi lembrada por Victtor em seu depoimento à Justiça: "Contei primeiro para a minha avó, depois falei com a minha mãe. Na conversa com a minha avó, eu pedi perdão. Foi quando minha mãe chegou e pedi perdão também para ela".

O menino disse à avó que os abusos começaram logo que se tornou coroinha. O padre passou a chamar Victtor para passeios a uma chácara em Olhos D'Água, distrito de Alexânia. Numa dessas visitas, mesmo estando na casa uma cozinheira e o caseiro, o padre não se intimidou e o atacou. "Ele fez comigo igual o homem faz com uma mulher. Foi logo depois do almoço, quando dona Sebastiana estava arrumando a cozinha. A gente estava na sala, que fica do lado. Ele me chamou para sentar do lado dele. Depois mandou eu sentar no colo, eu sentei. Depois mandou eu ficar de pé e abaixou as minhas calças. Aí ele tirou o pênis para fora e me fez sentar no colo dele de novo", narrou a criança ao juiz Algomiro Carvalho Neto, responsável pelo processo criminal.

Victtor passou a dormir na casa paroquial — o clérigo dizia que estava doente e precisava de companhia —, período em que os ataques se intensificaram, quase sempre com penetração. A suspeita sobre o padre Edson já corria em Alexânia, entretanto, nenhuma denúncia fora apresentada. Ele era um homem rígido, intolerante com mulheres de saias curtas ou roupas decotadas. Negava-se a dar a comunhão a quem usasse vestimenta que não passasse por seu crivo. Eram famosas suas pragas para comportamentos diversos aos que pregava. Até mesmo as festas da igreja, as tão esperadas quermesses, tinham restrições de bebidas alcoólicas impostas pelo sacerdote. Tudo isso o tornara uma referência por mais de duas décadas em Alexânia.

Cerca de um ano antes de Victtor sofrer os abusos, cartas começaram a ser deixadas na porta de entrada da casa paroquial em nome do clérigo. Rogério contou que chegou a pegar pelo menos 30 nesse período. Só quem as lia era o padre, que reagia com irritação.

O sacerdote revelou em depoimento que as cartas eram, em sua maioria, ameaças de um ex-coroinha, Deoclécio (nome fictício). Ele se recusara a crismar o rapaz, além de ter enviado uma carta à direção do seminário em Petrópolis, no Rio de Janeiro, dizendo que Deoclécio era "homossexual". O padre renegava a própria recomendação que fizera ao superior do seminário para admitir o jovem.

As cartas também informavam que o padre Edson mantinha relação abusiva com Rogério. Este, por sua vez, disse em vários momentos, inclusive na Justiça, que os manuscritos eram redigidos pelo próprio sacerdote, para se apresentar como vítima de uma trama: "Eu acho que foi ele, porque lia a carta inteirinha, apesar de a letra ser difícil de entender. As expressões também eram difíceis, mas ele conseguia ler tudo. Todo mundo falava para ele levar as cartas para exame, mas ele se recusava e fazia com que várias pessoas pegassem antes nelas", disse o coroinha na Justiça.

Num esforço para minimizar o burburinho que as acusações causaram entre os fiéis, Edson convocou uma reunião com os mais devotos e falou sobre o conteúdo das cartas. Segundo Rogério, o pároco pediu-lhe que participasse do encontro e desmentisse as denúncias de abusos, além de reforçar as acusações contra Deoclécio.

***

Desorientada, Patrícia levou o filho, Victtor ao Hospital de Alexânia, onde um médico constatou as sevícias no ânus da criança e acionou a polícia. A delegada Silvana Nunes Ferreira abriu um inquérito e colheu os depoimentos da mãe e do menino no mesmo dia. Em seguida, encaminhou a criança para exame de corpo de delito no Instituto Médico Legal em Goiânia, onde foram encontradas marcas de abusos. Alguns dias depois, Patrícia procurou uma psicóloga para o filho e passou também a se consultar com a profissional.

O relato de Victtor ainda ecoava na mente de Patrícia quando o padre Edson ligou pedindo um encontro com ela e os avós na casa paroquial, lugar onde violentava o menino. Como as duas se recusaram, ele foi à casa da família. "Pediu perdão, disse que havia se excedido nos carinhos de pai para filho com o Victtor e que, se eu quisesse, ficaria de joelhos na minha frente. E implorou para que eu não fizesse nada contra ele", contou Patricia à Justiça.

Em seu depoimento, Victtor deu detalhes sobre os abusos: "Eram uns oito coroinhas, alguns da minha idade e outros mais velhos. Não percebi como ele tratava os outros, mas me tratava diferente porque de vez em quando me dava dinheiro todo embolado na mão. (...) Sempre que ele mexia comigo, me dava R$ 8, R$ 10". O menino era coagido a não contar nada. "O padre sempre falava para mim que as coisas que estavam acontecendo eram um segredo entre ele, eu e Deus".

A investigação da Polícia Civil prosseguiu. Em pouco tempo, a delegada Silvana Nunes reuniu um conjunto de denúncias contra o clérigo. Rogério, já com 18 anos, reiterou em depoimento à Justiça os abusos sofridos por cerca de dois anos. Ele chegou à igreja onde Edson era pároco através de uma idosa para a qual prestava serviços. Antes, o rapaz frequentava e ajudava os cultos na Igreja Universal do Reino de Deus. Aceito na Igreja

Católica, foi batizado pelo padre Edson, tornou-se coroinha e permaneceu ali entre 2003 e 2004.

Assim que Rogério assumiu a função, o clérigo pediu-lhe ajuda em sua mudança. Foi nesse dia que sofreu o primeiro ataque. "Ele me pediu para dormir na casa dele. Como as coisas estavam fora do lugar, nós dormimos na mesma cama. Eu achei normal isso. Mas, por volta das três da manhã, comecei a sentir uma mão se esfregando em mim, tirando as minhas calças e a cueca. O padre também tirou a roupa. Eu fiquei pensando por que ele estava fazendo aquilo, era padre, fiquei apavorado. Ele continuou e enfiou o pênis no meu ânus, e acabei fazendo xixi na cama", contou o jovem ao juiz, acrescentando: "Ele pediu desculpas, disse que era padre, mas que também era homem; falou para eu ficar no quarto, já que a empregada ia chegar e não entraria lá. Disse que colocaria um colchão na sala para ela acreditar que dormiu lá".

Os abusos se tornaram frequentes. Mesmo nas refeições, Edson esfregava suas pernas nas do coroinha por debaixo da mesa. Nos momentos em que as funcionárias da casa paroquial não estavam, os ataques se intensificavam. Quando uma delas chegava, o padre o orientava a dizer que estava rezando e lavando vasilhas. Rogério revelou também que, após os estupros, o sacerdote "ficava muito vermelho e dizia estar passando mal por causa da diabetes e da pressão. E depois falava sempre que aquilo era uma fraqueza dele e me pedia para não contar para ninguém". Os abusos duravam cerca de 15 minutos. Na Justiça, o jovem contou que a violência sexual começou quando ele tinha 16 anos.

Rogério disse que sentia pena e, ao mesmo tempo, medo de Edson; por isso, não o denunciava. "Cheguei a comentar com a funcionária dele, mas ela não acreditou". No depoimento, o coroinha relatou que, de antemão, sabia o destino de Victtor, mas preferiu não falar nada para não parecer ciúmes: "O padre sempre tratava os coroinhas passando as mãos nas costas, dando tapinhas na bunda, pegando nas coxas...".

Não demorou para Rogério perceber que Victtor também era abusado. Isso ficou evidente num dia em que foi à rua buscar o almoço do padre. "Quando voltei, ele estava sem a batina, vermelho, e Victtor, com o zíper da calça aberto. Fingi que não vi, deixei o almoço e fui embora. Mas Victtor pediu para eu esperar, porque queria ir comigo. Quando ele foi guardar as coisas, vi que a cueca dele *(do menino)* estava largada no chão". No caminho para casa, o coroinha revelou o que acontecera. Foi nesse dia que Rogério decidiu contar tudo à mãe do menino.

* * *

Outras acusações recaíram sobre o padre Edson. Deoclécio, o jovem enviado a um seminário em Petrópolis, prestou serviço à Igreja Católica como coroinha durante 11 anos. Era um dos mais experientes ajudantes. Na Justiça, ele negou ter escrito as cartas contra Edson, mas revelou que fora molestado da mesma forma que Victtor e Rogério. Como os dois coroinhas, ele não conviveu com o pai, era de família humilde e encontrara na Igreja um caminho para enfrentar as dificuldades.

Deoclécio tinha 8 anos quando chegou à paróquia, em 1993, e logo se tornaria vítima de abusos. Ao juiz Algomiro Carvalho Neto, o rapaz revelou que os ataques ocorriam sempre após as missas, na casa paroquial e na chácara em Olhos D'Água.

Os abusos continuaram por oito anos, até 2001. Diante das denúncias, o jovem decidiu dar o seu depoimento à Justiça. "Eu achava certo tudo o que ele fazia. Para mim ele não errava. Eu ficava constrangido após os atos, mas não me afastava porque tinha um amor paterno por ele. Lembro que, sempre após os atos, ele dizia que aquilo era uma fraqueza dele. Não falava para ninguém porque o padre pedia segredo, mas eu também sentia vergonha. Antes de ir à delegacia, eu o procurei para dizer que quebraria a promessa de guardar o segredo, mas não fiz chantagem alguma", revelou o rapaz à Justiça. Ele disse ainda que algumas vezes recebia dinheiro após sofrer os abusos.

Quando o escândalo ganhou as manchetes de jornais e de canais de TV de Goiânia, outro jovem foi à delegacia. Agnaldo (nome fictício) tinha apenas 7 anos e era coroinha em Abadiânia, em Goiás, quando conheceu o padre Edson, em 1983, durante uma missa. Ficou encantado com a pregação do pároco. Anos depois, seus pais se divorciaram. O menino, então com 12 anos, viveu momentos de tristeza e carência.

Ao saber que Edson era padre em Alexânia, Agnaldo pegou um ônibus sozinho e foi encontrá-lo. Na cidade, procurou Divina, uma amiga dos pais, e disse que ficaria na casa do padre. "Ela me falou para tomar cuidado porque o padre Edson e outro padre que ficava em uma chácara, um italiano, gostavam de criança. Não levei aquilo a sério", contou o rapaz.

Padre Edson ficou feliz em rever o menino e o levou para passear numa chácara próxima ao Rio Corumbá. Dias depois, o clérigo organizou outro passeio, a um sítio na estrada para Brasília, com piscina, que pertencia a outro padre. "Não lembro o nome desse padre, mas tinha um sotaque diferente, era alto, barbudo e bem branco. Assim que a gente chegou, ele disse para o padre Edson: 'Este é bonitinho, dos olhos verdes'. Lembro que ele fez o jantar e continuou me elogiando".

De volta à casa paroquial, Agnaldo foi surpreendido com um bolo oferecido por Edson. Era o seu aniversário, mas ele não se recordava de ter contado ao pároco. "Era um bolo muito grande, azul, pensei que teria mais pessoas na festa, mas fiquei surpreso porque era só ele e eu. O padre pegou um garrafão de vinho para a gente beber. Eu perguntei para ele se não era pecado, já que o vinho era da igreja, mas ele disse que não".

Beberam um pouco e foram dormir. "O padre veio e deitou comigo, no quarto em que eu estava. Tentou me virar para ficar de costas, mas não deixei. Briguei com ele e corri para o banheiro. Foi quando eu vi que a minha calça estava suja com sêmen. Quando o padre se levantou da cama, eu vi que também tinha sêmen na batina dele", disse, no depoimento. Agnaldo aproveitou a saída do padre, fechou a porta do quarto e o impediu de entrar. "Ele ficou do lado de fora pedindo para eu deixar entrar, dizia que não era nenhum monstro", lembrou o rapaz.

No dia seguinte, o padre Edson levou o garoto de volta à casa de sua mãe em Abadiânia, em uma Brasília amarela que pertencia à igreja. "Depois disso eu nunca mais o vi. Só estou aqui hoje para dizer que ele é, sim, um monstro. Eu cheguei a passar um período trabalhando e juntando dinheiro para tentar matar ele, mas hoje eu não tenho mais raiva", disse Agnaldo, em juízo.

O ex-coroinha afirmou que denunciou o abusador formalmente: "Eu pensava que o assunto tinha sido resolvido, porque fui à igreja em Anápolis, na Praça Bom Jesus, e denunciei o padre Edson. O padre que me atendeu foi muito atencioso".

O depoimento terminou com Agnaldo salientando que fez questão de falar no tribunal, na presença do padre Edson, para dizer-lhe "que é um monstro; que gostava demais dele e não esperava que fizesse isso".

***

Assim como Agnaldo, o desejo de vingança passou pela cabeça de Victtor durante anos. Ficava horas do dia imaginando como tiraria a vida do padre Edson.

— Eu gostava de ficar só. Comprava cigarro, um litro de cachaça e droga. Pensava em como me vingar. Minha cabeça era um ódio só. Meu avô me via assim, quieto, pensativo e dizia: "Tá pensando na morte da bezerra?". Mas Deus botou a mão para eu não fazer nada — conta Victtor, num momento da entrevista.

Padre Edson foi denunciado pelo Ministério Público em 30 de agosto de 2005. Em 20 de setembro, no Fórum de Alexânia, ele ficou diante do juiz Algomiro Carvalho Neto. Obedecendo às formalidades, leu o nome completo "Edson Alves dos Santos, brasileiro, solteiro, padre, nascido em 14 de abril de 1941, filho de Antônio Alves de Lima e Noêmia Alves dos Santos". Ouviu em silêncio as acusações. Em seguida, jurou inocência e disse que tudo não passava de um plano para "denegrir a imagem da Igreja".

O padre afirmou que uma das testemunhas devia dinheiro à Igreja e que, por isso, tinha interesse no processo. "Estou sendo vítima de um complô por pessoas que não concordam com o meu modo de ser. Se o Victtor é vítima, eu também me sinto vítima de estar sendo acusado de forma injusta". Partiu dos fiéis que temiam por sua saúde, segundo a versão do padre, deixar alguém dormir com ele na casa paroquial. E acrescentou que Victtor jamais dormiu na chácara, somente na casa paroquial e, ainda assim, em quarto separado. De acordo com o padre, ele só aceitou que passasse a noite lá por insistência da mãe do menino.

A exemplo de outros abusadores, o padre Edson culpou a vítima: "Sempre que eu conversava com Victtor, percebia que ele tinha um desvio, até pelas canções que cantava, apaixonadas e obscenas". O padre ainda acusou os demais denunciantes por "desajustes familiares" e insinuou que eram homossexuais: "Um filho que possui desvio, o pai não joga fora. Neste caso, o filho não deixa de ser filho nem o pai deixa de ser pai, continua orientando".

Em nenhum momento, nas oito páginas de depoimento à Justiça, ele admitiu sequer ter rompido o voto de celibato: "Nunca me masturbei, nem tive desvio na minha conduta celibatária. Eu nunca tive nenhum tipo de relacionamento sexual na minha vida, seja heterossexual ou homossexual".

Durante a investigação, a Igreja Católica afastou o padre das atividades religiosas. O arcebispo de Goiânia, Dom João Wilk, alegou ser uma forma de preservá-lo e protegê-lo contra represálias.

Em 5 de novembro de 2005, três meses após o início da investigação, o repórter Wellton Máximo revelou em reportagem publicada no "Jornal de Brasília" que o padre Edson voltara a celebrar missas regularmente numa pequena paróquia em Olhos D'Água, a 15 quilômetros de Alexânia, onde até então acontecia uma única homilia por mês, com um sacerdote convidado. Nada clandestino.

A reportagem mostrou ainda que dias antes, em 26 de outubro daquele ano, Dom João Wilk o autorizara a retornar às atividades eclesiais. Ele estava hospedado na casa de seu advogado, Valdo Leite. Fiéis tentaram impedir que a equipe de reportagem o fotografasse na missa, mas alguns estavam incomodados com a presença do sacerdote na região.

Ainda na fase de inquérito, a Polícia Civil e o Ministério Público pediram a prisão preventiva do sacerdote, mas a Justiça negou, alegando falta de requisitos legais. O processo se arrastou por dois anos, até 2007. As provas técnicas e os relatos das testemunhas, nove de acusação e oito de defesa, sustentaram a decisão da juíza Adriana Caldas Santos pela condenação do padre a 10 anos e 8 meses em regime fechado — ele já respondia em liberdade e manteve o benefício para recorrer da sentença.

A juíza destacou que a "materialidade do crime resta comprovada, notadamente pelo laudo de exame médico pericial, em que se verifica a seguinte conclusão: 'Presença de vestígios de atentado violento ao pudor, recente'". Ela considerou também que o depoimento do menino Victtor — com detalhes sobre a anatomia do padre, inclusive, o formato de seu pênis — tinha "valor probatório significativo, mormente quando narra em detalhes as investidas do acusado, indicando com absoluta precisão o local dos fatos, características físicas do autor, inclusive das partes íntimas, e dizeres utilizados para alcançar o seu objetivo libidinoso".

Os depoimentos das vítimas do padre Edson foram decisivos para sua condenação. A juíza incluiu na sentença o relatório psicológico nº 284/05, elaborado a partir da avaliação de Victtor. "É possível afirmar que o examinado vivenciou situações de abuso sexual (atentado violento ao pudor). Haja visto que as projeções reveladas nas pranchas do Teste de Rorschach são reveladoras de processos perceptivos encontradas em grupos de indivíduos submetidos a algum tipo de violência sexual e/ou teve contato inapropriado com conteúdos sexuais", diz em um dos trechos.

Sobre Edson, a magistrada destacou uma parte do laudo pericial feito por um psicólogo: "Demonstra uma personalidade com características de traços de rigidez e concretismo na forma de perceber a realidade, com sentimentos de autoridade na forma de se relacionar com o meio vivente, bem como se esquivar de forma exacerbada dos sentimentos que lhe causam maior sofrimento. A respeito do fato de que é acusado de ter cometido crime de atentado violento ao pudor contra um menor, é possível afirmar que o periciando faz uma projeção das pranchas, que tem como arquétipo o tema de sexualidade/genitalidade, de forma defensiva. Pois esta é geradora de muita ansiedade e angústia. E, ao relacionar tal dado com o arquétipo dos traumas, culpas e violência vivida, evoca de forma direta sentimentos de uma sexualidade e genitalidade integrada de forma conflituosa. Tal forma conflituosa oscila entre um sentimento de culpa perante percepções de cunho violento e sexual. E que tais características psicológicas são encontradas em grupos de indivíduos que vivenciam situações de abuso sexual".

Por fim, a juíza Adriana Caldas determinou o envio de uma cópia do processo à delegacia de Alexânia para que as denúncias de Rogério, Deoclécio e Agnaldo fossem investigadas pela Polícia Civil.

A defesa recorreu no Tribunal de Justiça de Goiás e conseguiu reduzir a pena de 10 anos para 7 anos e 7 meses em regime fechado. A sentença transitou em julgado em 10 de maio de 2010, momento em que o abusador passou a ser procurado, já que não compareceu à Justiça.

Dez meses depois, em 11 de março de 2011, Edson se apresentou na Cadeia Pública de Alexânia, vestiu o uniforme azul comum aos demais presos e passou a viver numa cela-quarto. Regalias como ficar parte do dia fora da cela, além de autorização para a visita de beatas na hora do almoço, faziam do padre um detento diferenciado. "Ele decidiu que iria cumprir a pena determinada pela Justiça e então se entregou. Ele é idoso, doente e precisa de acompanhamento especial", disse o advogado Valdivino Clarindo Lima, que defendia o padre, ao jornal "O Popular", de Goiás, em junho daquele ano. Ele conseguiu que seu cliente passasse à prisão domiciliar em 9 de abril de 2012, pouco mais de um ano depois de ir para a cadeia.

* * *

Seguidas decisões judiciais em favor do abrandamento da punição do padre Edson fortaleceram em suas vítimas a sensação de impunidade. Em busca de reparação, a família de Victtor recorreu ao advogado Douglas Rios, que conhecera em 2005, quando explodiu o escândalo. Douglas estava em seu escritório em Goiânia e leu a notícia sobre o caso. Pegou o carro e seguiu para Alexânia, onde procurou Patrícia e Iraci, mãe e avó de Victtor.

Na estrada, antes mesmo de entrar na cidade, o advogado avistou o topo da imponente Paróquia Imaculado Coração de Maria, a igreja que o padre Edson começara a construir décadas antes. Era o símbolo do tamanho da luta que enfrentaria para ajudar Victtor e sua família na luta por justiça.

Mãe e avó disseram a Douglas que não teriam como pagar pelo serviço. "Eu não falei em dinheiro", frisou à época o jovem advogado, que estudara em escola católica. Ele iniciou a busca por provas, tornou-se assistente de acusação e pediu a prisão preventiva do padre, mas a Justiça negou.

Nada foi fácil para o advogado em Alexânia. A hostilidade experimentada pela família do garoto também foi vivida por Douglas. A estratégia da defesa do abusador incluía até mesmo a retirada de circulação de jornais e revistas com reportagens sobre os abusos.

— A banca da cidade não tinha a revista "IstoÉ" quando saiu a primeira matéria sobre o caso. Eu tirei três mil cópias da reportagem e as distribuí aos moradores. Também não se achava "O Popular", jornal que noticiava a história. Eu fazia a mesma coisa: tirava cópias e distribuía para que todos pudessem ler e saber o que estava acontecendo — lembra o defensor, que sofreu ameaças.

A hostilidade era proporcional ao poder do padre. A família foi acusada de mentir para conseguir dinheiro. A influência do sacerdote se revelava, inclusive, em setores do poder local. A promotora da comarca, por exemplo, se disse impedida de atuar contra Edson, porque seu casamento fora celebrado anos antes por ele — o Ministério Público de Goiás teve que designar um promotor de outra comarca para atuar no caso. Mas, lentamente, o cenário mudou. À medida que a população foi tomando pé dos fatos, a pressão diminuiu.

Segundo Douglas Rios, a chegada de representantes da Igreja Católica designados para investigar as denúncias ajudou a dar força à causa. Foi uma fase delicada também para Victtor.

— O padre do tribunal eclesiástico tinha que ouvir o menino, fazer perguntas de como ele virou coroinha, se o padre era legal, onde os abusos aconteciam... O Victtor nunca respondia, só abaixava a cabeça e chorava — lembra o advogado.

O resultado do julgamento foi um alívio para a família. Era a Justiça confirmando à sociedade onde estava a verdade. No dia em que a sentença saiu, o advogado foi recebido na casa de Patrícia e Iraci com café coado e pão de queijo:

— A família chorou muito. A avó se sentia culpada e a condenação foi um alívio. Eles se abraçaram, me abraçaram. O avô chorou também e agradeceu: "Se não fosse você, doutor...", ele me disse.

Já Victtor não derramou uma lágrima. Estava com o olhar perdido.

— Fui até ele e falei: "Victtor, aquele que te fez mal vai pagar por isso. Você foi um herói, foi o responsável por tudo isso acontecer" — lembra Douglas.

✱✱✱

A indenização ainda levou tempo até ser protocolada na Justiça. O resultado da ação criminal ajudaria no novo processo. Em 28 de setembro de 2012, Douglas Rios entrou com a petição inicial na 2ª Vara Cível do Gama, no Distrito Federal, contra o padre Edson Alves dos Santos, a Paróquia Imaculado Coração de Maria, a Diocese de Anápolis, a Conferência Nacional dos Bispos do Brasil (CNBB) e o núncio apostólico que representa no Brasil o papa Francisco e a Santa Sé.

O advogado pediu R$ 2,5 milhões por danos morais e materiais, além do pagamento de tratamento psicológico de Victtor, então com 16 anos. Num trecho da petição, Douglas diz: "Sejam os réus condenados solidariamente a prestarem e/ou custearem todo tratamento médico especializado que necessitará o autor em razão das sequelas advindas do ato que sofre, em especial psicológico e psiquiátrico, arcando de igual forma com todos os medicamentos necessários para dignificar o tratamento de que será submetido a vítima/requerente, mantendo-se de igual forma o acompanhamento médico *ad perpetuam*, ou até quando dele a vítima necessitar".

Douglas listou ainda as perdas da família, que precisou se mudar para garantir a segurança de Victtor. Segundo a avó, Iraci, a casa da família levou 20 anos para ser construída. Toda referência de vida deles estava em Alexânia, com vizinhos e amigos. Tudo isso foi deixado quando se mudaram para o Distrito Federal.

A Paróquia Imaculado Coração de Maria alegou ser uma extensão da Diocese de Anápolis: se houvesse dano, a responsabilidade seria do padre Edson, sem vínculo empregatício. A CNBB seguiu caminho semelhante: justificou não haver vinculação ou ingerência da confederação com as dioceses ou sacerdotes ligados a elas.

Já o núncio apostólico sustentou ser uma representação diplomática da Santa Sé no Brasil, gozando de imunidade de jurisdição reconhecida pelo Tratado de Viena, e pediu sua exclusão do processo, acolhida pelo juiz. O padre Edson transferiu a culpa a Victtor, alegando ter havido má-fé por parte do menino.

A juíza Tatiana Dias da Silva condenou os réus a pagarem R$ 200 mil, com juros de 1% desde a data de publicação da sentença, além das custas processuais e honorários advocatícios, no valor de 10% da causa. A sentença foi publicada em 10 de outubro de 2014. As partes recorreram em segunda instância e, depois, ao Superior Tribunal de Justiça (STJ). A CNBB obteve êxito, diferentemente da Diocese de Anápolis e da Paróquia Imaculado Coração de Maria. A defesa da Igreja Católica impetrou novos recursos.

A cada manobra judicial, mais distante Victtor ficava da reparação pelo que sofreu. O rapaz não desistiu de retomar o controle da própria vida: decidiu se reencontrar com Deus, recuperou a própria fé, mas não conseguiu mais frequentar missas da Igreja Católica.

— O que era para ser a minha infância virou um inferno. Eu não tinha mais aquela fé de antes. O mal começou a agir na minha vida — desabafa.

Victtor conta que precisou deixar a escola na nova cidade para onde se mudou, no Distrito Federal: parou de estudar no 6º ano do ensino fundamental. Ele acreditava que todos no colégio sabiam o que acontecera e sentia vergonha. A dor da família também o incomodava.

— O fato estava estampado na cara de todo mundo. Meu avô, minha avó e minha mãe sofreram muito. Minha mãe teve problemas *(psicológicos)* depois disso. Eu não aceitava, acreditava que a culpa era minha — conta.

Encontrar a felicidade parecia impossível para Victtor, consumido precocemente pela bebida e por um permanente desejo de vingança. O rapaz recuperou o sorriso ao ser apresentado à mulher que o ajudaria em seu resgate da escuridão. Ele se emociona ao falar do amor de sua nova vida.

— Fomos nos aproximando, me encantei. Foi estranho conhecê-la... Mesmo sendo 12 anos mais velha, senti confiança. O tempo passou e a coisa foi ficando séria. Um dia, tomei coragem e contei o que aconteceu comigo. Ela se emocionou e me falou: "Jamais ia te largar por causa disso". Tem horas que eu tô meio fraco e ela me ajuda, me dá força. Eu também faço isso com ela — diz o rapaz, que comemora uma união de mais de dez anos.

Victtor encontrou acolhida num segmento da Igreja Evangélica, onde foi batizado. Tem planos de se casar com a mulher que o socorreu e com quem cria um casal de filhos, que ganhou quando foi viver com ela. Na entrevista concedida ao lado do advogado Douglas Rios, a primeira desde os abusos, fez questão de contar sua história com o rosto à mostra. Quer se tornar exemplo de força, fé e coragem. Uma herança maior que o valor da indenização. Esse exemplo, segundo ele, é seu legado.

— Não desejo a ninguém o que aconteceu comigo. Creio que falar sobre isso vá ajudar muitas famílias. Não que minha mãe e avó não tenham cuidado de mim. Elas cuidaram. Mas isso pode ajudar a evitar uma tragédia como a que aconteceu comigo. Eu me sentia um lixo, mas hoje me vejo como herói. Tento cuidar da minha família e dos meus filhos o máximo possível. Tento evitar muita coisa. Se isso aconteceu comigo, era para eu poder olhar as outras pessoas e ajudar quem está passando sufoco — diz Victtor.

A avó Iraci só voltaria a frequentar a Igreja Católica em 2017. Ela morreu em outubro de 2020. Uma postagem no status do WhatsApp foi a forma de homenagear quem o ensinou a lutar por Justiça e não abandonar a fé. Com esses sentimentos, Victtor falou sobre o padre Edson:

— Você está vendo um Victtor que renasceu. Hoje não consigo mais ter raiva. Se eu me encontrasse com ele, daria um abraço e o meu perdão.

O STJ confirmou a sentença que condenou a Igreja Católica a pagar indenização a Victtor:

— Ganhamos! O Douglas ficou ali em cima e nós conseguimos ganhar. Saímos com a vitória, graças a Deus. E, com o dinheirinho, comprei minha casinha, carro e abri um ponto de comércio. Esse não deu certo e eu já fechei. Mas tá bom, né?! Tudo tá valendo. Ruim é se não tivesse tentado.

Padre Marcos Andreiv e freira Josiane Kelniar

O evento mais comentado em Boa Ventura de São Roque em 2019 não foi o Campeonato Municipal de Futebol de Campo, tampouco o aniversário de emancipação da pequena cidade paranaense, com bolo de 23 metros e uma edição nacional do concorrido Rodeio Crioulo. Às 14h30 de 3 de julho, o delegado Wellinghton Yuji Daikubara, da Polícia Civil do Paraná, prendeu Josiane Kelniar, mulher do prefeito Edson Flavio Hoffmann.

A ação surpreendeu os sete mil moradores do município. Josiane fora condenada a 10 anos e 6 meses de prisão por participação em abusos de uma menina de 3 anos, ao lado de um padre da Igreja Católica Ucraniana de Canoinhas, em Santa Catarina, a 270 quilômetros dali. Em Boa Ventura de São Roque, ninguém sabia do passado da primeira-dama: ela era professora de crianças com a mesma idade da menina que violentou na outra cidade.

A história que levou Josiane à cadeia começa dez anos antes, em 2009. Canoinhas é um município de 54 mil habitantes no Planalto Norte de Santa Catarina. Autointitulada "capital mundial da erva-mate", teve colonização polonesa, ucraniana e alemã. Um ponto de união dos descendentes de ucranianos é a religião: a Paróquia de Canoinhas reúne quatro capelas e é subordinada no Brasil à Metropolia Católica Ucraniana São João Batista.

A Igreja Católica Ucraniana é a maior das chamadas *sui iuris*, igrejas autônomas mas em comunhão com a Igreja de Roma, com cerca de dez milhões de fiéis no mundo; tem ritos e organização próprios e é subordinada ao papa. Cabe uma explicação: a Igreja Católica Apostólica Romana não é uma, mas a união de 24 igrejas. A Igreja que teve o apóstolo Pedro (segundo a tradição religiosa) como seu primeiro papa — "Pois também eu te digo que tu és Pedro, e sobre esta pedra edificarei a minha igreja, e as portas do inferno não prevalecerão contra ela", como proclama Jesus no Evangelho segundo Mateus — é "Católica" por ser universal (aberta a todos e a todo o mundo), "Apostólica" por pregar as palavras de Cristo espalhadas pelos apóstolos e "Romana" por ser comandada pelo bispo de Roma, também conhecido como santo padre, vigário de Jesus Cristo, sucessor do príncipe dos apóstolos, servo dos servos de Deus ou, mais comumente, papa.

A organização que a maioria das pessoas identifica como Igreja Católica é a de rito latino, a maior delas. Há outras 23 subordinadas ao papa, chamadas *sui iuris* (independentes), que seguem o rito oriental, comandadas por metropolitas e eparcas, termos estranhos aos ouvidos de boa parte dos católicos. Apesar das diferenças nos costumes, não estão imunes ao envolvimento de sacerdotes com o abuso sexual de crianças.

A Paróquia Menino Jesus, sede da igreja em Canoinhas, fica numa rua pavimentada com blocos de concreto no bairro Boa Vista. No entorno, casas de classe média, algumas com paredes de madeira em cores vivas, paisagem urbana típica nas pequenas cidades do Sul. Na época do caso, a igreja era pintada de amarelo e azul, as cores da bandeira ucraniana; em 2020, estava azul de alto a baixo, com a cúpula prateada no formato típico das basílicas católicas orientais. Na frente do templo, uma cruz traz a inscrição: з нами бог ("Deus está conosco", em ucraniano). O rito das celebrações é o bizantino, mais semelhante ao da Igreja Ortodoxa. Às quartas-feiras, as missas são celebradas em ucraniano. Aos sábados, em português.

O terreno da paróquia ocupa pouco mais da metade do quarteirão. Na rua ao lado da igreja, ficam os alojamentos das Irmãs da Ordem de São Basílio Magno, ou irmãs basilianas. Josiane Kelniar, com 30 anos à época do crime, pertencia a essa ordem. A testa alta, as maçãs do rosto pronunciadas e os olhos claros revelam a ascendência eslava da freira. Na rua atrás da igreja, funciona o Jardim de Infância Santa Teresinha, onde Josiane dava aulas à menina vítima dos abusos.

Num canto mais afastado do terreno, ao lado de um galpão, fica a casa do pároco, um sobradinho de dois andares pintado de verde claro, ocupada naquele tempo por Marcos Cesar Andreiv, um padre curitibano nascido em 1975. Então com 33 anos, Andreiv era magro, muito branco, de cabelo castanho-claro e brilhantes olhos azuis. Ele recebera educação religiosa desde a adolescência. Vestiu a batina pela primeira vez, ainda noviço, em 1994, aos 19 anos, e se formou bacharel em teologia em 2001.

No início de 2008, a mãe da menina vítima de abusos matriculou a filha no Santa Teresinha. Integrante da comunidade ucraniana e frequentadora da igreja, ela acreditava que a menina seria bem cuidada pelas freiras basilianas. A mãe, funcionária de uma padaria, deixava a filha cedo no jardim de infância, por volta das 6h, e a buscava depois do trabalho, entre 13h30 e 14h.

Em 2009, a criança trocou de série. No fim do primeiro semestre, a mãe percebeu mudanças no comportamento da filha. Ao chegar em casa, a menina — por vezes era entregue a ela de banho tomado — só queria dormir. A professora era Josiane Kelniar. Já o padre Andreiv fazia também o transporte das crianças do jardim de infância. Em algumas ocasiões, ao chegar mais cedo para buscar a filha, a mãe via a menina e outra garota sendo trazidas da casa do padre por Josiane. "Fomos dar uma voltinha na casa do tio", dizia a freira.

Em setembro, poucas semanas antes de o abuso ser descoberto, os sinais de que havia algo errado tornaram-se mais evidentes. Durante uma semana daquele mês, por várias vezes, ao deixá-la no colégio, a menina se agarrava na perna da mãe, pedindo para não ficar. O choro da filha naquela ocasião ainda hoje a angustia.

— Ela dizia: "Mãe, não me deixa". Foi uma sequência naquela semana, com aquele grito de desespero, que lá na frente *(da escola)* eu escutava. Ela estava pedindo socorro — diz.

Em 22 de outubro daquele ano, a mãe a levou a uma consulta de rotina na pediatra. Quando era examinada, a criança perguntou à médica se iria "passar o pincel nela". A pediatra e a mãe se entreolharam, espantadas. A menina apontou o lugar onde "o pincel" era passado. Ela tinha 3 anos e meio. A mãe e a médica suspeitaram de algum tipo de abuso sexual e, por eliminação, concluíram que só poderia ser na escola.

A partir de então, a menina não foi mais ao jardim de infância e a pediatra a encaminhou a uma psicóloga. No dia da consulta, a mãe falou com o pai da menina sobre sua suspeita. O casal mantinha um relacionamento estável, mas ele trabalhava fora da cidade e só retornava nos fins de semana, às vezes de 15 em 15 dias.

Antes da consulta com a psicóloga, porém, a mãe foi à escola cobrar informações. A igreja estava sendo pintada e ela achou que, como a menina falava em pincel, o abuso poderia ter alguma relação com funcionários da obra. A freira Josiane a recebeu no pátio e, em menos de cinco minutos, encerrou a conversa: "É coisinha da cabeça dela. Criança inventa muito".

Ainda hoje, a mãe da menina se impressiona com a frieza da professora:

— Ela não é humana. Como freira, deveria ter coração bom.

Na segunda das dez sessões com a psicóloga, ainda em outubro de 2019, a criança começou a se soltar. Apresentada a bonecos, evitou tocar no que representava um homem. Quando as duas chegaram em casa, naquele dia, a garotinha contou à mãe: quem passava o pincel era "o tio padre", e que "tia Jô" a levava até ele, na casa paroquial.

A menina repetiu o relato a uma ginecologista. A pediatra, no fim de 2009, fez a primeira denúncia ao Ministério Público do estado. A Polícia Civil também entrou no caso. Em janeiro de 2010, mãe e filha foram ouvidas na 22ª Delegacia Regional de Polícia, em Canoinhas. A menina passou por perícias com três psicólogas e repetiu sempre o mesmo relato.

A criança contou que o padre "passava uma coisa doce" no pênis para que ela lambesse e a ameaçou caso contasse a alguém: "O anjinho vai levar sua mãe". A mãe alertou, em vão, pais de outras crianças; pouca gente acreditou nela. A comunidade ficou ao lado dos religiosos da Igreja Ucraniana.

— Pelo fato de o pai *(da menina)* não morar junto comigo, falavam que eu era uma puta — diz.

Em outubro de 2010, um ano após o primeiro relato da menina, Marcos Cesar Andreiv foi preso preventivamente. A Terceira Câmara Criminal do Tribunal de Justiça de Santa Catarina negou habeas corpus. Segundo os desembargadores, era preciso mantê-lo preso para "evitar que o indiciado cometa novos crimes contra outras crianças sujeitas de qualquer forma a sua tutela ou cuidados". A freira Josiane, porém, continuou solta.

No dia da audiência de julgamento, em 20 de janeiro de 2011, houve protestos em frente ao Fórum de Canoinhas. Ônibus saíram de Curitiba, a quase 200 quilômetros da cidade, com manifestantes, mas não em apoio à vítima. "A comunidade do Boqueirão, Curitiba, apoia o padre Marcos", "Padre Marcos, acreditamos em você", "Queremos o padre Marcos em nossa comunidade", diziam algumas das faixas estendidas pelos fiéis. Não houve manifestação a favor da menina.

Na audiência, Marcos Andreiv e Josiane Kelniar não se encontraram com a mãe e a filha. A criança prestou depoimento de manhã e os acusados, à tarde. Josiane ainda foi ouvida em fevereiro e março daquele mesmo ano. A mãe se lembra da menina descrevendo os abusos ao juiz:

— Minha filha mostrava com a mãozinha tudo o que ele fazia.

A sentença saiu cinco meses depois, em 24 de junho de 2011. O padre e a freira foram condenados a 10 anos e 6 meses de prisão cada um, por atentado violento ao pudor. Ele, por abusar sexualmente da menina; ela, por participar do abuso, levando a criança até o clérigo. Andreiv, preso preventivamente, foi mantido na cadeia. Josiane ganhou o direito de recorrer em liberdade, já que não ficara presa "nem durante a investigação", escreveu o juiz Rodrigo Coelho Rodrigues na sentença.

Os religiosos tentaram reverter a decisão no Superior Tribunal de Justiça: alegaram questões técnicas, como os fatos de apenas um perito ter assinado o laudo de análise psicológica da menina e de o juiz impedir os acusados de participarem da audiência da mãe e da vítima. O recurso foi negado em 28 de outubro de 2013, pelo ministro Moura Ribeiro. Outro pedido, apresentado apenas por Josiane ao STJ em 2012, também foi negado.

※ ※ ※

Ainda no fim de 2010, a mãe deixou o emprego para cuidar em tempo integral da filha. Passou a viver do seguro-desemprego e de ajuda financeira do pai da menina, que, mesmo morando em outra casa, acompanhava a criação da filha. Na época, ela cursava uma faculdade; por não ter dinheiro para a mensalidade integral, fazia só algumas disciplinas. Poucos foram solidários.

— Ninguém veio ouvir o meu lado, perguntar se eu precisava de ajuda — conta ela, que não ficou satisfeita com a pena imposta aos religiosos: — Mereciam bem mais.

Marcos Cesar Andreiv, preso desde outubro de 2010, ganhou em agosto de 2014 a progressão para o regime semiaberto: ficava fora da Unidade Prisional Avançada de Canoinhas das 8h às 20h. Em junho de 2016, menos de seis anos após a prisão, foi para o regime aberto e informou à Justiça que residiria em Curitiba. Muito antes disso, já havia sumido do noticiário. No dia 29 daquele mês, Andreiv postou uma foto sorridente em seu perfil no Facebook. Em 21 de agosto, nova foto, desta vez numa igreja, que gerou comentários simpáticos: "Este é o nosso querido padre. Que Nosso Senhor ilumine sempre", comentou uma mulher. A menina violentada tinha então 10 anos.

Josiane permaneceu livre durante todo esse período. Em dezembro de 2013, ainda era a irmã Josiane, numa comemoração de fim de ano de professoras em Canoinhas. Em maio de 2015, apareceu com o hábito de freira, sorridente, numa foto no Encontro Regional da Juventude Ucraniana em Santa Catarina.

Em 23 de janeiro de 2017, o nome de Josiane figurava numa lista de candidatos a professor do município de Boa Ventura de São Roque. Ela estava morando na cidade e não era mais freira. Em 13 de fevereiro, assinou contrato para lecionar no período da manhã do 1º ao 5º ano na Escola Municipal do Campo Santa Salete, com salário de R$ 1.193,89. Uma semana depois, em 21 de fevereiro, mesmo condenada por participação em abusos sexuais, ela foi transferida para turmas da pré-escola para crianças com idades próximas à da vítima.

Em 2017, Edson Flavio Hoffmann estava em seu primeiro ano como prefeito da cidade. Não há informações sobre quando ele e Josiane começaram a se relacionar, mas em 19 de setembro daquele ano, grávida, a ex-freira ganhou licença-maternidade de 120 dias. Em dezembro, ainda de licença, teve o contrato prorrogado até o fim de 2018 e renovado em fevereiro de 2019, com salário de R$ 1.278,87. Naquele mesmo mês, Josiane foi aprovada num processo seletivo da prefeitura, em 6º lugar.

Em 2 de julho daquele ano, um dia antes de sua prisão — e seis anos após sua condenação —, a prefeitura rescindiu o contrato com a ex-freira. Não foi dada qualquer explicação, apenas a informação de que não haveria pagamento de multa por nenhuma das partes. Poucos dias após ir para a cadeia, os advogados de Josiane entraram com um pedido de prisão domiciliar, negado pela Justiça. Presa em Pitanga, a 45 quilômetros de São Roque, ela foi transferida para Criciúma, em Santa Catarina, onde passou a cumprir a pena por atentado violento ao pudor, crime renomeado de estupro. A vítima estava então com 13 anos.

A exemplo de Andreiv, Josiane não ficou muito tempo atrás das grades: em 24 de outubro de 2022, pouco mais de três anos após ir para a cadeia, a ex-freira deixou a carceragem da 45ª DP, em Pitanga, no Paraná, usando uma tornozeleira eletrônica. Ela conseguiu em junho de 2020 uma transferência para lá — a cidade fica a 45 quilômetros de Boa Ventura de São Roque, onde foi presa — com a justificativa de ficar perto dos pais, já idosos, e do filho. Antes, estava no Presídio Feminino de Criciúma, em Santa Catarina. Na penitenciária catarinense, abateu 62 dias da pena trabalhando e chegou a tentar uma progressão para o regime semiaberto, alegando que já cumprira um oitavo da sentença, benefício concedido a gestantes e mulheres com filhos pequenos. A juíza Débora Driwin Rieger Zanini, no entanto, justificou que a redução de pena só se aplicaria em casos de delitos não violentos. "Se isso não é crime praticado com horrível e asquerosa violência, o que mais poderia ser?", questionou a magistrada.

O marido da ex-freira e prefeito de Boa Ventura de São Roque, Edson Flavio Hoffmann, se esquivou de comentar o caso para este livro. Disse que só falaria pessoalmente, exigência feita no período mais duro das restrições da pandemia.

Já a mãe da criança, hostilizada em Canoinhas, mudou-se com as filhas — ela teve outra menina — para uma cidade do Paraná em 2015.

— Eu estava ficando doente, de tanto as pessoas me tratarem daquele jeito — diz, explicando que a filha não conseguia passar a um quarteirão da igreja sem se encolher: — A gente não tem vida normal. Até hoje ela recebe acompanhamento psicológico. Além das cicatrizes, a sociedade julga muito.

Quando a menina começou a frequentar outra escola, em 2010, a mãe não falou nada sobre os abusos no Santa Teresinha; o caso ainda estava sendo investigado. Um dia, ela foi chamada à escola. A criança, então com 4 anos, perguntou assustada à professora se fariam ali o mesmo que no outro colégio.

Para a mãe, Andreiv e Josiane são doentes. Ela nunca mais pôs os pés numa igreja:

— Agora, eu rezo em casa, com minhas filhas. Não confio mais na Igreja. Eu espero que a gente consiga superar isso. Mas, às vezes, à noite, quando me deito, se eu me lembrar do que aconteceu, não durmo mais.

Até julho de 2020, quando foi ouvida para este livro, ela não sabia que, mesmo condenada, Josiane deu aulas até ser presa. Foi isso que a motivou a falar sobre o caso pela primeira vez, 11 anos após o crime.

— É só ela ter uma oportunidade que fará novamente com outra criança. Vou contribuir no que puder para que isso não aconteça.

Assim como a filha, ela passou por tratamento psicológico, mas não conseguiu deixar de se culpar.

— Eu a levei para lá, achando que as freiras iriam cuidar bem dela. E não cuidaram. Então, eu me culpo — diz, com lágrimas: — Ainda tenho pesadelos em que ouço a vozinha dela pedindo para não ficar na escola. Não sei se vou me perdoar algum dia.

Apesar das consequências, ela não se arrepende de tê-los denunciado:

— Tenho consciência de que salvei a vida da minha filha. Acho que, se ela continuasse lá, uma hora ia falar *(o que acontecia)* e eles fariam alguma coisa com ela.

As duas, mãe e filha, nunca foram procuradas pela Igreja Católica Ucraniana. Não houve jamais um pedido de desculpas. A família também não pediu indenização:

— Não quero nada. Só queria que não tivessem feito isso com a minha filha.

Padre Hélio Aparecido

Segundo a Associação Nacional de Educação Católica do Brasil, há 1.100 escolas católicas no país, em 900 municípios, onde estudam cerca de 1,5 milhão de crianças, adolescentes e jovens. A história das escolas católicas é tão antiga quanto o Brasil. Começa em 1549, com a chegada dos jesuítas. Por 210 anos, eles estiveram à frente do ensino na Colônia, até a expulsão da ordem, em 1759.

O espaço foi ocupado por outros religiosos, como beneditinos e franciscanos. Nos séculos XIX e XX, novas ordens religiosas se estabeleceram no país e abriram mais escolas: salesianos, maristas e dehonianos. Uma dessas congregações, os Missionários Claretianos, iniciou sua obra no estado de São Paulo.

Rio Claro, município de 206 mil habitantes no interior de São Paulo, a 173 quilômetros da capital, é uma cidade organizada e rica, com ruas planejadas como um tabuleiro de xadrez, quadras bem definidas, a maior parte com cem metros por cem metros de área. Um dos poucos terrenos fora do rígido padrão urbanístico é o campus de 40 mil metros quadrados do Colégio e Centro Universitário Claretiano. Inaugurado há 90 anos, é uma referência na cidade. Entre 2001 e 2004, o diretor da escola, da União das Faculdades Integradas Claretianas e da TV Rio Claro era o padre Hélio Aparecido Alves de Oliveira.

Hélio nasceu em setembro de 1958 e se tornou padre pouco antes dos 30 anos. Ao receber as ordens, agregou ao nome o "CMF", que indica Cordis

Mariae Filii (Congregação dos Missionários Filhos do Imaculado Coração de Maria ou, resumidamente, Missionários Claretianos). A ordem religiosa foi fundada em 1849 pelo catalão Antoni María Claret, canonizado em 1950 pelo papa Pio XII como Santo Antônio Maria Claret.

Seguindo a vocação dos claretianos para a área educacional, o padre Hélio se graduou em pedagogia em 1996 pelo Centro Universitário Claretiano, especializou-se em psicopedagogia também pelo Centro Universitário Claretiano e fez mestrado em educação no Centro Universitário Salesiano, em São Paulo, em 2000. Até 16 de julho de 2004, tudo seguia bem na trajetória do padre Helinho, como era conhecido.

Naquele dia, a Justiça decretou sua prisão preventiva. Por trás da ordem judicial, estavam denúncias de três meninos, com idades entre 8 e 10 anos, alunos do Claretiano. Hélio fora acusado de abusar das crianças na sala da diretoria do colégio, de julho de 2003 a maio de 2004. Sob a desculpa de corrigir a caligrafia e os desenhos dos estudantes, ele os colocava no colo, os beijava e se esfregava neles. O padre não agia sozinho: Geny Campanha Pecorari, coordenadora pedagógica da escola, o auxiliava no crime.

As investigações começaram após as mães das três crianças procurarem a Polícia Civil em maio de 2004. No inquérito, segundo o delegado Joaquim Dias Alves, mais de 50 testemunhas foram ouvidas. Além dos relatos, o pedido de prisão se baseou em exames das vítimas pelo Instituto Médico Legal e em avaliações de psicólogos. As crianças relataram que "o lugar do padre fazer xixi ficava duro". Houve também abusos num acampamento na chácara Fazendinha, no fim de 2003. Numa noite, o padre tirou as vítimas de seus alojamentos e as levou para dormir com ele.

O sacerdote claretiano, porém, não passou um dia atrás das grades e seu mandado de prisão durou menos do que um semestre letivo. Em 16 de setembro, exatos dois meses após ter sido expedida, a prisão preventiva foi revogada por desembargadores da 5ª Câmara Criminal do Tribunal de Justiça de São Paulo. Os magistrados entenderam que a liberdade do padre não representava risco à ordem pública. O habeas corpus chegou antes mesmo que o religioso fosse encontrado para ser preso.

O fato de o padre estar fora da cadeia, no entanto, não interrompeu as investigações. Ele foi denunciado e, em setembro de 2006, quase dois anos e meio após a reação das mães, acabou condenado, assim como Geny Pecorari. Helinho recebeu pena de 16 anos e 3 meses de prisão por atentado violento ao pudor, e a coordenadora pedagógica da escola, de 13 anos, 6 meses e 15 dias. Ainda assim, ele ganhou da Justiça o direito de recorrer em liberdade. Em 2007, já afastado da direção do colégio e da TV, a 5ª Câmara confirmou a sentença, manteve a pena e determinou sua prisão.

O mandado, porém, não foi cumprido. Ainda fora da cadeia, o padre Helinho e Geny continuaram a recorrer. Em junho de 2016 — 12 anos depois da denúncia inicial —, uma decisão do Superior Tribunal de Justiça manteve a condenação, mas reduziu a pena dele para 12 anos, 2 meses e 7 dias e a da coordenadora pedagógica, para 10 anos, 1 mês e 25 dias. Os dois eram assessorados pelo advogado Luiz Eduardo Greenhalgh, ex-vice-prefeito de São Paulo e ex-deputado federal pelo PT. Os ministros, então, determinaram a expedição de um mandado de prisão.

Em 20 de janeiro de 2017, mais de dez anos após ser condenado, Hélio Aparecido Alves de Oliveira subiu os quatro degraus da entrada da Delegacia Seccional de São Carlos e se entregou à polícia. Dali, foi mandado para a Penitenciária II, de Serra Azul, perto de Ribeirão Preto, no interior paulista — onde ficou até ganhar direito ao regime aberto, a partir de setembro de 2020. Quando, enfim, foi preso, as vítimas do padre Helinho já eram adultas: tinham entre 21 e 23 anos. Cresceram esperando o abusador ser efetivamente punido.

Frei Paulo Back

O comportamento do frei Paulo Back com os garotos que faziam a catequese ou atuavam como coroinhas na Paróquia Sagrado Coração de Jesus era um segredo de polichinelo em Forquilhinha, cidade de 27 mil habitantes em Santa Catarina: muita gente sabia, mas ninguém comentava. Foi preciso que uma vítima procurasse o Ministério Público, em 2012, para que suspeitas de quatro décadas de abusos contra dezenas, talvez centenas de crianças e adolescentes em pelo menos três estados, fosse colada à biografia de Paulo Back, O.F.M. — Ordo Fratrum Minorum, a Ordem dos Frades Menores, também conhecidos como franciscanos.

Fundada por colonos alemães no início do século XX, Forquilhinha fica a meia hora de carro do Centro de Criciúma. É uma cidade de prédios baixos, cercada de plantações de arroz e que se orgulha de ser a "mais alemã do sul de Santa Catarina". No Censo 2010, três em cada quatro moradores se declararam católicos.

A rua em frente à igreja onde Paulo Back era pároco chama-se João José Back; nos fundos da paróquia, fica a Rua Adélia Arns Back, que faz esquina com a Ricardo Back e leva a uma viela, a Fidélis Back. O franciscano nasceu em Forquilhinha, em 23 de junho de 1943. As famílias Back e Arns estão entre as fundadoras da cidade.

A poucos passos da igreja, do outro lado da rua, fica a Casa Mãe Helena, Centro de Treinamento da Pastoral da Criança Zilda Arns — a médica morta em Porto Príncipe, no terremoto que devastou o Haiti em 2010, nasceu em Forquilhinha em 1934. Outro filho ilustre da cidade é o irmão de Zilda, o cardeal Paulo Evaristo Arns, também frade franciscano e um dos nomes mais importantes na luta pelos direitos humanos no Brasil.

Em 2012, aos 69 anos, Paulo Back era um senhor alto, de cabelos grisalhos já rareando na fronte e olhos azuis risonhos. Back era conhecido pelas homilias cativantes, que enchiam a igreja nas manhãs de domingo. Suas especialidades eram o sacramento da confissão e a primeira comunhão. Escreveu livros, entre eles "Profissão de fé — Renovação das promessas do batismo antes da primeira eucaristia" e "História e vida de Frei Galvão, o primeiro santo do Brasil" — também frade franciscano, canonizado em 2007.

***

A confissão é um dos principais sacramentos católicos. Está no artigo 4º do catecismo, "O sacramento da penitência e da reconciliação": "A confissão (a acusação) dos pecados, mesmo de um ponto de vista simplesmente humano, liberta-nos e facilita a reconciliação com os outros. Pela confissão, o homem encara os pecados de que se tornou culpado; assume a sua responsabilidade e, desse modo, abre-se de novo a Deus e à comunhão da Igreja, para tornar possível um futuro diferente".

Pecado e culpa são temas centrais do catolicismo. Pecar é ir contra a lei de Deus. Há o pecado original, de Adão e Eva, transmitido a todo ser humano; os veniais, menos graves; e os capitais ou mortais, quando transgressões são cometidas deliberadamente. Os pecados capitais considerados pela Igreja Católica são os sete estabelecidos pelo papa Gregório (São Gregório Magno) no ano 590: luxúria, gula, ganância, preguiça, ira, inveja e orgulho. O perdão por cometê-los depende da confissão a um sacerdote.

Foi justamente uma confissão ao padre Paulo Back que levou um garoto de 11 anos e seu pai a se sentarem diante do promotor Gabriel Ricardo Zanon Meyer, no gabinete da Promotoria de Justiça de Forquilhinha, em 22 de junho de 2012. Dois anos antes, o menino fazia aulas de catequese e contou que conhecia Back das missas. O frade franciscano era pároco na igreja do Sagrado Coração de Jesus, um templo simples ao lado da Praça dos Alemães.

O garoto contou ao promotor que Back comparecia eventualmente às aulas. Circulavam comentários de que o padre havia bolinado um menino, mas ele não notara nada de diferente no religioso. Sua opinião mudou durante um retiro, pouco antes da eucaristia. O encontro fora organizado pela igreja no Colégio Sagrada Família, a cerca de 200 metros da paróquia. Meninos e meninas estavam separados. O franciscano ficou com os garotos e falou sobre sexo e filmes pornô.

No dia da confissão, requisito para a primeira comunhão, Back se fechou com o menino numa salinha ao lado do altar da igreja, no bairro Santa Isabel. Segundo a vítima contou mais tarde no julgamento, o padre perguntou sobre o tamanho do seu pênis — que Back chamava de "pinto" — e se já tinha pelos. Depois, o franciscano acariciou o pênis do garoto por cima da calça. Ao fim, falou para a criança botar a mão sobre uma cruz e disse: "Deus, perdoe os pecados desse menino".

Apesar de não ter comentado com ninguém à época, o gesto de Back gerou reação na criança, que começou a evitar contato com o padre e a não querer mais ir à missa; ficou doente e sofreu de espasmos musculares. Os pais, inclusive, buscaram ajuda na igreja.

Passaram-se dois anos e, em 13 de junho de 2012, a mãe levou o filho à Paróquia Sagrado Coração de Jesus. O garoto queria comprar um crucifixo. A secretária da igreja disse que a cruz não havia sido benzida e chamou o padre para fazê-lo. A mãe sugeriu que Back benzesse também o filho; o garoto, porém, resistiu, alegando que não queria. O franciscano entrou com o menino e sua mãe numa sala, mas pediu para falar a sós com ele. Back quis saber o que estava acontecendo, perguntou sobre a escola e voltou a falar de sexo, filmes pornográficos, masturbação. Aconselhou o menino a "andar sem camisa no verão" e perguntou se ele já vira os pais tendo relações sexuais.

O padre falava tão rápido que o garoto não teve tempo sequer de responder às perguntas. Ele só queria sair dali, mas, quando tentou se esquivar, Back o segurou pelo braço, abriu suas pernas, soltou o botão, baixou o zíper da calça e pegou no pênis do menino por cima da cueca, dando orientações sobre como se masturbar.

Uma freira bateu à porta, o frade se levantou para abrir, o garoto fechou a calça e escapou dali. Enquanto praticava o abuso, Back ainda perguntou se ele contaria algo para a mãe, e o menino falou que não. No entanto, três dias depois, num sábado, o garoto teve uma crise de falta de ar. Quando os pais se preparavam para levá-lo ao hospital, ele contou sobre as investidas do franciscano. Foi a senha para a família procurar a Promotoria de Justiça de Forquilhinha, no dia 22 de junho.

No mesmo depoimento ao promotor Gabriel Meyer, o pai do menino disse ter descrito ao cunhado o relato do filho. Ouviu a resposta de que a história podia ser verdadeira, porque ele passara pela mesma situação quando era adolescente, 25 anos antes. Uma psicóloga que atendeu o menino revelou que o mesmo tipo de abuso ocorrera com o irmão dela, na época em que foi coroinha. Ou seja, já eram três casos de abusos do frade. Mas, até aquele momento, ninguém o denunciara.

No mesmo dia 22 de junho de 2012, véspera do aniversário de 69 anos do franciscano, uma conselheira tutelar prestou depoimento ao promotor. Contou ter encontrado a mãe de um outro menino e ouvido dela relato semelhante ao do garoto. O filho de 15 anos também passara por uma sessão de perguntas de cunho sexual e por carícias, numa salinha da casa paroquial, em fevereiro do ano anterior, quando tinha ido pagar o dízimo. O adolescente ficou apavorado e saiu correndo.

Os depoimentos de testemunhas e envolvidos no caso Back foram colhidos nas semanas seguintes na delegacia da Polícia Civil em Forquilhinha. O franciscano, de acordo com a mãe do adolescente de 15 anos, voltou a abordar o filho no velório de um primo, abraçando-o de "forma estranha". E um sobrinho dela revelou também um "fato de cunho libidinoso" com o padre, oito anos antes, quando atuou como coroinha.

O próprio rapaz, então com 26 anos, confirmou na polícia o relato feito à tia. Ele conhecera Paulo Back pouco mais de dez anos antes, quando era coroinha na Paróquia Sagrado Coração de Jesus e sonhava se tornar padre. Segundo o jovem, o frade à época não era o pároco: atuava no seminário franciscano em Ituporanga, cidade catarinense de 25 mil habitantes, a 260 quilômetros de Forquilhinha. O garoto conversava com o pai sobre a carreira sacerdotal, no portão de casa, quando Back passou em frente à residência. O pai sugeriu que ele aproveitasse e se aconselhasse com o padre.

Dias depois, numa quinta-feira à noite, o garoto foi à casa paroquial ouvir Back sobre como se tornar seminarista. O padre o chamou a uma salinha para conversarem a sós. Como num roteiro, o frade repetiu o modus operandi dos demais relatos de abuso: conversas sobre sexo e masturbação, além de carícias. Back levantou a camisa do adolescente e o beijou na boca. Quando deixou a casa paroquial, completamente atordoado, o frei ainda lhe passou uma penitência: três Ave-Marias e três Pais-Nossos.

Ao promotor, a conselheira tutelar disse ter comentado o fato com uma colega e ficou sabendo de suspeitas de "atitudes de conotação sexual" do padre com muitas outras crianças e adolescentes. Os relatos contra Back começavam a se acumular.

***

A irmã de um ex-seminarista contou na delegacia, em 25 de junho de 2012, que seu irmão foi abusado por Paulo Back no seminário em Ituporanga. O fato ocorrera em 1975, quando a vítima tinha 11 ou 12 anos. O garoto mudou o comportamento, até ser expulso do seminário. Ele relatou à irmã que Back abusava sexualmente de meninos internos, ou seja, há pelo menos 37 anos o padre molestava menores sem nunca ter sido denunciado.

Entre 25 e 28 de junho, nove pessoas prestaram depoimento na delegacia, entre vítimas e parentes de vítimas. As histórias eram semelhantes. Em 3 de julho, o delegado Leandro da Rocha Loreto solicitou a prisão preventiva do padre. Dois dias depois, o promotor Gabriel Meyer pediu à Justiça que Back fosse preso, "uma vez que, solto, o pároco poderia tornar a incidir em atos libidinosos contra crianças e adolescentes, ante a existência de relatos de que vem praticando tais condutas, impunemente, há décadas".

Meyer escreveu que o frade se aproveitava de sua posição para "violar da forma mais abjeta possível a dignidade sexual das indefesas vítimas". Ressaltou que o franciscano, "na visão de grande parte dos fiéis, necessita ter sua imagem preservada a qualquer preço". O promotor também pediu à Justiça um mandado de busca e apreensão de material pornográfico que pudesse estar armazenado em computadores do padre. Em 24 horas, os dois pedidos foram acolhidos pelo juiz Felippi Ambrósio, da Vara Única da Comarca de Forquilhinha. A prisão ocorreu em 6 de julho, no fim da tarde, dia em que o frei Paulo Back completava 44 anos de ordenação.

O frade foi levado ao presídio Santa Augusta, em Criciúma. Back deveria ter sido transferido para o quartel da Polícia Militar na cidade — religiosos têm direito à prisão especial —, mas a unidade não dispunha do que se chama de sala de Estado-Maior, espaço onde presos que gozam do benefício ficam detidos.

A comunidade de Forquilhinha reagiu com perplexidade. Hermínio Back, advogado do franciscano, entrou com um pedido de revogação da prisão preventiva em 8 de julho. A direção da Província Franciscana da Imaculada Conceição do Brasil, porém, foi mais ágil. Um dia antes, suspendeu o frade até que se concluíssem as investigações. Também em 7 de julho, o bispo de Criciúma, Dom Jacinto Inacio Flach, afastou Back de todas as atividades, e a Paróquia Sagrado Coração de Jesus de Forquilhinha foi passada à administração de outro frade.

Até aquele momento, os abusos de que o padre era acusado estavam restritos a Forquilhinha. No entanto, a divulgação na imprensa de sua prisão detonou uma avalanche de denúncias em outras cidades, estados e até de outros países: houve relatos de Luzerna (SC), Ituporanga (SC), Pato Branco (PR), Agudos (SP), Bauru (SP) e de gente nos Estados Unidos, na Itália e na França.

"Quando o frei Paulo estava em Pato Branco-PR, também sofri abusos no momento da confissão para a primeira comunhão. (...) Espero que esse relato possa ajudar a fazer justiça contra o frei, já que muitas pessoas resolveram falar agora", escreveu Munir Mozer, uma das vítimas, num e-mail de 10 de julho, endereçado ao promotor do caso.

— Achei que ninguém tinha recebido. Foi a primeira vez que um e-mail meu serviu para alguma coisa — diz, nos dias de hoje, Munir, que leu na internet sobre a prisão de Back e um apelo para que outras vítimas se apresentassem. O texto trazia o e-mail do promotor: — Eu quis contribuir.

Munir mora em Pato Branco, cidade de 82 mil habitantes no sudoeste do Paraná. O abuso ocorreu na confissão para a primeira comunhão, em 1997, quando tinha 11 anos. O franciscano foi pároco da Igreja Matriz de Pato Branco, entre 1997 e 2001. O garoto usava cabelo comprido, brinco e andava de preto. Fugia do estereótipo do fiel católico.

A confissão dos meninos e meninas que fariam a primeira comunhão naquele ano foi numa sala grande da igreja, usada para os cursos de batismo e casamento. As crianças entravam uma a uma. Quando chegou a vez de Munir, ele encontrou Back sentado longe da porta. À frente do padre, a cadeira para os catequizandos. Entre os dois, nada de mesa, nenhum anteparo. O franciscano começou com seu script padrão:

— Ele perguntou: "Então, como é que tá teu corpo, desenvolveu bem?". Quis que eu levantasse a camisa para mostrar meu corpo. E tentou passar a mão no meio das minhas pernas.

Munir deu um tapa na mão do padre, mas a reação do menino não interrompeu a investida de Back:

— Ele disse, então: "Só me diga se você se masturba".

A "confissão" durou cerca de cinco minutos. O padre passou uma penitência pesada: cem Pais-Nossos e cem Ave-Marias de joelhos.

— Rezei umas duas, três, e fui embora — recorda-se o rapaz.

Diferentemente de outras vítimas de Back, Munir não ficou quieto: contou para a mãe no mesmo dia.

— Ela achou que era mentira, que eu queria ficar livre da igreja.

Pouco tempo depois, o então pré-adolescente teve uma discussão com uma catequista:

— Ela disse que todos os maconheiros andavam de preto e eram cabeludos que nem eu.

Foi a gota d'água para abandonar o catolicismo. O garoto passou a frequentar uma igreja evangélica. Ele acredita que casos de outras vítimas foram acobertados pela Igreja Católica. Já adulto, se afastou de qualquer contato com religiões. Tornou-se programador para só lidar com "dados concretos".

❊ ❊ ❊

As denúncias contra Paulo Back se multiplicavam. "Fui seminarista da mesma ordem *(franciscanos)* no ano de 1990 em Ituporanga. Ele *(Back)* era coordenador vocacional e só fiquei quieto, pois não tinha com quem desabafar", revelou outra vítima por e-mail, informando ter provas para colaborar com a investigação.

"Meu filho, ao se confessar para a primeira comunhão em Pato Branco, foi tocado nos órgãos genitais pelo frei Paulo e perguntado se ele já usava 'isso'. Meu filho, como tinha opinião desde pequeno, disse ao frei: 'Quem deveria se confessar é o senhor', e abandonou o local", escreveu um homem nos comentários de uma reportagem sobre a prisão do padre.

Uma das vítimas mais antigas de Back procurou a polícia em 25 de junho de 2012. Foi à delegacia de Palhoça — cidade vizinha a Florianópolis e a

200 quilômetros de Forquilhinha — denunciar abusos que sofreu entre 1988 e 1989, quando tinha 17 anos e cursava o seminário em Ituporanga. Renato Zimermann, então com 41 anos, respondeu ao apelo dos investigadores, que buscavam mais vítimas.

Em uma página e meia, ele relatou ter sido molestado a partir de maio de 1988, o que expandia as denúncias para quase duas décadas e meia de abusos. Suas declarações foram citadas pelo Ministério Público. No entanto, até março de 2023, o caso de Renato não fora investigado ou denunciado. Back nunca respondeu pelo crime.

— Tomei coragem, fui à delegacia e fiz um termo de declaração. Até hoje tenho o depoimento comigo. Mas ninguém me deu justificativa *(para a denúncia não ter sido investigada)* — afirma Renato, ao lado da mulher: — Isso *(o abuso)* me incomoda muito.

Ele conta ter sofrido cinco ataques, em datas e locais diferentes. O primeiro, em maio de 1988, em São Pedro de Alcântara, cidade de 5.800 habitantes a 44 quilômetros de Florianópolis, onde morava. Paulo Back fora à cidade participar da inauguração do Santuário de Bom Jesus da Santa Cruz, em memória ao escravo Marcos Manoel Vieira, o Tio Marco, que levantou uma cruz para cumprir promessa à Abolição, em 13 de maio de 1888. O santuário foi inaugurado no centenário do episódio. Back cuidava da parte religiosa do evento e observou Renato.

Muito católico, o então adolescente cogitava a possibilidade de entrar para o clero. Apesar da idade, Renato era ingênuo e tímido. Informado sobre o desejo do jovem de se tornar sacerdote, o padre o convidou a conversar em seu carro, um Gol. Ali, passou a mão nas pernas e no pênis do adolescente. Algum tempo depois, o franciscano convenceu a família do garoto a permitir que viajasse com ele para conhecer paróquias franciscanas no interior do Paraná e de São Paulo. A vítima lembra que um sobrinho do frade os acompanhou.

No seminário franciscano em Rondinha, no Paraná, passaram a noite no mesmo quarto. Após tomar banho, o frei abaixou a calça de Renato e acariciou seu pênis. Em 1989, já estudando para o sacerdócio em São Paulo, Renato Zimermann reencontrou Paulo Back. Desta vez, não houve toques nem insinuações. O impacto dos abusos, porém, já tinha demolido os projetos do garoto. No segundo ano do seminário, ele abandonou a ideia de ser padre e começou a se drogar.

Só conseguiu se "encontrar", como diz, muitos anos depois: tornou-se técnico de informática e montou uma loja de reparo de computadores em sua cidade. Renato levou anos para revelar à família sobre os abusos. A mãe soube pouco antes de morrer.

— Foi a pior experiência da vida dela. Ela era muito católica — diz.

O pai morreu antes que ele contasse. Em 1998, aos 27 anos, Renato decidiu confrontar Paulo Back. Foi a Ituporanga, mas não o encontrou e desistiu da busca.

— Por que eu tive que passar por essa provação? — questiona-se.

Aos 50 anos em 2022, frisa repetidas vezes que superou o trauma da violência sexual, mas a voz entrega a tristeza pelas recordações e a raiva que ainda sente.

— Ele tem que pagar pelo que fez, atrapalhou demais a minha vida. Até achar o rumo, vivi confuso por muitos anos. Saber o que eu era, o que queria, no sentido de se devia buscar a homossexualidade ou a heterossexualidade. Eu só me casei com 33 anos. Se não fosse isso, eu teria outra vida hoje. Ele acabou com a vida de muita gente. É um lobo em pele de cordeiro — diz Renato.

✳ ✳ ✳

Inúmeras denúncias de abusos cometidos por Back também partiram de ex-seminaristas, postadas principalmente em comentários de reportagens sobre a prisão do padre. "Hoje confesso que é o dia mais feliz da minha vida, pois após muitos anos eu estou vendo a justiça ser feita contra o frei Paulo Back", escreveu um morador de uma ilha francesa.

"Finalmente prenderam esse monstro. Conheci o frei Paulo em Luzerna em 1988, eu tinha 13 anos e queria estudar o colegial em Agudos *(município de São Paulo onde há um seminário franciscano)*. Na época ele era o 'procurador vocacional' e tínhamos que fazer ao menos uma 'entrevista' com ele para sermos 'aprovados'. Essas entrevistas consistiam em frei Paulo tocar e acariciar nossos genitais. (...) Em 1989, já em Agudos, em uma conversa com um dos frades, questionei sobre os 'métodos de entrevista' e, para minha surpresa, o frade comentou que aquilo era visto como um processo de escolha vocacional e que ele mesmo havia passado por aquilo", relatou uma vítima numa postagem.

"Pelos meus cálculos, só nos internatos de Luzerna, Ituporanga e Agudos, foram aproximadamente 500 meninos molestados por ele entre os anos 80 e 90. Sei de muitas histórias a respeito", escreveu outra vítima.

"Graças a Deus, a justiça divina não falha. Fui seminarista em Ituporanga e passo por problemas até hoje por causa desse monstro. Acabou e destruiu a vida de muitos de nós, que não podíamos nos defender. Agora, muitas crianças estão livres", comemorou outro homem.

***

O garoto de 11 anos que originou todo o processo, no entanto, não parecia livre. Menos de um mês após denunciar o frade, a criança usava Zoloft, um antidepressivo, e Riss, indicado para casos de psicose, prescritos por um psiquiatra. Os pais também estavam em tratamento. Um laudo médico da vítima, anexado ao processo, apontava "estresse pós-traumático" e "transtorno de ansiedade generalizada". O menino passou a sofrer desmaios e vivia situações de pânico no ambiente escolar.

Em 6 de julho de 2012, o frei Paulo Back foi ouvido na delegacia de Forquilhinha. Em um curto depoimento, negou qualquer ato libidinoso. Disse ainda não se lembrar do garoto que fez a primeira denúncia. Na maioria dos casos, as vítimas eram meninos de 11 e 12 anos. No entanto, pelo menos uma vez foi uma menina. Em 12 de julho, uma mulher de 28 anos contou à polícia de Ituporanga ter sido abusada por Back em 1994, aos 11 anos, na confissão para a primeira comunhão na Paróquia Santo Estêvão. Back colocou-a no colo, tocou-a por baixo da blusa e a fez abaixar a calça. No fim, ainda deu um "selinho" na boca da menina.

Em meados de agosto, a polícia concluiu a perícia nos equipamentos eletrônicos apreendidos com o frade. Em dois notebooks, foram achados vídeos e fotos que "continham material de natureza pornográfica e/ou conotação sexual". Os arquivos, segundo o perito criminal, estavam numa pasta temporária do navegador de internet, indicando terem sido gravados automaticamente quando as páginas foram acessadas. Também foram recolhidos dois CDs com arquivos de texto, copiados de e-mails, cujos conteúdos faziam menção ao assunto "pedofilia".

Nas semanas e meses seguintes, mais vítimas continuaram procurando a Polícia Civil e o Ministério Público em outras cidades. Davam nome, identidade, telefone, endereço e detalhes dos abusos. Um carteiro, um analista de sistemas e um empresário, todos já adultos, foram ouvidos.

* * *

Apesar da quantidade de relatos sobre abusos de Paulo Back ao longo de três décadas, em 19 de julho de 2012, o Ministério Público de Santa Catarina denunciou o frade franciscano por estupro de vulnerável — o artigo 217-A do Código Penal, "ter conjunção carnal ou praticar outro ato libidinoso com menor de 14 anos" — envolvendo apenas duas vítimas: o menino de 11 anos que fez a primeira denúncia e outro garoto, de 12, que relatou ter sido tocado por Back em 2011, na preparação para a primeira comunhão.

Dezenas de pessoas ouvidas pela polícia, que enviaram e-mails e fizeram relatos em sites, foram tratadas como "testemunhas" e "informantes" ou simplesmente ignoradas pela polícia e pelo Ministério Público. Na longa sentença de 35 páginas, proferida em 18 de dezembro de 2012, o juiz Felippi Ambrosio absolveu o padre da acusação de estupro contra uma das vítimas apontadas pela denúncia. Para o magistrado, "em que pese que cada pessoa apresente reação diversa frente a determinado fato, verifica-se que os dizeres de (...) não passaram a convicção necessária para este julgador acerca da efetiva prática do fato descrito na denúncia, ao responder às perguntas com certo tom de gracejo e sem maiores detalhes".

O frei Paulo Back foi condenado a 20 anos pelo estupro do garoto de 11 anos e não pôde recorrer em liberdade. "A ordem pública exige a manutenção da prisão, haja vista a gravidade dos fatos praticados em face de crianças e adolescentes, atingindo-lhes a dignidade sexual. Logo, o réu demonstra periculosidade *in concreto* e, por ser chefe de uma igreja, ainda que afastado de suas funções, e utilizar-se deste subterfúgio para a prática criminosa, atingindo especialmente infantes, forçoso manter a prisão provisória", disse o juiz na sentença.

Em 8 de janeiro de 2013, porém, o promotor Gabriel Meyer recorreu: pediu a condenação de Paulo Back também pelo estupro da segunda vítima. E embasou a apelação com uma informação explosiva, recém-descoberta: os superiores de Back sabiam das tendências pedófilas do padre há pelo menos dez anos. De dois CDs encontrados na casa paroquial e analisados pela perícia, foram extraídos e-mails de Back de fevereiro de 2004. À época, ele estava em Bauru, no interior de São Paulo, à frente da Paróquia Santo Antônio. Sua temporada ali foi de 31 de janeiro a 30 de abril de 2004, período excepcionalmente curto. Seu antecessor ficara três anos no posto; seu sucessor, outros três. Desde 1955, quando a paróquia foi criada, nenhum padre havia permanecido tão pouco tempo.

O frade enviou dois e-mails, em 26 e 27 de fevereiro — ou seja, com menos de um mês na paróquia —, a "Dom Luiz Antônio" e a "Frei Augusto". O primeiro é Dom Luís Antônio Guedes, então bispo da Diocese de Bauru. O segundo é o frei Augusto Koenig, superior direto de Back, que morreu em 2010. Nas mensagens, ele dizia estar sendo acusado pelo pai de dois garotos de Bauru de ter tocado em seus órgãos genitais e também fazia menção a denúncias anteriores contra ele — sem precisar a data — ocorridas em Santos, no litoral paulista. Lá, segundo o frade, foram distribuídas cartas anônimas retratando-o como homossexual e pedófilo.

Tão surpreendente quanto a mensagem de Back foi a resposta de Koenig. O superior de Back pondera que, mesmo estando em paz com a sua consciência, as ações do padre podem ter outras interpretações: "Acontece que muitos de nossos atos, atitudes, palavras, gestos... têm repercussão para além do nosso foro íntimo e as pessoas, as leis e a própria sociedade podem divergir de nossos pontos de vista".

Koenig mostrou preocupação com as consequências das denúncias: "É o que está acontecendo, Paulo. Aqueles dois menores são testemunhas contra você, quer diante do bispo, diante dos pais, diante de mim ou diante da polícia ou da delegacia de menores. Se a cabecinha deles foi feita pelos pais ou não, feita a queixa, você terá que responder processo civil por crime, com enorme indenização, com repercussão na imprensa, na sociedade, na Província, na Ordem e na Igreja. Você estará pondo em risco todos os valores e qualidades a que você se referiu e nós reconhecemos".

O superior franciscano citava uma reunião dos pais dos menores com ele e o bispo Luiz Antônio. "Os pais têm consciência disso. Na reunião com o Sr. Bispo, eles foram de uma nobreza admirável. Não queriam nada contra a sua pessoa, além de uma terapia. Nem mesmo pediram sua transferência, esta foi urgida pelo bispo e aprovada por mim".

Em seguida, vinha o trecho mais grave da mensagem de Koenig a Back. "Na reunião na Casa do Sr. Bispo, combinamos guardar segredo de tudo que lá se passou, mas ao que parece é você mesmo que está alardeando a situação e criando clima difícil. Em Santos, já foi também assim", escreveu, apelando em seguida: "Eu lhe peço de novo, Paulo. Para com esse tipo de orientação. Você está pondo em risco seu presbiterato e seu franciscanismo. Você não pode desejar se tornar um mártir por essa prática pastoral. Reconsidere. Você está pondo em risco a Província que você quer tão bem". A província a que Koenig se referia é uma das divisões da organização franciscana.

O superior do frade concluiu informando-o sobre uma decisão do definitório — um grupo de frades eleitos pela província para orientar ações nos conventos franciscanos da região: "O definitório decidiu, sobretudo depois da última ameaça do pai dos menores, 'recolher' você para uma temporada de terapia em São Paulo ou em algum outro lugar (...) e só depois é que decidiremos para onde você será transferido".

Como escreveu o promotor Gabriel Meyer na apelação criminal, "fica nítida não só a ciência da Ordem dos Franciscanos acerca das condutas praticadas pelo acusado, mas também a complacência dos superiores, que, ao invés de noticiarem os fatos à Polícia ou ao Ministério Público, se limitaram a transferi-lo uma vez mais (pois a mesma medida já havia sido adotada em oportunidade anterior)". Os superiores de Back não sofreram punição por não encaminharem as denúncias à polícia.

A defesa de Back alegou que as provas foram produzidas para incriminar o frade e que a divulgação do caso na internet — levando ao aparecimento de vítimas — "não teve o mínimo senso de responsabilidade". Seus advogados sustentaram ainda que a denúncia inicial foi fruto de uma inimizade, uma "falsa acusação", e que os relatos dos meninos ao promotor eram desconectados da realidade, já que "ambas as vítimas são crianças com sérios problemas de ordem psiquiátrica e prévia aos fatos em apuração".

Já na apelação criminal, o procurador Gercino Gerson Gomes Neto, após repisar o rosário de acusações contra Back, voltou a questionar o silêncio da Igreja diante das denúncias. "Excelências", escreveu ele, dirigindo-se aos desembargadores, "o caso presente bem demonstra a conivência das autoridades eclesiásticas católicas com a pedofilia. O e mail transcrito parcialmente pelo ilustre promotor de Justiça demonstra a omissão dos superiores do padre pedófilo. A Igreja Católica se omitiu gravemente, portanto, deve ser responsabilizada como tal. Quantas crianças foram abusadas pelo apelante/apelado. Durante todos estes anos, os relatos são de abusos em Santos e Bauru, em São Paulo, além de Ituporanga e na comarca onde restou condenado".

O procurador pediu que a hierarquia da Igreja Católica e o Vaticano fossem informados. "Assim, para que no mínimo a consciência dos omissos doa, bem como sejam eventualmente afastados de cargos importantes, pela própria Igreja, vem o Ministério Público requerer a remessa do acórdão e do e-mail em comento ao arcebispo do Estado de São Paulo Dom Odilo Pedro Scherer, bem como ao arcebispo primaz do Brasil, Dom Murilo Krieger, para que tomem providências para responsabilização interna dos omissos, bem como seja oficiado a Sua Santidade, o papa Francisco, pedindo providências para que o acobertamento não seja mais regra na Igreja Católica".

Em 8 de maio de 2014 — quase dois anos após um garoto assustado de 11 anos se sentar diante do promotor de Justiça em Forquilhinha —, os desembargadores da 4ª Câmara Criminal do Tribunal de Justiça de Santa Catarina decidiram por unanimidade aumentar para 26 anos e 2 meses a pena imposta a Paulo Back. No entanto, os magistrados negaram pedido para que os escalões superiores fossem informados da decisão judicial: "A 'responsabilização interna dos omissos', a toda evidência, é matéria interna corporis da instituição religiosa, delimitada pelo direito canônico. Ao Poder Judiciário não é dada qualquer interferência nessa seara".

O aumento de pena, àquela altura, pouca diferença fazia: o frei Paulo Back já estava fora da prisão havia quase seis meses. Na tarde de quarta-feira, 27 de novembro de 2013, depois de um ano e cinco meses atrás das grades, o franciscano deixou o Presídio Santa Augusta, em Criciúma, e passou à prisão domiciliar por ordem do juiz Rubens Sérgio Salfer, da Vara de Execuções Penais. A justificativa era a ausência de prisão especial em Santa Catarina, um direito de Back por ser padre. Como não tinha residência própria, ele foi mandado pela Justiça para a casa de uma cunhada, no Centro de Forquilhinha, sem poder deixar a cidade, ter contato com fiéis ou celebrar missas. Paulo Back cumpriu apenas 5% do tempo da pena.

Numa reportagem de março de 2019 para o site Diário do Centro do Mundo, o repórter Renan Antunes de Oliveira contou ter localizado Back, em janeiro de 2016, vivendo na Casa São João Maria Vianney, um retiro para padres idosos no bairro Michel, em Criciúma. Lá, o franciscano levava uma vida que pouco se assemelhava a uma prisão domiciliar: passeava, fazia acupuntura, cuidava da horta. Quando questionado sobre os abusos, Back alegou que se tratava de uma "armação política" — tese semelhante à usada por sua defesa.

A suspensão do uso de ordens decretada em 2012 não foi revogada, mas Back continuava padre e franciscano. A condenação em segunda instância a 26 anos de prisão por estupro de uma criança não o tornou um corpo estranho para a Igreja. Em 3 de dezembro de 2018, vivendo na Fraternidade São Francisco de Assis, em Bragança Paulista, a pouco mais de 80 quilômetros de São Paulo, o frei Paulo Back comemorou seus 50 anos de ordenação ao lado de outros franciscanos. O cabelo estava mais branco, ralo, e a postura, mais curvada. Mas ainda era frade, acolhido no seio da Igreja.

※ ※ ※

Doze dias depois de Back festejar seus 50 anos como padre, a vítima que iniciara a série de denúncias celebrava numa casa de festas em Forquilhinha, aos 18 anos, a conclusão do ensino médio. Sua adolescência foi atravessada pelo processo judicial e o trauma do abuso. Surpreendentemente, saiu da jornada inteiro, mas não sem marcas. A fé católica ficara para trás; frequentava agora uma igreja evangélica, sem o mesmo fervor da infância que o levara, sete anos antes, a entrar na paróquia para comprar um crucifixo. Sua família também abandonou o catolicismo.

Dois dias após a formatura, em 17 de dezembro de 2018, uma missa na Paróquia Sagrado Coração de Jesus marcou a despedida da Ordem dos Frades Menores de Forquilhinha, após 81 anos na diocese. A cerimônia foi presidida pelo bispo de Criciúma, Dom Jacinto Flach. Na homilia, ele justificou a saída dos franciscanos da cidade: "Não é porque não haveria mais condições de ficar aqui, mas por outras necessidades Brasil afora. (...) No fim de tudo, é pelo bem da Igreja, para a evangelização que foi feito todo esse trabalho. Sempre tivemos um relacionamento maravilhoso, essa alegria, essa grandeza e liberdade de conversarmos sobre as coisas".

Paulo Back não foi esquecido. Na mensagem do frei João Mannes, membro do governo da Província Franciscana da Imaculada Conceição do Brasil, ele teve o nome lembrado como um dos irmãos que continuavam a missão de espalhar a palavra de Deus: "Agora, citando as palavras de São Francisco de Assis quando chegaram os primeiros irmãos, também reconhecemos que esta porção da Igreja de Deus nos deu irmãos, 'homens de tanto valor, companheiros necessários e amigos fiéis'. (...) irmãos que hoje continuam na lida evangelizadora: (...) Frei Paulo Back".

A vítima de Back passa com frequência em frente à paróquia:

— Antes era um pouco desconfortável. Atualmente, não sinto nada.

No segundo semestre de 2019, o rapaz começou a cursar faculdade de ciência da computação numa universidade particular e a trabalhar numa distribuidora de alimentos. O tratamento psiquiátrico terminou. Ele tem uma opinião sobre o acobertamento, por tantos anos, dos abusos de Back:

— A maioria de nós era criança, não tinha muita noção da gravidade. Outros, os pais não acreditavam nos relatos. Aconteceu isso com o meu tio: avisada por ele, minha avó disse que o padre jamais faria uma coisa dessas. Além disso, as pessoas não se envolviam para evitar o incômodo de um processo judicial. Mas, como viram que alguém deu o pontapé inicial, se sentiram mais confiantes em contar.

À parte algumas insinuações de moradores da cidade de que a família mentiu sobre os abusos, ele nunca sofreu hostilidades. Talvez pelo surgimento de tantas outras vítimas. O jovem não guarda rancor de Back.

— Por maior que tenha sido o mal que causou, não sinto ódio. Meu psiquiatra disse que ele tem problemas mentais. Até falaria que ele está perdoado, mas teria que pagar pelo que fez — pondera.

Ele não sabe, porém, se Deus perdoaria o franciscano.

— Perdoaria se ele realmente se arrependesse, mas acho que isso não aconteceu. Depois de ter passado um tempo preso, ele poderia ter refletido sobre o que fez — diz. — Não me arrependo da denúncia. Caso contrário, ele estaria hoje fazendo rigorosamente o mesmo. Poderia ser com um filho meu. Se fosse preciso, eu não pensaria duas vezes: o denunciaria novamente.

Padre Enoque Donizetti

Quando o padre Enoque Donizetti de Oliveira, de 62 anos, foi condenado em 16 de julho de 2020 a 20 anos de prisão por cinco estupros, terminava a traumática jornada de uma garota pobre de 17 anos de Arceburgo, Minas Gerais, para provar aos pais e aos dez mil moradores da cidade que falara a verdade. O caso revela, de maneira explícita, uma das maiores dificuldades enfrentadas pelas vítimas de abuso: fazer com que sua versão seja tomada como fato.

Durante um ano, de julho de 2016 a julho de 2017, segundo a sentença de condenação, o padre Enoque "teve conjunção carnal e praticou outros atos libidinosos contra a vítima" na casa paroquial da Igreja Matriz de São João Batista. O município de Arceburgo fica na divisa de Minas com São Paulo, a poucos quilômetros de Mococa. É uma típica cidade do interior em que a igreja é referência arquitetônica e ponto central da vida comunitária. Todo mês de junho, Arceburgo faz festa para comemorar seu padroeiro.

Adolescente à época, ela era coroinha na Igreja Matriz. Por vezes, o padre pedia que ficasse depois da missa para ajudá-lo a fechar a igreja. Donizetti ganhou a confiança da menina e de sua família. O pároco era conhecido pelo trabalho de caridade; ele arcou com o tratamento do pai da menina, que sofria de alcoolismo.

Os abusos começaram aos poucos, segundo narrou a garota, quando ela tinha 13 anos. Primeiro, com abraços mais intensos e beijos no rosto, além de momentos em que a sentava em seu colo. Depois, conversas sobre menstruação, fertilidade e relações sexuais. O pároco, de acordo com a menina, passou a apalpá-la nos seios, a introduzir o dedo em sua vagina e a beijá-la na boca.

Após fechar a igreja, Donizetti levava a adolescente à casa paroquial. Segundo a vítima, ele dizia: "Como você é boazinha, bonitinha demais... Você vai gostar". Ele tinha 62 anos e tirou a virgindade dela, de apenas 13. Os estupros ocorriam até na casa da vítima. Para comprar seu silêncio, oferecia presentes. No Natal de 2016, o padre deu à garota um par de botas; alguns meses antes, ela foi a Aparecida do Norte e ganhou R$ 100. Às vezes, o religioso lhe dava R$ 50.

A adolescente queria se livrar dos abusos, mas tinha medo de denunciá-lo. Suportava a provação porque, como disse em depoimento, fizera uma promessa de ficar três anos na Igreja depois que o pai parou de beber. Além disso, tinha medo de deixar de frequentar a paróquia, já que "o povo de Arceburgo fala demais".

A garota, munida de coragem, contou sobre os ataques aos parentes, mas eles não acreditaram, relata Gabriel Silva Ferreira de Brito, advogado pro bono da família:

— A família duvidou, por isso ela decidiu filmar. Ela contou e ninguém acreditou, todo mundo brigou com ela.

A filmagem a que se refere o advogado tornou-se prova definitiva para a condenação do padre. Partiu de um amigo adolescente a sugestão para que a jovem fizesse um vídeo ou tirasse uma foto para comprovar o estupro. Em abril de 2017, depois de uma missa, o padre Donizetti ofereceu-lhe carona. Antes, passaram na casa paroquial. Ela reclamou de cólicas e contou que o padre lhe deu um "remédio cor-de-rosa", deixando-a tonta. O sacerdote a levou a um cômodo da casa paroquial, dizendo que iria ensiná-la a "anotar as missas". Depois disso, a adolescente só se recordava de ter acordado na cama do pároco, sem a parte de cima da roupa. Naquele momento, ela acionou o botão de gravação do seu celular.

O vídeo mostra a vítima na cama, seminua, sendo beijada na boca. A garota contou que editou uma parte na qual seus seios apareciam e enviou o arquivo ao amigo que sugerira a gravação. Não se sabe quais caminhos o vídeo tomou. Em julho de 2017, porém, as imagens ganharam as redes sociais. No dia 26 daquele mês, a Polícia Militar de Minas Gerais recebeu denúncia anônima de que circulavam na internet gravações mostrando um estupro cometido por um padre.

A adolescente foi ouvida pela polícia e negou os abusos, por medo da repercussão. Mas a informação sobre a existência do vídeo chegou à sua mãe, que procurou a Polícia Civil. Na delegacia, a vítima confirmou ter sido molestada. A partir daí, a vida dela se tornaria um inferno na cidade.

— O pessoal olhava para ela como se fosse a culpada — diz o advogado.

A adolescente era xingada. Moradores chegaram ao ponto de dizer que ela abusara do padre. A garota precisou deixar a escola e perdeu os amigos. A despeito das denúncias, o religioso continuava solto, situação que se manteve mesmo depois da condenação por cinco estupros contra a jovem.

— A força da Igreja Católica é enorme. A delegada e o promotor pediram a prisão dele, mas a Justiça negou. O promotor recorreu também sem sucesso. A justificativa era a de que não havia risco de fuga, que ele era idoso e já estava afastado da Igreja — lamenta o advogado Gabriel de Brito: — A gente vê a discrepância de decisões. Recentemente, houve um caso parecido num terreiro de umbanda. O responsável pelo terreiro, que praticou abuso sexual, foi preso em flagrante.

O padre recorreu, mas até o início de 2023, quando a jovem tinha 20 anos, o caso ainda não havia sido julgado. O advogado da família finaliza um pedido de indenização:

— Vou entrar com uma ação contra o padre, a paróquia e a Diocese de Guaxupé, com um pedido de valor alto porque a vida da menina praticamente acabou. O apelido dela na cidade virou "mulher do padre". Ela não tem mais amigos.

O caso de Arapiraca

Na noite de 11 de março de 2010, as histórias de três jovens de Arapiraca chocaram o país, levando a cidade, a segunda maior de Alagoas, com 214.006 habitantes — 164.979 dos quais católicos —, a ganhar projeção internacional. Vídeos com cenas de sexo protagonizadas por três padres com adolescentes foram exibidas no "Conexão repórter", programa do SBT comandado pelo jornalista Roberto Cabrini.

Anderson Farias Silva, Cícero Flávio Vieira Barbosa e Fabiano da Silva Ferreira denunciaram terem sido vítimas de abusos cometidos por um padre e dois monsenhores da Igreja Católica por anos seguidos. Os três revelaram no programa que pessoas próximas souberam por eles o que acontecia, quando já eram maiores de idade, mas todos duvidaram. Diante disso, decidiram filmar escondido as relações com os sacerdotes.

As imagens foram gravadas em janeiro de 2009, 14 meses antes de serem exibidas por Cabrini. Numa delas, o monsenhor Luiz Marques Barbosa, então com 82 anos e membro da Igreja Católica com grande influência no estado, aparece fazendo sexo oral em Fabiano, de 19. O rapaz, porém, disse ter sofrido abusos desde os 12 anos, quando era coroinha. Num outro flagrnte exibido no programa, o monsenhor vê uma pessoa na janela da casa segurando uma câmera. Ele se mostra preocupado e pergunta insistentemente ao rapaz quem está gravando.

As filmagens foram feitas por Cícero Flávio, com ajuda dos dois colegas que também sofreram ataques. Antes de chegar às mãos de Roberto Cabrini, segundo a defesa do monsenhor Luiz Marques, os jovens mostraram as imagens para os padres e teriam tentado extorquir dinheiro deles.

As cenas de sexo, os relatos dos jovens e as entrevistas com os padres caíram como uma bomba na Igreja. Os vídeos chegaram a Roberto Cabrini pelas mãos de um comerciante da região. Ele teve acesso às gravações e procurou o repórter. Seu interesse não era pelo que fazia o monsenhor Luiz Marques, pelo menos até então. Filho de uma conhecida e respeitada beata de Arapiraca, o comerciante começou a investigar outro clérigo: o monsenhor Raimundo Gomes Nascimento. Segundo ele, sua família era perseguida pelo influente sacerdote, com acusações infundadas. Por isso, justificou, tentava protegê-la colhendo elementos que provassem os desvios morais do sacerdote.

Em sua cruzada pessoal, o comerciante descobriu que o padre Raimundo fora transferido para Arapiraca para fugir de denúncias de abuso em Penedo, cidade no sul de Alagoas, às margens do Rio São Francisco. "Fiquei impressionado com isso. Como o Anderson, que tinha sido coroinha dele, frequentava a minha casa, resolvi perguntar a ele. Foi então que ele disse ter sido abusado pelo padre quando tinha 12 anos e outros dois ex-coroinhas tinham feito o vídeo com o monsenhor Luiz", contou a Roberto Cabrini. O comerciante revelou que um irmão e um sobrinho confessaram também terem sido abusados por Luiz Marques Barbosa e por outro padre de Arapiraca, Edilson Duarte.

Em um dos vídeos exibido no programa do SBT, o padre Edilson recebe um coroinha de cueca na cama e pede ao rapaz para ficar com ele. Em outra gravação, o clérigo chama os monsenhores Raimundo Gomes e Luiz Marques por nomes de mulheres, apelidos que, segundo os jovens, os dois usavam em momentos privados.

Após a reportagem ir ao ar, a polícia instaurou inquérito a pedido do promotor José Alves de Oliveira Neto, do Ministério Público de Alagoas. Num trecho do ofício, o promotor destacou haver um movimento de proteção a Luiz Marques: "Empresários, grandes nomes do Judiciário e políticos com histórico de violência tomaram partido em favor do referido monsenhor Luiz Marques Barbosa, com a finalidade de que os fatos não emergissem ao conhecimento da população, bem como as denúncias não fossem devidamente apuradas".

As delegadas Bárbara Arraes Alves Lima Monteiro e Maria Angelita de Lucena presidiram o inquérito. Em dois meses, ouviram mais de 40 pessoas e descobriram que o monsenhor Luiz Marques mantinha uma casa de veraneio para encontros sexuais em Barra de São Miguel, balneário a 220 quilômetros de Arapiraca. A investigação da Polícia Civil revelou que o dinheiro recolhido dos fiéis durante o ofertório era usado para financiar as luxúrias dos sacerdotes. Os abusos, segundo as delegadas, aconteciam há mais de 15 anos.

O bispo da Diocese de Penedo, Dom Valério Breda, disse, em nota, que soube dos ataques pelo programa do SBT. Ele reprovou "de forma irrestrita os fatos, mesmo que ainda não provados" e enfatizou que, "se há jovens vítimas, como a apresentação dos fatos parece aludir, sentimo-nos ainda mais consternados e no dever da reparação". Dom Valério ressaltou, porém, que "nenhuma das supostas vítimas citadas nos supostos atos de abuso, tampouco seus familiares, procuraram oficialmente o bispo diocesano para denunciar o caso". Dois meses depois, o bispo disse ter sido contactado por dois homens que sugeriram um acordo extrajudicial, com pagamento de R$ 1 milhão.

A Diocese de Penedo afastou os clérigos durante a investigação. Testemunhas afirmaram, entretanto, que o bispo tinha conhecimento dos fatos pelo menos desde 2008, dois anos antes de a reportagem do SBT ser exibida. Não ficou comprovada a omissão de Dom Valério, que se manteve no cargo até sua morte, aos 75 anos, em 16 de junho de 2020, dois meses após sofrer um AVC, em Maceió.

*＊＊

Fabiano Ferreira, que já estava casado na época em que a reportagem foi ao ar, tinha 12 anos em 2001, quando tornou-se coroinha na Igreja de São José, paróquia comandada pelo monsenhor Luiz Marques. Em um determinado dia, segundo contou, foi encurralado pelo sacerdote, que tentou beijá-lo, enquanto tocava seu pênis por cima da roupa. O menino não teve forças para reagir. Os ataques continuaram pelos meses seguintes, quase sempre na sacristia ou na casa paroquial. Para se livrar da violência sexual, mas temendo denunciá-lo, Fabiano parou de ir à igreja.

O afastamento durou dois meses. Por insistência de amigos coroinhas, ele retornou. O monsenhor voltou a atacá-lo seis meses depois. Os abusos eram de conhecimento de algumas pessoas, que mantinham um pacto velado de silêncio. Segundo o rapaz, o clérigo tocava seus órgãos genitais mesmo durante a missa e beijava sua boca na sacristia.

O medo de denunciá-lo não era infundado: nascido em Anadia, em Alagoas, o monsenhor Luiz Marques Barbosa foi ordenado padre pelas mãos do bispo Dom Ranulpho Farias, e designado pároco da Paróquia São José no Trapiche da Barra, em Maceió. De 1975 a 1984, ele foi o segundo capelão da Polícia Militar de São Paulo. Em Arapiraca, chegou como o padre responsável pela Igreja Matriz de São José, no bairro Alto do Cruzeiro, e, depois, pela capela de Nossa Senhora da Conceição, em Bananeiras. Linha dura, impedia a presença no templo de mulheres que não estivessem vestidas de forma que julgasse adequada.

Luiz Marques ganhou o título eclesiástico de honra de monsenhor, concedido pelo papa a padres que se destacam em serviços à instituição. Nos anos 1980, foi escolhido pela Igreja Católica para ciceronear João Paulo II em sua visita ao Nordeste. O prestígio do clérigo era tanto que seu nome batizou uma escola tradicional de Arapiraca. Quando completou 80 anos, em abril de 2007, ele foi homenageado com uma missa especial celebrada pelo bispo Dom Valério Breda, que reuniu todos os padres da Paróquia de Arapiraca.

✳ ✳ ✳

Uma Comissão Parlamentar de Inquérito (CPI) do Senado foi criada em março de 2008 destinada a apurar casos de pedofilia, a utilização da internet para a prática de abusos sexuais contra crianças e sua relação com o crime organizado no Brasil. A previsão para a conclusão dos trabalhos era de 120 dias. A comissão, que reunia sete senadores, além de suplentes e técnicos, era presidida pelo senador evangélico Magno Malta.

As denúncias contra os padres de Arapiraca chamaram a atenção da CPI. Seus integrantes já percorriam o país investigando casos rumorosos de abusos contra crianças e mudaram a rota para Alagoas pelo destaque que o caso ganhou no noticiário. Eles desembarcaram em Arapiraca pouco mais de um mês após o escândalo se tornar público e, durante três dias, montaram uma agenda para colher depoimentos.

***

O destino de Fabiano Ferreira também se cruzou com o do padre Edilson Duarte, então com 43 anos. O rapaz tinha visto o sacerdote na igreja com o monsenhor Luiz Marques. Padre Edilson foi ordenado em 2000, quando já trabalhava na Paróquia de São José, onde ficou até 2003. Ali conheceu os coroinhas, entre eles, Fabiano, que tinha 16 anos.

Os senadores convocaram os padres a depor na CPI. Padre Edilson confessou os abusos sexuais e disse que tinha consciência de seus crimes. Ele contou aos policiais e parlamentares que encontrou o rapaz na casa paroquial onde o monsenhor Luiz Marques morava e que "ali aconteceu um abraço". Por causa disso, continuou ele, Fabiano teria ido encontrá-lo depois. "Nós conversamos um pouco e fomos para a casa paroquial, onde fiz sexo oral com ele. Cheguei até a colocar um colchão e só fiz sexo oral no Fabiano. Depois, dei dinheiro, uma gratificação que quis dar, porque ele pediu. Fiquei um bom tempo sem vê-lo. Cerca de um ano depois, Fabiano mais uma vez me procurou para buscar livros para fazer um trabalho sobre Getúlio Vargas — o livro está com ele até hoje —, e fizemos sexo oral. Eu e Fabiano nos sentíamos atraídos", afirmou o padre.

Edilson revelou que também fez sexo oral em Cícero Flávio, quando ele já era maior. Segundo o padre, sempre que estava na Paróquia de São José via o monsenhor Luiz Marques com meninos de idades entre 12 e 16 anos: "Quando passei a ter um relacionamento com o Cícero, ele me contou que Fabiano e ele *(Cícero)* ficavam sexualmente com o monsenhor Luiz. Eu me assustei com o que ele contou e disse: 'Misericórdia'. Eu não queria mais falar sobre o assunto".

Alguns dias depois, o padre confirmou a história ao falar com Cícero Flávio. A conversa foi gravada pelo rapaz: "Cícero já estava investigando e eu caí como um patinho, ele me usou", salientou Edilson. O sacerdote revelou que Cícero e Fabiano iam até a casa do monsenhor Luiz Marques aos domingos após a missa, quando tinham de 12 a 13 anos. Ele ressaltou, no entanto, que, apesar de nunca ter visto o monsenhor abusar das crianças, desconfiava que havia envolvimento sexual. "Os outros padres ficaram com ódio de mim, porque falei demais para Cícero sobre a vida deles", disse Edilson.

∗ ∗ ∗

Dezessete pessoas foram ouvidas pelos senadores da CPI em Arapiraca, entre os dias 16 e 18 de abril de 2010. A passagem dos parlamentares pela cidade resultou na prisão do monsenhor Luiz Marques Barbosa e de seu motorista, detido por falso testemunho nos depoimentos — ele negara na Polícia Civil saber dos abusos.

A prisão preventiva do religioso foi decretada após a polícia encontrar em sua residência passagem de avião, bebida alcoólica e cremes corporais íntimos. Investigadores descobriram que o sacerdote tirara o passaporte dias antes das buscas, o que indicaria a intenção de fuga. A prisão ocorreu horas após o monsenhor negar em depoimento ter cometido abusos sexuais. Meses depois, ao falar em juízo no processo criminal, ele disse que sua única relação sexual foi no dia do flagrante registrado na filmagem; disse que seu pecado foi desrespeitar o celibato, mas jurou jamais ter se relacionado com menores.

O monsenhor pediu "perdão pelo pecado" e se comparou a Jesus: "Renova-se em mim o que ouvi na Sexta-Feira Santa, que foi Jesus dizendo: 'Tiraram minha roupa, cuspiram sobre mim e me crucificaram'. É isso que estou passando". E continuou: "Lamento que essas acusações tenham partido de pessoas que comeram na minha mesa, assim como Jesus disse: 'Eles que comeram do meu pão é que me traíram'. Eles estão aqui na minha frente e, não sei se por fraqueza, agora eles me atiram pedras", disse. O monsenhor encerrou o depoimento dizendo-se arrependido: "Queria pedir que atendessem ao meu clamor: perdoem-me! Já me confessei a Deus também".

Cícero Flávio, seu ex-coroinha, revelou à CPI que sua primeira relação sexual foi aos 12 anos com o monsenhor Luiz Marques, na casa paroquial: "Tive inúmeras relações com ele".

O monsenhor ganhou o benefício da prisão domiciliar dois dias após ser preso. Em 7 de maio de 2010, a prisão foi revogada pelo juiz John Silas da

Silva, sob a alegação de que o clérigo não oferecia risco às investigações — o religioso entregou seu passaporte à Justiça.

***

A defesa do monsenhor Luiz Marques ganhou destaque numa das audiências da CPI. O advogado do padre já tinha entrado com uma queixa-crime no Ministério Público contra os coroinhas, acusando-os de extorsão. Ele alegava que houve sexo consentido entre o monsenhor e um dos rapazes. O advogado os acusou ainda de constrangimento ilegal, invasão de domicílio e associação criminosa. No entanto, a investigação da Polícia Civil não constatou nenhum crime cometido pelos jovens.

Os três alegaram ter recebido uma proposta de R$ 30 mil, feita pelo advogado, intermediada pelo monsenhor Raimundo Gomes, para não divulgarem os vídeos, mas não aceitaram. Raimundo, que à época tinha 53 anos, era conhecido pela linha conservadora que seguia. Entre 1994 e 1997, ele dirigiu a Diocese de Penedo, como vigário capitular, nome dado à posição que o clérigo assume em caso de vacância no cargo de bispo da diocese. Foi cogitado, inclusive, para se tornar bispo na região.

Na reportagem de Roberto Cabrini, o ex-coroinha Anderson Silva acusou o monsenhor Raimundo: "Ele me chamava até a casa dele e sempre vinha me cantando, oferecendo coisas. Eu tinha 14 anos. Na casa paroquial, no escritório, no quarto dele e até na missa, ele vinha com palavras indecentes e tentava pegar nos meus órgãos genitais".

À CPI, em abril de 2010, o monsenhor Raimundo Gomes também negou o envolvimento com os jovens e ressaltou que nunca foram seus coroinhas. Anderson, que assistia ao interrogatório da plateia, se levantou e disse: "O senhor inclusive me chamava para dormir na sua casa, alegando que tinha medo de ficar sozinho. E, quando adormecíamos no quarto, a sua pessoa descia da cama e vinha para o colchão onde eu estava. Para evitar constrangimento e com medo da sua reação, eu fingia estar dormindo, enquanto o senhor ficava me beijando e acariciando os meus órgãos genitais". Na época dos ataques, Anderson tinha 12 anos.

Enquanto a CPI esteva em Arapiraca, os camelôs da cidade faturavam com a venda de cópias dos vídeos com cenas de sexo dos sacerdotes na íntegra, sem edição. O DVD custava R$ 20; trechos mais curtos eram oferecidos a R$ 5 e a R$ 10. Havia a opção de receber as filmagens via compartilhamento por bluetooth. "Aquela tecnologia, ao mesmo tempo que me expôs, também me salvou. Não me arrependo. Deus dá força para a pessoa lutar contra todo tipo de mal", disse Fabiano numa entrevista ao portal de notícia IG, publicada no dia 24 de abril de 2010.

No fim de abril de 2010, as delegadas Maria Angelita e Bárbara Arraes pediram o indiciamento dos três sacerdotes por exploração sexual. O padre Edilson Duarte ainda foi indiciado por importunação ofensiva ao pudor, que em 2018 deixou de ser contravenção e tornou-se crime, com punição de um a cinco anos de prisão — antes, resumia-se a uma multa. O Ministério Público determinou novas diligências e perícias nos áudios das gravações e ofereceu denúncia contra os três religiosos, acolhida pela Justiça.

A defesa insistiu na inocência deles. Padre Edilson, que participou de uma acareação com os outros sacerdotes na CPI, passou a negar tudo que confessara à Polícia Civil e aos senadores. Alegou ter ficado com medo de ser preso pelo senador Magno Malta.

No relatório final, no tópico que trata de Arapiraca, a CPI listou as vítimas dos sacerdotes e por quem elas foram abusadas:

> • *Cícero Flávio Vieira Barbosa: afirmou ter sido abusado pelos monsenhores Luiz e Raimundo;*
> • *B.J.N.L. (12 anos): afirmou que o padre Edilson tirou uma fotografia sua durante a confissão, tentando beijá-lo e agarrá-lo;*
> • *Fabiano da Silva Ferreira: afirmou ter sofrido abuso continuado por parte do monsenhor Luiz Marques Barbosa;*
> • *Anderson Farias Silva: afirmou ter sofrido abuso praticado pelo monsenhor Luiz Marques Barbosa (e que este chegou a pagar seus estudos).*

Em 16 de dezembro de 2010, a CPI da Pedofilia aprovou o relatório final com todos os casos que investigaram no Brasil. Os senadores apontaram políticos, religiosos e magistrados como suspeitos de cometerem crimes sexuais contra menores. A comissão sugeriu maior rigor nas leis contra crimes de pedofilia, mas não indiciou os investigados porque muitos foram processados no período de atividades da CPI.

No processo criminal, a sentença dos religiosos só foi proferida quatro meses após o fim do julgamento, sucessivamente adiado por pedidos de diligências e ausência de testemunhas. Em 19 de setembro de 2011, o juiz da 1ª Vara da Infância e da Juventude de Arapiraca, João Luiz de Azevedo Lessa, condenou, por crime de estupro de vulnerável, o monsenhor Luiz Marques Barbosa a 21 anos de prisão. O monsenhor Raimundo Gomes Nascimento e o padre Edilson Duarte receberam penas de prisão de 16 anos e 4 meses, cada um.

No início do mês seguinte, o Vaticano expulsou os três padres, mas não os excomungou. Os ex-sacerdotes puderam recorrer da sentença em liberdade. No início de julho de 2017, depois de uma sequência de recursos, o Tribunal de Justiça de Alagoas manteve as condenações. Raimundo Gomes não chegou a cumprir a pena: morreu em março de 2014, aos 57 anos. Luiz Marques Barbosa e Edilson Duarte continuam recorrendo da condenação sem terem sido presos. O caso de abusos sexuais de menores em Arapiraca foi um dos listados no fim do filme "Spotlight — Segredos revelados" (2015).

Anderson, Cícero Flávio e Fabiano cobravam, até o fim de 2022, indenização por danos morais da Diocese de Penedo e dos três religiosos. Na decisão do juiz Giovanni Alfredo de Oliveira Jatubá, da 6ª Vara de Arapiraca, constava o valor da ação: R$ 3 milhões. "Tratam os autos de ação de indenização por danos morais entre as partes em epígrafe, ambas devidamente qualificadas nos autos, onde asseveram os autores, em suma, que durante a adolescência/juventude foram molestados sexualmente pelos réus, fato público e notório, com repercussão nacional em função de sua gravidade, inclusive, com investigação da CPI da Pedofilia, comissão criada pelo Senado Federal para investigação de casos de abusos sexuais contra crianças e adolescentes em todo o Brasil", destacou o juiz em março de 2013.

A ação foi impetrada naquele mesmo ano de 2013, três anos após o caso ter se tornado público. Até janeiro de 2023, não havia previsão de sentença.

O caso de Limeira

"Tudo estava perfeito até que, um dia, nos preparávamos para a missa na sacristia, ele veio com a desculpa de arrumar a minha túnica e passou a mão no meu peito. Outro dia, na casa paroquial, vendo TV, ele veio até o sofá de cueca, começou a tocar em mim, falou pra eu tirar a camisa. Fiquei assustado porque nunca tinha ficado assim com ninguém. Eu estava de short. Ele abaixou e pegou no meu pênis, começou a me masturbar e fiquei paralisado. Senti muito nojo, porque não queria que aquilo acontecesse. Ele disse pra eu relaxar, que se quisesse realmente ser padre deveria me acostumar com aquilo".

"Nessa mesma noite, o padre Leandro me ofereceu uma taça de vinho, que eu recusei e, em seguida, foi tomar banho; voltou só de cueca samba-canção e me convidou para dormirmos na mesma cama, o que também não aceitei. No entanto, quando estava na sala vendo televisão, o padre se aproximou de mim com o pênis ereto e começou a fazer sexo oral em mim. Eu não toquei nele; pedi que parasse com o sexo oral e me retirei para o quarto".

"O padre Leandro começou a acariciar meus cabelos e correu por meu corpo todo, abaixou a minha calça e segurou meus genitais, enquanto tentava beijar minha boca. Entrei em pânico, o empurrei por duas vezes, e acabamos discutindo. Nisso, veio a ameaça: se eu contasse pra alguém esse ocorrido, ele iria prejudicar meu irmão no seminário".

Em dezembro de 2019, um dossiê de um quilo e meio, produzido no interior do Estado de São Paulo, foi entregue no Vaticano. O peso das denúncias — três delas descritas na página ao lado — ia muito além do que a balança dos Correios registrava. O calhamaço de quase 300 páginas era endereçado ao monsenhor Pio Vito Pinto, então decano da Rota Romana.

Criado em 1331, o Tribunal da Rota Romana é a instância de apelação da Sé Apostólica. O dossiê levava a assinatura da advogada Talitha Camargo da Fonseca e reunia um leque de denúncias contra membros do clero da Diocese de Limeira, no interior de São Paulo, sacerdotes que se destacavam pela influência e fama na região e pela proximidade com o então bispo, Dom Vilson Dias de Oliveira — ele mesmo um dos alvos das denúncias.

O documento continha relatos de abuso contra menores, corrupção, assédio moral, um estranho roubo de dinheiro arrecadado na festa de Santo Antônio e enriquecimento imobiliário. O dossiê trouxe à tona um dos maiores escândalos da Igreja Católica no Brasil.

Os casos denunciados ocorreram em Limeira, Araras e Americana, cidades próximas no interior de São Paulo, perto de Campinas. Numa imaginária linha reta de norte a sul, com cerca de 40 quilômetros, vem primeiro Araras, com 135 mil habitantes, seguida por Limeira, com 308 mil moradores, e Americana, com 242 mil. Em comum, os municípios têm forte influência da Igreja: segundo o Censo de 2010, o número de católicos em cada uma dessas cidades superava o de evangélicos numa proporção de dois para um.

O território da Diocese de Limeira abrange os três municípios e vários outros, desde Descalvado e Pirassununga, mais ao norte, até Nova Odessa, ao sul de Americana. São quase cinco mil quilômetros quadrados — mais de três vezes a área da cidade de São Paulo — e cerca de 1,5 milhão de habitantes. A diocese, instalada em 1976, tem cinco foranias (conjunto de paróquias) e 86 igrejas.

O caminho tortuoso que levou Talitha Camargo a denunciar os clérigos da Diocese de Limeira ao Vaticano começou em meados de 2016. Naquele ano, chegou às mãos dela um processo movido pela diocese contra um morador de Americana, Gledes Evaldo Poltronieri Alcalá, por esbulho possessório — invadir propriedade alheia, com ou sem violência. O acusado teria entrado numa igreja e se apropriado de bens.

— Eu fiquei muito espantada com o caso, porque esse senhor é deficiente visual — explica a advogada. — Como ele teria entrado numa igreja e surrupiado bens?

Talitha soube, mais adiante, que aquele não era o único entrevero envolvendo um morador da região e a diocese. Não apenas a instituição, mas um padre em especial: Pedro Leandro Ricardo, então reitor da Basílica de Santo Antônio de Pádua, a principal de Americana. Ele nasceu em janeiro de 1969 e foi ordenado com 31 anos, em fevereiro de 2000. Magro, com testa alta, cabelos castanho-claros e olhos azuis inquisidores por trás dos óculos, o padre Leandro é autor do "Manual do ministro leigo" — dedicado "aos estimados Ministros Leigos que exercem peculiar e amorosa presença no serviço à Santíssima Eucaristia à Palavra de Deus".

A defesa bem-sucedida de Gledes Alcalá — em novembro de 2016, a Justiça considerou improcedente a ação de reintegração de posse movida pela Diocese de Limeira contra seu cliente — levou outras pessoas ao escritório de Talitha. Havia denúncias de assédio moral, desvio de verbas da Igreja e de crimes sexuais. A maioria já tinha procurado anteriormente o Ministério Público, a polícia e a própria Igreja Católica, em busca de um encaminhamento de suas denúncias.

— Isso me trouxe um pouco de receio. Como essas pessoas estavam brigando com a Igreja? Conversando com os clientes, avaliei cada história e vi que tinha alguma coisa errada na condução da investigação — explica Talitha.

A advogada teve a atenção despertada para um inquérito de estupro de vulnerável, arquivado em Americana. O padre Leandro consta como autor do crime. A investigação parou porque as testemunhas, na delegacia, negavam o estupro, influenciadas, segundo ela, por Dom Vilson, que as convencia de que o padre não era estuprador.

***

Vilson Dias de Oliveira nasceu em 26 de novembro de 1958 em Guaíra, cidade de 40 mil habitantes no interior de São Paulo. Dono de uma barba cerrada, que em alguns períodos da vida ajudou a esconder a pele marcada pela acne, tem uma compleição sólida e cabelos castanhos crespos, que só recentemente começaram a rarear. Ordenado em abril de 1984, ele ocupou paróquias em Santa Catarina e em São Paulo. Em junho de 2007, aos

48 anos, o papa Bento XVI o nomeou bispo de Limeira, cargo que ocuparia pelos 12 anos seguintes.

Mestre em teologia pela Faculdade de Teologia Nossa Senhora da Assunção, ligada à Arquidiocese de São Paulo, Dom Vilson, assim como o padre Leandro, também tinha aspirações literárias: em 2011, publicou pela Editora Paulinas "Catequese com adolescentes", sua dissertação de mestrado.

A série de denúncias contra os padres da região se acumularam e, em 23 de agosto de 2016, Dom Vilson divulgou uma carta em defesa da prelazia:

> *A Diocese de Limeira vem a público esclarecer e repudiar recorrentes e graves ataques a padres, seminaristas e leigos desta Igreja Particular* (termo usado para designar uma comunidade eclesial em plena comunhão com Roma). *Ações que partem de pessoas sem rosto, ocultas no anonimato e que trabalham a todo custo para deturpar a honra pessoal e ministerial de nossos padres e leigos.*
>
> *Estes vergonhosos ataques têm ocorrido por meio de cartas anônimas a leigos, padres, bispos, autoridades civis de toda a nossa diocese e além dela. O intuito é manchar a imagem de nossos sacerdotes e leigos com mentiras, calúnias e difamações repulsivas, completamente na contramão ao que nos é ensinado pela Igreja Católica.*
>
> *Recentemente esses ataques partiram para a internet, um universo próprio e altamente danoso, onde o anonimato é facilmente guardado por falsos perfis e montagens horríveis e covardes. Essas acusações circulam pelas mídias sociais e smartphones com a mesma rapidez de um vírus. Capaz de causar estragos irreversíveis e destruir vidas e vocações.*
>
> *Pela gravidade que o assunto necessita, estamos agindo na mesma medida, dentro dos caminhos legais, para cessar essa série de perseguições e acusações terríveis. Certos de que a verdade em breve virá à tona e os culpados responderão por seus crimes.*
>
> *Assim, reiteramos nosso mais absoluto e irrestrito apoio aos padres, seminaristas e leigos, filhos desta Diocese, e que por ela estão amparados e que encontram todo o auxílio necessário para lidar com esse momento delicado.*
>
> *A todos, pedimos para que rezem na intenção de nossa Igreja,*

rogando a Deus que dela afaste todo tipo de calúnia e maldade, e a mantenha firme no seu trabalho apostólico deixado por Jesus Cristo, Nosso Senhor.

Aprendamos de Nossa Senhora que nos pediu no milagre das "Bodas de Caná", para sempre fazer o que nos ensina o seu Filho Jesus Cristo. Deus abençoe e guarde a todos/as pela intercessão de sua mãe Maria Santíssima.

Talitha Camargo conta que os clientes continuaram chegando:

— Tínhamos aproximadamente 15 pessoas denunciando assédio moral e umas dez ou 11, violação sexual. As histórias que contavam e o modus operandi eram sempre os mesmos. Fiquei de julho de 2016 até o fim de 2017 ouvindo casos e perguntando à Igreja por que as denúncias deles haviam sido arquivadas.

As vítimas de abuso sexual do sexo masculino tinham em comum o sonho de se tornarem padres. A única vítima do padre Leandro do sexo feminino queria ser freira. Algumas delas, diz a advogada, foram "convidadas a se retirar" da Igreja Católica.

— Ainda há esse trauma, que é a corrupção da fé. Algumas pessoas mudaram de religião e outras têm tamanha aversão a todo tipo de sacerdote e de fé que tomaram por bem não exercer qualquer religião — diz.

O primeiro envio das denúncias ao Vaticano foi no fim de 2017. Talitha montou um dossiê com depoimentos das vítimas, recortes de jornais e documentos que comprovariam os crimes praticados. No início de 2018, como não recebera qualquer retorno, a advogada ligou para Roma:

— O processo canônico só se iniciou porque cobrei resposta. Há um custo considerável para enviar um calhamaço de documentos, e as vítimas são pessoas humildes. Depois da ligação, a Diocese de Limeira achou a documentação que tinha sido enviada para Roma e encaminhada pelo Vaticano de volta a São Paulo. Então, finalmente iniciou uma investigação.

Foram abertos na diocese dois processos canônicos (a investigação criminal ou administrativa feita dentro da Igreja, seguindo as regras das leis eclesiásticas): um para investigar crimes financeiros e outro, abusos sexuais. A advogada também conseguiu, com a ajuda da deputada estadual de São Paulo e sambista Leci Brandão, do PCdoB, que a Procuradoria-Geral de

Justiça se interessasse pelo caso e um inquérito fosse aberto na Polícia Civil. Por não ser especialista na área criminal, e como o caso crescera, Talitha recorreu ao ex-procurador de Justiça Roberto Tardelli.

Aposentado do Ministério Público paulista e atuando como advogado, Tardelli tornou-se conhecido pelo trabalho de acusação que resultaria na condenação de Suzane von Richthofen e dos irmãos Daniel e Cristian Cravinhos por assassinato dos pais da jovem, Manfred Albert e Marísia von Richthofen, em 31 de outubro de 2002, em São Paulo. Na época que Talitha o procurou, Tardelli já tinha experiência em atendimento a vítimas de abuso sexual.

— É uma área em que, quando você acha que já viu tudo, no dia seguinte cai do cavalo. É infinita a perversidade — diz o advogado, que compara os casos de violência sexual cometida por padres aos abusos de filhos pelos próprios pais, com uma diferença importante: — O padre tem ascendência sobre toda a família. Dificilmente esses abusos vão acontecer numa família de ateus, que não reconhece no padre autoridade alguma.

O perfil das vítimas e de suas famílias, analisa Tardelli, tem uma espécie de estrutura comum. Os padres se apresentam como solução para todos os problemas:

— São famílias pobres e carentes também no aspecto emocional. Pai alcoólatra, um monte de irmãos, vida muito hostil... O padre substitui o pai disfuncional, fala em nome de Deus e supre carências materiais. Paga aluguel, leva comida, carne, refrigerante, até cerveja para o churrasquinho.

Segundo Tardelli, o padre Pedro Leandro Ricardo tem um perfil psicológico ardiloso:

— Ele é extremamente carismático. Não é um bobinho. Sabe o que está fazendo e é muito bem articulado e dinâmico. Pega uma pequena igreja e a transforma numa basílica. As missas dele eram altamente concorridas.

O advogado destaca um lado especialmente perverso no abuso sexual.

— A grande sacada do agressor é tornar a vítima responsável pelo abuso que sofreu: "Foi você quem me seduziu, que apareceu na minha casa" — diz o ex-procurador, explicando que a primeira coisa verbalizada pelas vítimas é o sofrimento; depois pedem justiça, que o padre pague pelo que fez: — No começo, é só dor. Esperam, na verdade, uma coisa meio milagrosa, como se a condenação fosse apagar os efeitos pelos quais passaram.

Tardelli diz ser impossível estabelecer o número de vítimas do padre Leandro. Algumas telefonaram ou procuraram o escritório uma ou mais vezes, mas desistiram. Outras, acredita ele, estão por aí, escondidas, e nunca apareceram.

Outros padres foram acusados de envolvimento em abusos na Diocese de Limeira. O padre Leandro, porém, é definido por Tardelli como "o protagonista". Depois que ele assumiu o caso, ao lado de Talitha, no primeiro semestre de 2018, dois advogados do escritório do ex-procurador se juntaram ao time: Aline de Carvalho Giacon e Gustavo Paiva. Ao mesmo tempo, as investigações, tanto a canônica quanto a criminal, ganharam velocidade. Com a visibilidade na mídia, as vítimas se sentiram encorajadas a contar suas histórias.

Uma delas é Edmar (nome fictício; o verdadeiro não foi revelado a pedido de sua defesa). Segundo o depoimento aos advogados, em 2002 ele tinha 17 anos e frequentava a Paróquia São Francisco de Assis, na cidade paulista de Araras. Pedro Leandro acabara de assumir a função de pároco. Edmar era acólito — espécie de ajudante nas missas — e eventualmente viajava com o sacerdote a cidades vizinhas. "Durante uma viagem, ele passou a mão nas minhas pernas, o que me causou estranheza, porém acreditei que era uma situação de pouca relevância, pois ocorria quando o padre trocava as marchas do veículo. Na mesma viagem, ele colocou a mão no meu pênis, me deixando completamente constrangido. Eu ainda continuei frequentando a igreja e mantendo contato com ele, que numa ocasião me convidou para dormir na casa paroquial, pois no dia seguinte iríamos muito cedo participar de uma missa", relatou aos advogados.

Foi nessa situação que o padre ofereceu uma taça de vinho a Edmar e fez sexo oral no adolescente. Ele conta, no termo de declaração prestado a Talitha Camargo, que ainda frequentou a igreja por algum tempo, mas se afastou e só voltou a ver o religioso num almoço na casa paroquial. O convite foi feito pelo pároco à mãe de Edmar. "Nesse dia, o padre me entregou um envelope que continha cerca de R$ 500. Senti muita vergonha, mas precisava do valor. E o padre sabia. Desde o ocorrido, nunca mais estive na igreja. Sou de uma família humilde, sempre quis ter uma vida tranquila, apegada a Deus. Tenho dificuldades para restabelecer contato de fé com padres".

A única mulher que se apresentou como vítima do padre Leandro foi a biomédica Celina (nome fictício). Nascida na cidade de Araras, de família católica, ela o conheceu aos 14 anos, pouco tempo depois de os pais se separarem. Começou a frequentar a Paróquia São Francisco de Assis e se tornou coroinha. Em meados de 2003, num domingo, após um batizado, o pároco a convidou a ir a um churrasco numa casa de retiro. No carro, ele tomou um caminho contrário ao do lugar da confraternização. "Lembro-me de estarmos só nós dois, o som ligado, e por vezes a mão dele 'escapava' do câmbio e tocava a minha perna. Isso me incomodou a tal ponto que eu me afastei, me encolhendo na porta do carro".

Padre Leandro disse a ela que "Deus tinha deixado no mundo várias formas de demonstrar amor". Ela ameaçou pular do carro. "Ele insistia que o que estava acontecendo era normal. Padre Leandro era como um pai. No momento de mais fragilidade que eu vivi, ele se apresentou e assumiu o lugar do pai que me renegava".

A despeito do episódio, Celina continuou frequentando a igreja e auxiliando-o nas missas: "Em algumas sextas-feiras santas, ele me convidou para dormir na casa dele, com a desculpa de que acordaríamos cedo para a procissão, mas nunca aceitei".

Em fotos anexadas ao dossiê enviado por Talitha ao Vaticano, o padre Leandro aparece de óculos escuros, colado em Celina ou beijando-a no rosto. "O padre passou a discutir comigo por causa de fotos que eu publicava em minhas redes sociais, tentava restringir meus acessos à internet. Ele tentou me isolar do mundo para eu não ter contato com ninguém, e deixava isso bem claro, passou a ser muito severo em relação a fotos e rede social, e sempre me presenteava com perfumes".

***

Silvio (nome fictício), da mesma cidade de Araras, também denunciou ter sido vítima do padre Leandro. A história de Silvio é uma via-crúcis de pobreza extrema, sonhos roubados, tristeza e morte. A mãe era faxineira da igreja e ele, criança, ajudava nas quermesses e bingos paroquiais.

"A vida dedicada à Igreja me fez sentir vontade de ser padre, até porque o padre sempre foi exemplo de pai pra mim. Meu pai faleceu quando eu tinha menos de 2 anos, sou o caçula de seis irmãos. Minha família era pobre, pagávamos aluguel de uma casa velha com um quarto e uma sala que virou quarto também, e uma cozinha pequena. O banheiro a gente dividia com outra família que morava de parede meia *(quando um cômodo é compartilhado por dois imóveis contíguos)*. As coisas nunca foram fáceis, as roupas a gente ganhava de doações da igreja. Quando a roupa ficava pequena, passava pro irmão menor, tênis também. Às vezes, um usava de manhã pra ir à escola e o outro, à tarde", disse Silvio no depoimento a Talitha incluído no dossiê enviado ao Vaticano.

Quando concluiu a 4ª série, aos 9 anos, Silvio chegou ao limite de idade e não podia mais ficar no semi-internato da escola católica em que estudava. Conseguiu trabalho como empacotador de supermercado: "Estudava cedo e trabalhava à tarde. Minha vida foi assim até meus 14 anos". Em 1998, aos 16, por meio de um primo de sua mãe, que era padre, Silvio entrou para o Centro Vocacional Nossa Senhora das Dores, em Limeira. Ele só tinha um tênis e uma calça de moletom. Um padre chegou a adverti-lo de que precisaria de uma calça jeans e um par de sapatos para as missas.

No fim de 1999, o adolescente conheceu Pedro Leandro Ricardo, na época ainda diácono — ele só seria ordenado padre no ano seguinte. "O padre Leandro estava sempre no seminário e nos convidou para participar de um evento na cidade de Porto Ferreira, na Paróquia Nossa Senhora Aparecida. Ficaríamos hospedados na casa paroquial da matriz de São Sebastião. O padre disse que tinha que fazer algumas coisas e que, se eu quisesse esperar, iríamos de carro para o curso, e eu concordei. No trajeto, ele começou a colocar a mão em mim, disse que eu era muito bonito, colocou a mão na minha calça, no meu pênis, mas reagi. Ele perguntou se eu não gostava daquele carinho, respondi que não gostava e que não queria que ele me tocasse. Foi então que entendi que os abusos não parariam, e sempre haveria alguém esperando uma oportunidade".

A mãe de Silvio morreu em 2001, após uma luta de cinco anos contra um câncer de mama. "Não tive coragem de contar para ela o inferno que vivi, não queria que ela sofresse ainda mais. Sinto uma decepção muito grande disso tudo. Passei 20 anos calado, sem contar a ninguém da minha família a humilhação que vivi", disse ele.

Em outubro de 2019, Silvio tomou coragem e contou à mulher sobre os abusos. Os dois estavam juntos havia cinco anos. Achou que seria rejeitado por ter escondido o passado: "No entanto, ela me acolheu, me abraçou e disse que essa dor também era dela, que estaria do meu lado sempre, que eu devo ter meus motivos pra não ter contado antes, que eu sou o melhor marido e pai, exemplo de homem pra ela. (...) Acredito muito na Justiça, e sei que esses criminosos vão pagar caro pelos crimes".

* * *

Em 14 de dezembro de 2018, a delegacia de Araras abriu um inquérito para investigar as denúncias contra o padre Pedro Leandro Ricardo por crime de estupro de vulnerável — "ter conjunção carnal ou praticar outro ato libidinoso com menor de 14 anos".

Segundo Talitha Camargo, quem deu o pontapé inicial na investigação foi a deputada estadual Leci Brandão, que recebeu as denúncias e, em outubro de 2018, encaminhou-as ao então Procurador-Geral de Justiça, Gianpaolo Poggio Smanio. O documento pulou de promotoria em promotoria, até que a 2ª promotora de Justiça de Araras, Andréa de Cicco, pediu à delegada seccional de Polícia de Limeira, Elaine Maria Biasoli, que abrisse a investigação.

O material era um texto de 74 páginas, dividido em cinco partes, com acusações contra o padre Leandro e Dom Vilson, por acobertamento, além da cronologia das denúncias. A autoria do documento, anexado ao processo contra o padre, é assumida genericamente pela "população da Diocese de Limeira".

O dossiê com as denúncias dos católicos limeirenses, enviado por Talitha a Roma, vai além das acusações de abuso sexual. Também aborda desvio de dinheiro da diocese pelo padre Leandro. Em 10 de fevereiro de 2013, ele assumiu a Paróquia de Santo Antônio de Pádua, em Americana. Menos de dois anos depois, em novembro de 2014, a igreja foi elevada à basílica, ou seja, um templo suntuoso, que se destaca entre os outros da região e tem estrutura para receber o papa — apenas o sumo pontífice pode dar a um templo o status de basílica. O antecessor de Leandro, o padre Ângelo Francisco Rossi, deixou em caixa cerca de R$ 1,2 milhão. Meses depois de assumir a paróquia, segundo o dossiê, o padre Leandro apelou por doações, alegando que pegou a paróquia com o caixa zerado.

A má fama do padre Leandro chegara a Americana e provocou reações: dias antes de ele assumir a Igreja Matriz da cidade, um abaixo-assinado com os nomes de 1.165 moradores católicos foi enviado ao então núncio apostólico no Brasil (espécie de embaixador da Santa Sé), Dom Giovanni D'Aniello, alegando haver "interesses espúrios quanto à nomeação do referido padre, pelo bispo diocesano, Dom Vilson Dias de Oliveira". O núncio teria enviado a carta a Dom Vilson, que, por sua vez, entregou-a ao padre Leandro. Nada aconteceu.

Veio então a festa de Santo Antônio, em junho de 2013. Segundo o documento anexado ao processo, que também integra o dossiê enviado por Talitha Camargo a Roma, o padre Leandro se encarregara de recolher o dinheiro arrecadado no evento. O total recebido nos dez dias de celebração, R$ 300 mil, deveria ser guardado na casa paroquial e, em seguida, depositado na conta da igreja. "Como se tratava de montante expressivo, alguns voluntários se ofereceram para acompanhar o padre até a casa paroquial — um trajeto curto: a casa fica em frente à basílica. O padre Leandro dispensou a ajuda e foi insistente em recusar a companhia dessas pessoas. Saiu com o dinheiro e, alguns minutos depois, retornou ao salão paroquial, dizendo que foi assaltado no caminho".

Padre Leandro passou por cima também de um patrimônio histórico. Para elevar a Paróquia de Santo Antônio de Pádua à condição de basílica, ele realizou uma reforma no templo, ignorando um processo de tombamento desde 2011 no Conselho de Proteção do Patrimônio Histórico e Cultural de Americana.

***

Em 13 de dezembro de 2019, o padre Pedro Leandro Ricardo foi denunciado pelo promotor Luiz Alberto Segalla Bevilacqua por atentado violento ao pudor contra três vítimas. A mais nova tinha 11 anos na época dos abusos. Os ataques, segundo o Ministério Público, ocorreram entre 2002 e 2005. "A denúncia imputa ao acusado a prática de atos libidinosos contra quem ele exercia autoridade (criança e adolescentes), condutas que configuram, necessariamente, violência moral acrescida de temor reverencial, que por si só é capaz de tolher a defesa das vítimas, pelo respeito e obediência devidos ao ofensor, sendo irrelevante, portanto, a ausência de grave ameaça direta ou explícita", registrou Bevilacqua num trecho da denúncia.

Nem tudo, porém, foram acusações contra o sacerdote ao longo das investigações. Há no processo declarações a favor dele. "Durante todo esse período, convivi com o padre Pedro Leandro Ricardo e posso afirmar que nunca presenciei qualquer coisa que denegrisse sua postura pastoral e trago minha indignação em relação a essa onda de calúnia que ele vem sofrendo. Suas posturas pastoral e moral sempre foram motivadoras, honestas e de acordo com as normas canônicas. Portanto, acredito que essas denúncias são absurdas e levianas", disse a paroquiana Gilcelene Rodrigues Santos da Silva, num termo reconhecido em cartório e assinado em 25 de abril de 2019.

"Com o padre Leandro, aprendi muito em relação à Igreja. Suas reuniões e formações foram de grande valia para minha formação pessoal e espiritual. Sempre que minha família precisou, ele se fez presente. Portanto, com vivência de causa, posso afirmar que nunca presenciei algo que denegrisse ou manchasse sua conduta ministerial, que sempre condisseram com as normas canônicas", afirmou a pedagoga Vivian Santos da Silva, em 23 de abril de 2019, também num termo reconhecido em cartório.

À época em que foi denunciado, porém, o padre já não podia exercer seu ministério há quase um ano. Em 26 e 27 de janeiro de 2019, pouco mais de um mês após a abertura da investigação na delegacia de Araras, Dom Vilson publicou dois decretos, afastando-o das funções paroquiais e diocesanas, e proibindo o uso de ordens — ou seja, tirando-lhe o direito de ministrar sacramento e rezar missas — *ad cautelam* (por precaução).

Pouco mais de um mês depois, o padre Leandro foi ouvido na delegacia. Esclareceu que "nunca teve qualquer envolvimento homoafetivo com qualquer pessoa"; afirmou que "o desejo das pessoas acima mencionadas (testemunhas e vítimas) é destruir sua reputação como religioso e como homem, para com isso conseguir removê-lo da Paróquia Santo Antônio". Ele disse que não era homossexual, frisando que "sempre cumpriu o voto de celibato".

Depois disso, o próprio Dom Vilson Dias de Oliveira não durou muito à frente da Diocese de Limeira. Em 17 de maio daquele ano, em meio a investigações por extorsão e enriquecimento ilícito, ele renunciou ao cargo de bispo, decisão prontamente aceita pelo papa Francisco. Em seu lugar, interinamente, ficou Dom Orlando Brandes, arcebispo de Aparecida. Em 20 de novembro de 2019, Limeira ganhou um novo bispo: Dom José Roberto Fortes Palau.

✼ ✼ ✼

A travesti Priscila (nome fictício) nasceu Paulo, em Araras, e teve uma infância difícil. "Minha família era muito carente, sou filha de mãe solteira e fui molestada por um padrasto. Era criança e não tinha noção da gravidade do que ele fazia", contou à advogada Talitha Camargo. Ainda com identidade masculina, Paulo se tornou acólito pelas mãos do padre Leandro. "Eu passei a usar batina, uma veste que só os acólitos mais experientes podiam usar. Ele me colocou a batina, o cíngulo (cordão usado como cinto) e foi me apalpando. Eu percebi suas intenções. Foi então que me afastei dele, mas me vi sem rumo, pois as minhas opções eram ficar na igreja, ficar em casa ou ir pra rua, ter convívio com drogas e amigos ruins. Acabei voltando, mas sempre tentando me esquivar dele".

Paulo foi frequentar o seminário. No depoimento a Talitha — já após assumir a identidade feminina de Priscila —, ela não esclarece qual seminário, mas há dois ligados à diocese: o Centro Vocacional Nossa Senhora das Dores e o Seminário Diocesano São João Batista Maria Vianney.

Em julho de 2019, a revista "Veja" fez uma extensa reportagem sobre as denúncias de abuso contra padres da diocese. A manchete, "Livrai-nos do mal", era acompanhada de uma foto do padre Pedro Leandro Ricardo. Algumas das vítimas contaram suas histórias. Foi a primeira matéria de impacto nacional sobre o caso de Limeira.

Dias depois, a diocese divulgou uma nota, em que dizia:

> *O padre Pedro Leandro Ricardo encontra-se suspenso de Ordem desde o dia 27 de janeiro, por meio do Decreto de Suspensão de Ordens (AD CAUTELAM), estando o referido religioso temporariamente afastado da função de reitor e pároco da Basílica Santo Antônio de Pádua, de Americana, até que todas as denúncias sejam esclarecidas, conforme observância do Código de Direito Canônico.*

A nota finalizava informando que as apurações do caso estavam em andamento, mas sob sigilo canônico. E encerrava: "Dom Vilson renunciou ao cargo de bispo diocesano no dia 17 de maio do corrente ano, ficando, assim, como bispo emérito".

Em 6 de março de 2020, mais um padre da diocese foi suspenso: Diego Rodrigo dos Santos — apontado no dossiê como namorado do padre Leandro. Os dois, segundo as denúncias, mantinham um relacionamento desde que Diego tinha 13 anos. Em dezembro de 2018, o rapaz foi ordenado padre por Dom Vilson. Menos de quatro anos depois, em 11 de agosto de 2022, Diego perdeu o estado clerical, deixando de ser padre.

Em 11 de março de 2020, a Justiça recebeu do Ministério Público a denúncia contra o padre Leandro. Mas devido à pandemia do coronavírus, o processo tramitou em ritmo lento. O processo contra Dom Vilson, aberto em fevereiro de 2019, seguia em fase de inquérito, sob segredo de Justiça, na 1ª Vara Criminal do Fórum de Limeira. Nenhum dos clérigos havia sido expulso da Igreja ou laicizado, termo usualmente usado para o desligamento do religioso da estrutura eclesiástica.

Em 1º de julho de 2020, ainda nos primeiros meses da pandemia, o padre Leandro divulgou um vídeo pelo WhatsApp convocando fiéis para um momento de oração. De batina e com o celular, ele convidava os católicos da região para "o momento da Ave-Maria com o padre Leandro". Com expressão de alegria, dizia: "Vamos, juntos, dar uma rosa de amor à Nossa Senhora. Eu e você, juntos no coração". A Diocese de Limeira, porém, proibiu que ele realizasse o evento on-line.

Em março de 2022, o Vaticano o demitiu, impedindo-o de exercer o sacerdócio. Em 20 de maio, quase seis anos após as primeiras denúncias, o ex-sacerdote foi condenado a 21 anos de prisão por atentado violento ao pudor — artigo já revogado do Código Penal, mas ainda usado para punir crimes antigos — contra duas vítimas. Ainda assim, ele obteve o direito de recorrer da sentença em liberdade.

As vítimas ainda aguardam uma reparação. Para a advogada Talitha Camargo da Fonseca, "a vida delas parou, estagnou":

— É como se a violação sexual tivesse destruído o sentimento de personalidade, de existência, o respeito pela vida humana. Principalmente porque, quando elas tentaram falar o que tinha acontecido na época *(do abuso)*, a primeira coisa que ouviram foi: "Você é louco. Ninguém vai acreditar em você". Todas elas tentaram, de alguma maneira, ter alguma satisfação na vida e não conseguiram. Se você corrompe a fé de alguém, a crença no sobrenatural para conseguir forças na vida para enfrentar algumas coisas é perdida... Isso foi roubado delas.

PARTE 2
CRIME SEM FRONTEIRAS

Padre Elias Francisco Guimarães

Abusos sexuais envolvendo padres e o Brasil é uma lastimável via de mão dupla: há casos de religiosos estrangeiros que passaram por igrejas daqui, mas cometeram crimes lá fora; há também sacerdotes brasileiros que fizeram vítimas no exterior. Desde 1995, houve acusações contra pelo menos dois brasileiros por abuso de menores nos Estados Unidos, e um deles, Elias Francisco Guimarães, foi condenado.

Em setembro de 2002, Elias era pároco na Missão Nossa Senhora Rainha da Paz, ligada à Diocese de Palm Beach. Localizada em Delray Beach, a 12 quilômetros ao Norte de Boca Raton e a 76 quilômetros de Miami, a Rainha da Paz tem uma estrutura grande: ocupa um terreno de 30 mil metros quadrados. Além do imenso templo, com uma fachada despojada em estilo colonial espanhol, há acomodações para os padres, espaço para eventos e uma clínica onde são oferecidos atendimentos médico, dentário e jurídico a imigrantes.

Os serviços, voltados para cerca de 2.500 famílias, são em inglês, espanhol e português. O entorno da paróquia é diversificado: mistura plantações — as missas são frequentadas em sua maioria por trabalhadores do campo — e condomínios fechados.

Padre Elias chegou à paróquia em março de 2001. Até janeiro daquele ano, pregava na Missão Católica Nossa Senhora Aparecida, em Hollywood, Flórida, ligada à Arquidiocese de Miami e voltada a brasileiros. O religioso se engajava em ações sociais e era querido por fiéis e funcionários da Rainha da Paz. Numa reportagem de 16 de novembro de 2001 do jornal "Palm Beach Post", ele apareceu benzendo cadeirinhas infantis para carros, num esforço para que a comunidade latina aderisse ao uso de cintos de segurança e de outros dispositivos de proteção contra acidentes. "Cabe a nós proteger nossas crianças", alertou.

Por tudo isso, os católicos de Delray Beach ficaram surpresos quando, em 10 de setembro de 2002, o padre brasileiro foi preso por abuso sexual. "Ele era tão simpático. Um cara tão legal. Sempre queria saber como você estava se sentindo", disse Sandra Garcia, que trabalhava no centro médico da missão, ao jornal "South Florida Sun-Sentinel" no dia seguinte à prisão. "Eu não acredito nisso. Será que alguém está fazendo isso contra ele?", questionou a funcionária do lugar Nely Coelho.

A prisão do padre Elias começou a se desenhar 11 dias antes, em 30 de agosto, quando o detetive John Young, do Departamento de Polícia de Delray Beach (DBPD), entrou numa sala de bate-papo da America Online (AOL). Young atuava disfarçado no chat como um garoto de 14 anos. Às 17h34, o detetive recebeu uma mensagem de alguém que se identificava como Elias Francisco Guimarães. Na conversa, o padre — que não se apresentou assim — contou como teve contato sexual com um garoto de 16 anos na semana anterior. "Ele estava muito duro e me pediu para tocar no seu pau e eu toquei... Então ele botou pra fora e pediu que eu chupasse e eu fiz isso... Não pude resistir...", narrou, dizendo ser um homem de 31 anos.

Durante dez dias, o padre Elias manteve contato com o personagem criado pelo policial, primeiro na sala de bate-papo e depois por e-mails. Em 6 de setembro, o padre relatou numa troca de mensagens outro encontro sexual, desta vez com um garoto de 14 anos. Em 9 de setembro, o detetive, ainda usando seu personagem, marcou de se encontrar com o padre na praia em Delray Beach. Pediu ao sacerdote que fosse já sem cueca. Era a estratégia para identificar o suspeito.

Às 20h31, o padre Elias, usando um short sem cueca, chegou ao local. Em lugar de um adolescente, o encontro às escuras foi com policiais do DBPD. O religioso não obedeceu às ordens dos agentes; precisou ser jogado ao chão, algemado e advertido de que seria usada contra ele uma arma de choque caso reagisse.

A partir dali, o padre Elias não deixaria mais a cadeia até o julgamento, quatro meses depois. Seu advogado, Eugene Garrett, tentou anular o processo, argumentando que os comentários do padre na internet estavam protegidos pelo direito de livre expressão. Garrett — um juiz aposentado da Corte de Apelação do 4º Distrito da Flórida — também alegou que o sacerdote brasileiro não descumpriu a lei, já que o adolescente com quem conversava se mostrou, na verdade, um policial adulto. Mas o advogado desistiu de tentar a anulação porque o argumento da liberdade de expressão era uma estratégia que poderia fazer o sacerdote perder a chance de reduzir sua pena admitindo a culpa.

Em 15 de janeiro de 2003, o padre entrou na corte do juiz distrital William Zloch com o uniforme verde-claro da prisão local e os pés algemados. Ele chegou a sustentar, diante do juiz, que só queria falar sobre sexo com o falso adolescente. No entanto, acabou admitindo que desejava fazer algo mais do que conversar e confessou que seus planos com o "garoto" envolviam toques e "talvez sexo oral".

Em 8 de abril daquele ano, Elias Francisco Guimarães foi destaque na imprensa local. Recebeu do juiz Zloch sentença de 4 anos e 3 meses numa penitenciária federal, seguidos de 3 anos de liberdade condicional. Foi também proibido de ter contato não supervisionado com crianças, de comprar ou possuir fotos e vídeos de sexo e de trabalhar em organizações que atendessem crianças. Na audiência, o padre se valeu de um intérprete português-inglês para se expressar: "Me arrependo muito. Eu queria dizer que sinto muito se ofendi alguém".

O juiz também se pronunciou: "Podemos agradecer que havia um policial disfarçado do outro lado da linha, em lugar de um garoto de 14 anos pronto para ser corrompido". O padre tentou um recurso, mas a Corte de Apelação manteve a sentença. Em maio de 2006, o padre Elias deixou a cadeia e foi deportado para o Brasil. Sua conexão com a Igreja Católica, porém, não acabou.

Quando foi preso, o padre Elias integrava a Pia Sociedade de São Paulo. A origem dos paulinos, como são conhecidos, remonta a 1914, na Itália, com a fundação de uma escola tipográfica para evangelizar por meio da imprensa. No Brasil, a sociedade é responsável pela Paulus, uma das editoras católicas mais conhecidas do país. Os padres paulinos estão no Brasil desde 1931.

Em março de 2007, menos de um ano após o padre Elias deixar a cadeia, o boletim oficial interno da Pia Sociedade de São Paulo listava, entre as atividades do governo geral da congregação, autorização para que "fosse enviada à Santa Sé a prática da secularização *(perda dos votos religiosos)* do padre Elias Francisco Guimarães, sacerdote brasileiro ausente desde 1999" por "sua incardinação *(admissão formal)* na Diocese de Itapeva/SP no Brasil". O processo de expulsão da Igreja, no entanto, nunca foi adiante, até onde se sabe.

Em resumo, um padre preso, réu confesso, que cumpriu pena por tentar contato sexual com um menor de idade foi mantido como sacerdote e aceito numa diocese do maior país católico do mundo, onde celebrava missas normalmente, pelo menos até o fim de 2022.

Numa mensagem de 18 de junho de 2020, o perfil no Facebook da Pastoral Vocacional da Diocese de Itapeva contava um pouco da história dele, ordenado em 1993: "Padre Elias administrou por seis anos o Território Missionário de Taquarivaí, hoje Paróquia Nossa Senhora Imaculada Conceição, posteriormente exerceu a função de capelão da Santa Casa de Itapeva e atualmente auxilia na Paróquia São Roque também na cidade de Itapeva". Não havia uma única linha sobre o período nos Estados Unidos e a prisão. Na foto, o padre aparece com mais cabelo e um corte diferente do que usava nos Estados Unidos.

Em 1º de dezembro de 2022, outra postagem da pastoral comemorava o aniversário do padre Elias. Dezenas de fiéis deram os parabéns, pedindo que Deus o abençoasse.

Padre Donald Bolton

Bela Vista é uma cidadezinha em Mato Grosso do Sul com ruas de barro vermelho e menos de 25 mil habitantes, quase na fronteira do Brasil com o Paraguai. Seu filho mais ilustre é o cantor Ney Matogrosso. Em 1950, o município tinha 16.436 moradores, segundo o Censo; 16.047 deles declaravam-se católicos.

Foi lá que em 1954, aos 28 anos, o norte-americano Donald C. Bolton se instalou. Membro da Congregação do Santíssimo Redentor e ordenado padre há apenas dois anos, ele chegou ao Centro-Oeste do Brasil seguindo o caráter missionário da ordem: levar o Evangelho aos mais pobres e abandonados. Os missionários redentoristas já tinham presença forte no país. São eles que administram, por exemplo, o Santuário de Aparecida, em São Paulo, dedicado à padroeira do Brasil. Os redentoristas fazem quatro votos na ordenação: de pobreza, de obediência, de perseverança e, não menos importante, de castidade.

Pelos 16 anos seguintes, Bolton pregou em Bela Vista (por duas vezes), em Campo Grande, capital de Mato Grosso do Sul, e nas cidades paranaenses de Monte Alegre e Rocio. Em 1970, o clérigo retornou aos Estados Unidos e se estabeleceu, quatro anos depois, como pároco da igreja de São Gregório Taumaturgo, no condado de Erie, na Pensilvânia. Ficou lá por dez anos.

Em 1986, os pais de uma menina de 7 anos procuraram o escritório do *district attorney* — o equivalente a um promotor de Justiça no Brasil — do condado de Erie para denunciar Bolton de abusar da filha deles. A essa altura, o padre já estava há dois anos trabalhando com crianças na Basílica de Nossa Senhora do Perpétuo Socorro, no Brooklyn, em Nova York. E, para os pais da menina, esse era o principal problema.

Segundo eles, a congregação lhes havia prometido, quando denunciaram aos redentoristas os abusos sofridos pela filha, que Bolton nunca mais seria deixado numa situação em que pudesse fazer mal a crianças. Ou seja, pelo relato dos pais, a ordem sabia da conduta do padre e fez um acordo com o casal para que o caso não fosse levado à Justiça.

Os detalhes da história do missionário redentorista estão relatados na investigação do *grand jury* da Pensilvânia de 2018. Um *grand jury* é formado por um grupo de cidadãos que, pelo sistema judicial americano, tem o poder de conduzir investigações criminais, produzir provas e intimar testemunhas. No caso da Pensilvânia, o objetivo era apurar abusos cometidos por padres contra adolescentes e crianças em seis dioceses.

O relatório, de 887 páginas, foi resultado de dois anos de investigação, com o levantamento de perfis de 300 clérigos, até então o maior inquérito produzido nos Estados Unidos sobre abusos sexuais na Igreja. Os casos descobertos remontam aos anos 1960 — a vítima mais idosa, molestada quando era adolescente, tinha 83 anos à época da investigação.

Após a denúncia dos pais da menina de 7 anos, Bolton foi acusado na Pensilvânia de ataque indecente (forçar contato íntimo, crime considerado de menor potencial ofensivo pelas leis do estado) e corrupção de menores. Declarou-se culpado e recebeu pena de 3 anos de *probation*, semelhante à liberdade condicional no Brasil. O processo, porém, destampou o passado do padre redentorista. E outra vítima apareceu.

Identificada como Jane Doe 1 nos registros criminais ("Jane Doe" e "John Doe" são pseudônimos usados no sistema criminal americano quando o nome real é desconhecido ou não pode ser revelado), ela começou a ser abusada aos 7 anos, em 1976, não muito tempo depois de Bolton voltar do Brasil — onde, pelo que se sabe, não foi acusado nem respondeu a processo por atacar crianças. O padre, contou Jane Doe 1, a molestou até os 11 anos. Os abusos começaram quando Bolton foi à casa da vítima consolar a família, após a morte de um avô. Ele a colocou no colo e "esfregou suas costas, pernas, parte inferior e traseira". O segundo abuso ocorreu no ano seguinte, quando Jane Doe 1 se preparava para a primeira comunhão na Igreja de São Gregório, na Pensilvânia.

Enquanto a menina, então com 8 anos, se confessava, Bolton entrou, levantou seu vestido, abaixou a calcinha e esfregou o pênis nela. Quando terminou, o redentorista orientou a garota a não falar nada "porque ninguém iria acreditar na palavra de uma criança contra a sua palavra". Segundo a vítima, esse tipo de abuso continuou por nove meses, pelo menos uma vez a cada duas semanas.

Nesse período, entre 1977 e 1978, Bolton a levou diversas vezes, com outras cinco amigas, à estação de esqui Peek'n Peak, em Clymer, Nova York. "Na piscina do resort, assim que terminavam de nadar, ele enxugava as crianças e as levava para casa", informa o texto do relatório do *grand jury*. Na volta, no carro, o padre também atacava Jane Doe 1 quando ficava a sós com ela. A criança disse se recordar da experiência fisicamente dolorosa. As investidas no carro do padre, segundo a vítima, ocorreram pelo menos duas vezes, quando ela tinha 8 ou 9 anos.

Entre setembro de 1978 e junho de 1979, Jane Doe 1 frequentou na paróquia aulas de doutrina cristã, nas noites de quarta-feira. Ela relatou que Bolton fazia com que as freiras, a cada duas semanas, a tirassem da classe para que o ajudasse em suas tarefas. Numa das vezes, no quarto de Bolton, ele a colocou no colo e se esfregou na criança até ejacular.

A última série de ataques ocorreu quando a menina tinha 11 anos e estava com os pais no Lago Chautauqua, em Nova York. Eles alugaram um bangalô e convidaram o padre a acompanhá-los. Num dos dias, após nadar com amigas, Jane Doe 1 foi para o quarto; o padre a encontrou sozinha, fechou a porta, tirou o maiô da criança e se masturbou, enquanto colocava os dedos na vagina dela. A exemplo do que fizera três anos antes, segundo o relatório do *grand jury*, "instruiu Jane Doe 1 a ficar quieta, porque ninguém acreditaria em uma criança mentirosa em lugar da palavra de um homem de Deus".

O caso veio à tona em 1993, quando Jane Doe 1, então com 24 anos, processou por abuso os redentoristas em Baltimore, a Diocese de Erie e os bispos. Ela recebeu indenização de US$ 100 mil e revelou a existência de mais seis vítimas de Bolton, mas o padre não foi processado; ele morreu em 27 de outubro de 2006, ainda como membro da Ordem dos Redentoristas, mantendo o voto de perseverança que fizera 54 anos antes.

Padre Peter Kennedy

O Brasil também se tornou refúgio para padres que abusaram de menores no exterior. Na segunda-feira 26 de dezembro de 2011, ao prender em São Paulo o irlandês Peter Kennedy, a Polícia Federal pôs um ponto final numa busca de oito anos. Aos 72 anos, ele vivia escondido no país desde 2003. Tinha passado por Osasco, na Região Metropolitana, e se mudara para a capital; dava aulas de inglês para sobreviver, segundo alegou depois sua defesa, mas apenas para adultos.

Àquela altura, Peter Kennedy era ex-padre havia 25 anos. Segundo a sentença do tribunal de apelação da Irlanda, de 16 de dezembro de 2014, o clérigo fora acusado pelo abuso de 18 menores, entre 1968 e 1986 — meninos com idades entre 10 e 15 anos. Os ataques, em sua maioria, ocorreram no carro do padre. Kennedy ameaçava as vítimas com "a ira de Deus" caso falassem aos pais.

Na Irlanda, como no Brasil, a Igreja Católica é predominante. No Censo de 2016, 78% dos irlandeses se declararam católicos. Segundo o jornal irlandês "The Irish Independent", crianças vítimas de Kennedy até relataram os abusos aos pais, mas estes não comunicaram às autoridades. Num dos casos, quando um menino contou à mãe o que acontecera, recebeu um tapa e a repreensão: "Como se atreve a dizer isso de um padre?".

O ambiente de temor, porém, não impediu que as vítimas denunciassem à polícia o abusador, que em meados dos anos 80 pertencia aos Padres

Kiltegan — ordem missionária irlandesa denominada oficialmente Sociedade de São Patrício. Ele foi suspenso pelos pares em 1986. Quando os relatos se acumularam, o irlandês se mudou primeiro para Londres, onde trabalhou como taxista e funcionário do metrô. Apenas em 2002, ele foi laicizado, perdendo definitivamente o direito ao sacerdócio. No ano seguinte, no único caso em que Kennedy foi condenado, com pena de 10 anos de prisão, a vítima recebeu indenização de 325 mil euros dos Padres Kiltegan, a maior paga até então na Irlanda por um caso de abuso cometido por padre.

Kennedy, no entanto, já havia fugido para o Brasil. Aqui, ele se beneficiou de uma lei de 2009, que regularizou a situação de estrangeiros que entraram no país até 1º de fevereiro de 2008. Segundo a Polícia Federal, o ex-padre solicitou registro de residência provisória, omitindo que era procurado na Irlanda. Em meados de 2011, a Federal foi avisada pela polícia britânica da presença de Kennedy no Brasil. Havia um alerta da Interpol contra o irlandês desde 2004. Por quatro meses, a PF monitorou o ex-padre, até prendê-lo no dia seguinte ao Natal.

A ação foi discreta e rápida. Kennedy teve a identidade confirmada, foi informado sobre o motivo da sua prisão e, pouco antes da meia-noite daquela segunda-feira, embarcou num avião, acompanhado de dois policiais federais, para Londres, onde autoridades irlandesas já o esperavam.

A sentença de 2014 do tribunal de apelação revela a gravidade e as consequências dos atos imputados a Kennedy: "Com uma exceção, todos os queixosos eram meninos em idade escolar e alguns eram seus parentes. Em outros casos, o seu contato com eles foi através da família da vítima na sua função de sacerdote e exercendo o ministério em várias paróquias por todo o país", anotou o magistrado irlandês George Birmingham.

"O tribunal teve perante si uma série de relatórios de impacto das vítimas", dizia outro trecho da sentença. "Esses relatórios mostraram que alguns dos que sofreram abusos em sua adolescência continuaram a experimentar o efeito desse abuso agora, muitos anos depois, numa época em que eles estavam na meia-idade e acima da meia-idade. Em alguns casos, os efeitos se manifestaram em dificuldades na criação de filhos e em criar laços com os próprios filhos; em outros casos, dificuldades em estabelecer relacionamentos, e assim por diante".

Peter Kennedy foi à Corte de Apelação na tentativa de reduzir a pena de

10 anos que lhe fora imputada em 2011. Porém, quase saiu do recurso com a pena aumentada: a sentença de Birmingham cita críticas à punição imposta pelo juiz original da causa, que condenara o padre em apenas um dos casos.

Segundo o "The Irish Independent", houve palmas na galeria do público quando a decisão foi proferida, e um homem disse: "Espero que você apodreça".

Casos de Boston

Se há no mundo um epicentro do terremoto causado por abusos sexuais de padres a menores, ele fica em Boston, Massachusetts. Fundada em 1630 por puritanos ingleses, a cidade concentrou boa parte da imigração para o Novo Mundo na Revolução Americana e no movimento abolicionista, na Guerra de Secessão. Por trás da transformação de uma cidade povoada por protestantes na meca do catolicismo americano, está a imigração irlandesa e portuguesa.

A Diocese de Boston foi erguida em 1808 pelo papa Pio VII. Entre os anos 20 do século XIX e o início do século XX, sucessivas levas de imigrantes irlandeses desembarcaram no porto da cidade, empurradas para a América pelos ventos da Grande Fome da Irlanda e em busca do sonho de uma vida melhor. Traziam, além da vontade de "fazer a América", uma tradição católica fortemente estabelecida em sua cultura. Cerca de 80% dos irlandeses se declaram católicos, religião que predomina no país desde o século V.

A imigração de portugueses — outro povo profundamente ligado ao catolicismo — começou pouco mais tarde, com o recrutamento de pescadores dos Açores por baleeiros de Massachusetts. Por volta de 1880, açorianos começaram a se estabelecer em Boston, e seu pico se deu em torno de 1910. Em 1957, uma gigantesca erupção vulcânica na Ilha do Faial, nos Açores, causou uma crise humanitária no arquipélago e gerou novo movimento migratório, desta vez patrocinado pelo Azorean Refugee Act (Lei dos

Refugiados dos Açores) proposto pelo então senador — católico de origem irlandesa — e futuro presidente John F. Kennedy.

Em 1875, Boston foi elevada à categoria de arquidiocese. De lá para cá, numa notável tendência à estabilidade, teve apenas seis arcebispos. Quem menos tempo ficou no cargo foi o luso-americano Humberto Sousa Medeiros, nascido nos Açores: 13 anos, entre 1970 e 1983. O primeiro cardeal a assumir o posto, William Henry O'Connell, permaneceu 37 anos, até 1944. Dos seis, um renunciou: Bernard Francis Law, envolvido no escândalo de pedofilia desvendado pela equipe Spotlight do jornal "The Boston Globe", em 2002.

A exemplo do cardeal Humberto Medeiros, Michael Rezendes descende de açorianos. Parte da sua família, inclusive, viveu em São Paulo. Rezendes nasceu em Bangor, no Maine, e integrou o time Spotlight que investigou o mais rumoroso escândalo de pedofilia na Igreja Católica. Publicado a partir de 6 de janeiro de 2002, o caso trouxe à tona abusos cometidos por padres não apenas em Boston, mas em outras dioceses dos Estados Unidos e em diferentes países. A série de reportagens foi premiada, em 2003, com o Pulitzer, o mais importante reconhecimento do jornalismo norte-americano e um dos principais do mundo.

A história da investigação jornalística foi parar no cinema: "Spotlight", de Tom McCarthy, ganhou o Oscar de melhor filme e roteiro em 2016. No longa, Mike Rezendes é interpretado por Mark Ruffalo. É de Rezendes o texto da primeira reportagem do "Globe" que escancarou três décadas de complacência e acobertamento por autoridades da Arquidiocese de Boston de crimes cometidos contra crianças e adolescentes por clérigos — com destaque para o padre John Joseph Geoghan. Há mais de 130 casos de menores abusados por John Geoghan em meia dúzia de paróquias da Grande Boston, desde 1990, quase sempre meninos do ensino fundamental; um deles com apenas 4 anos.

A história de Geoghan vai além do relato de estupros de um padre contra filhos de famílias católicas numa cidade predominantemente católica: revela como a Igreja em Boston agia para proteger o predador, transferindo-o de uma paróquia a outra e varrendo para baixo do tapete as denúncias de abuso.

John Geoghan nasceu em 1935 numa família irlandesa católica. Foi ordenado padre em 1962 e molestou crianças já na primeira paróquia em que atuou, a do Santíssimo Sacramento em Saugus, na Região Metropolitana de Boston. O próprio sacerdote admitiu isso em 1995: em documentos da Igreja obtidos pelo "Globe", Geoghan contou ter abusado de quatro meninos de uma mesma família.

A reportagem do Spotlight mostra a sequência de denúncias contra Geoghan aos superiores do padre. Já em 1982, a tia de sete crianças de uma mesma família, todas vítimas de abusos do clérigo, dizia em carta ao cardeal Medeiros ter vergonha da negligência da Igreja em relação ao sacerdote. "Independentemente do que ele diga, ou do médico que o tratou, não creio que ele esteja curado; suas ações sugerem fortemente que ele não está, e não há garantia de que pessoas com essas obsessões sejam curadas".

Os casos não se restringiam a Geoghan. Uma das matérias do "Globe", publicada em 31 de janeiro de 2002, mostrou que durante dez anos, de maneira discreta, a Arquidiocese de Boston negociou acordos financeiros extrajudiciais por abusos cometidos por 70 padres. Na época em que a série foi publicada, John Geoghan já não era mais padre. Após se aposentar em 1993, com 58 anos, ele foi laicizado em 1998 e, em fevereiro de 2002, condenado por apertar as nádegas de um menino de 10 anos, na piscina de um clube. Em setembro daquele ano, a arquidiocese fechou um acordo de US$ 10 milhões com 86 vítimas do padre.

John Geoghan morreu assassinado em 23 de agosto de 2003 no Centro Correcional de Segurança Máxima Souza-Baranowski, em Lancaster, Massachusetts, onde cumpria pena de 10 anos. Ele foi estrangulado por Joseph Druce, condenado à prisão perpétua pela morte de um homem que o teria molestado.

✳ ✳ ✳

Atualmente repórter na agência de notícias Associated Press (AP) e morando em Nova York, Mike Rezendes conta que a pedofilia na Igreja em Boston ia muito além de Geoghan ou do cardeal Bernard Francis Law.

— Provavelmente, todos os antecessores de Law, todos os bispos superiores, sabiam quem eram os padres perigosos — diz. — Eles tinham a prática de mover esses padres de paróquia em paróquia sempre que uma reclamação chegava.

O jornalista, que integrou por mais de uma década a equipe do Spotlight, explica que, em parte, o acobertamento dos casos deve-se à influência da Igreja na região:

— Boston é a cidade mais católica dos Estados Unidos. Pelo menos era, naquela época, e assim toda a estrutura de poder do *establishment* era dominada pela Igreja.

Um personagem fundamental na revelação dos casos foi Mitchell Garabedian. Nascido em 1951, filho de armênios, e advogado desde 1979, ele é interpretado no filme pelo ator Stanley Tucci. O site na internet Law Offices of Mitchell Garabedian parece ter sido construído há dez ou 15 anos, e deixado do mesmo jeito desde então. O cabeçalho traz um número de telefone e a convocação: "Você é sobrevivente de abuso sexual? Ligue para uma consulta GRATUITA".

O visual antiquado e um tanto confuso do site esconde a força da principal banca de advocacia americana, talvez mundial, a lidar com casos de vítimas de abusos por padres. Sua lista de clientes já ultrapassou os três mil, espalhados por 14 países. O rol de clérigos envolvidos com pedofilia nos processos em que litigou ou ainda está atuando é intimidador: 361 padres, monsenhores, frades, diáconos e bispos.

Os acordos de indenização firmados por Garabedian também são superlativos, ultrapassam a casa dos milhões de dólares. Foi ele quem conseguiu US$ 10 milhões para as vítimas de Geoghan em 2002. No ano seguinte, num novo acordo, envolvendo outros advogados, a Arquidiocese de Boston pagou US$ 85 milhões a centenas de vítimas; Garabedian representou 120 pessoas abusadas por mais de 40 padres.

Quando Rezendes bateu à porta do escritório de Garabedian, o advogado já lidava com vítimas de abuso sexual por padres havia quase uma década.

— A Igreja Católica, acima de tudo, está interessada em fazer dinheiro — diz Garabedian, por telefone, de seu escritório em Boston. — Então, continuamente manteve em segredo a crise de abuso sexual pelo clero, porque revelar essa crise seria ruim para os negócios. A Igreja está mais preocupada com o dinheiro do que com a saúde, segurança e bem-estar de crianças inocentes abusadas por padres.

Em junho de 2022, calcula Garabedian, seu escritório atendia a cerca de 500 clientes.

— Continuam aparecendo mais vítimas, especialmente do fim dos anos 90 e início dos anos 2000. Estão envelhecendo e chegando à idade em que podem denunciar os abusos por padres pedófilos — conta o advogado, que detalha o perfil das vítimas: — São garotos ou garotas precisando de orientação porque o pai deixou a família, é alcoólatra ou trabalha em dois empregos por semana, e a mãe acha bom o filho fazer parte da Igreja Católica e ter orientação de um padre. Eles chegam ao escritório dizendo: "você é a primeira pessoa para quem contei *(sobre o abuso)*" ou "finalmente achei alguém que acredita em mim".

Garabedian diz que as indenizações são uma confirmação à sociedade de que a vítima efetivamente sofreu o abuso, mais até do que a compensação financeira propriamente.

— Fornecem validação para que as vítimas não precisem mais se sentir culpadas pelo abuso sexual, mostram que não fizeram nada de errado e que o abuso foi culpa do padre pedófilo, de seus supervisores e da Igreja Católica — afirma. — Não houve uma única vítima representada por mim que não daria todo o dinheiro do mundo para não ter sido abusada.

Numa palestra de 2019 na Oxford Union Society — um espaço para debates fundado em 1823 na cidade inglesa —, denominada "A Igreja Católica nunca pode pagar por seus pecados", Mitchell Garabedian falou da pressão sofrida por revirar crimes envolvendo gente do clero: "Em Boston, eles tentaram me enterrar. Tentaram me enterrar financeiramente, enterrar minha reputação, tirar minha licença *(de advogado)*".

Ele ressalta que, mesmo hoje, após a ampla divulgação dos casos, a pressão não cessou:

— Isso acontece o tempo todo, em todos os lugares. A Igreja Católica é um empreendimento criminoso, que tenta esconder a verdade por qualquer meio ou maneira.

Mike Rezendes confirma a fala do advogado:

— Garabedian estava fazendo esses casos sem remuneração. A menos que ele ganhasse, o que era um tiro no escuro. A Igreja apresentou sucessivas queixas contra ele no Conselho de Supervisores de Advogados, que licencia advogados a trabalhar no estado de Massachusetts. A Igreja estava tentando privá-lo de ganhar a vida — diz o jornalista. — Ele tinha a estratégia de processar o cardeal Bernard Law e vários bispos como indivíduos. Ele não processou a Igreja Católica, processou os indivíduos, supervisores do padre John Geoghan. Garabedian era paranoico, mas havia uma razão para sua paranoia. Costumávamos ter um ditado na América nos anos 60: "Só porque você é paranoico não significa que eles não estão lá fora para te pegar".

O jornalista conta que o "Boston Globe" também sofreu pressões quando começou a entrevistar vítimas:

— A Arquidiocese de Boston ameaçou processar o "Globe". Mas, honestamente, não levamos a ameaça muito a sério. Reunimos um material consistente e poderíamos pagar advogados, o "Boston Globe" tinha recursos para isso.

Rezendes também destaca a importância do então editor-chefe do "Globe", Martin Baron, que comandou o jornal de 2001 a 2012, na produção da reportagem:

— O jornal não era mais dominado por pessoas que se sentiam amigáveis com a Igreja Católica, e isso é um crédito para Marty Baron, novo editor na época, que veio de fora de Massachusetts e é judeu. Essas coisas fizeram uma grande diferença.

Segundo Mike Rezendes, a maior dificuldade dele e dos colegas do Spotlight ao longo da investigação foi furar a rede de proteção e acumpliciamento montada pela Igreja.

— Como você acha a verdade? Como você entra? Como obter documentação dos fatos para não ter que confiar no que as pessoas estão dizendo a você, o que pode ou não ser verdade? — questiona, revelando uma das estratégias para se aproximar das vítimas: — Elas viviam em bairros operários em Boston. Como eu fui taxista antes de ser jornalista, conhecia bem a cidade e morei em vários bairros de Boston. Então, desenvolvi uma técnica: perguntava à pessoa onde ela vivia e tentava fazer uma conexão. Coisas como "você conhece a loja de bebidas tal ou você mora perto do supermercado na Hyde Park Ave?". Eu sabia onde ela morava, conhecia sua vizinhança. Acho que funcionou para quebrar o gelo, para ela se sentir mais confortável em falar comigo.

Rezendes construiu uma relação de confiança com as vítimas e suas famílias:

— Eu avançava muito devagar. Falava com a mesma vítima muitas vezes. E assim, depois de me encontrar com elas, às vezes com a mãe ou irmãos, entendiam que eu estava tratando do assunto com seriedade.

Rezendes prefere não destacar uma história em especial das inúmeras que ouviu. Diz, porém, que uma das mais tocantes foi a de Patrick McSorley, vítima de John Geoghan. No filme "Spotlight", numa das cenas mais tristes, o jornalista aparece entrevistando Patrick já adulto, interpretado por Jimmy LeBlanc, no escritório de Mitchell Garabedian.

— Tudo o que aconteceu é praticamente como você vê no filme. Nós começamos a entrevista e eu não ia usar o nome dele, e terminamos a entrevista com ele querendo que eu usasse o seu nome. E Mitch Garabedian diz que ele é um dos sortudos, porque estava vivo — conta Rezendes. — Hoje, Patrick McSorley está morto. Provavelmente por uma overdose, acidental ou intencional, nunca saberemos. Mas definitivamente, na minha opinião, consequência do abuso ultrajante cometido contra ele pelo padre John Geoghan.

Um tipo de situação se destaca em suas lembranças da investigação jornalística:

— Algumas das histórias mais tristes foram as de pais de crianças abusadas que não acreditavam nos próprios filhos; pais tão dedicados e leais à Igreja que eram incapazes de acreditar que um padre poderia abusar de uma criança. Isso era muito prejudicial para meninas e meninos abusados, uma dupla violação de confiança.

A exemplo de casos no Brasil, em Boston havia um padrão seguido pelos abusadores.

— As vítimas, em sua maioria, eram crianças de bairros da classe trabalhadora ou bairros pobres, com mães solteiras. Com um monte de crianças sendo criadas por uma mãe solteira, muito atormentada, ela ficava grata não só pela ajuda, mas pela atenção de um padre católico — diz.

Rezendes é enfaticamente contrário ao segredo imposto aos processos judiciais de abuso sexual por padres católicos, padrão tanto nos Estados Unidos quanto no Brasil, quando envolve menores:

— Isso protege o agressor e a Igreja Católica. Honestamente, não há qualquer razão para pôr segredo em tudo. A única razão pela qual alguém confia no sistema judicial é por ser um processo aberto, e o exercício de descobrir se alguém é culpado ou inocente é conduzido em público. O segredo é inimigo da justiça.

O jornalista se mostra reticente diante das mudanças propostas pelo papa Francisco.

— A única mudança que vejo é a de consciência. Há consciência do problema. Não vejo, no entanto, muita coisa que tenha sido feita institucionalmente. Para prevenir, acho que a conscientização é muito importante — diz.

Mitchell Garabedian também é cético:

— É apenas uma cortina de fumaça. A Igreja Católica não mudou seu comportamento em relação às crianças abusadas sexualmente, à permissão ou ao acobertamento. E não vai mudar seus caminhos. É um empreendimento criminoso extremamente poderoso e influente, que existe há séculos e que continuará existindo por mais séculos. O que mudou é que o público agora está vendo isso na mídia e está ciente de que não pode confiar nos padres tanto quanto pensava quia no passado. Se uma vítima for abusada, ela deve ir diretamente à polícia.

O advogado não tem clientes no Brasil. Ele faz uma análise sobre as razões de o número de casos não ser tão grande no país.

— As leis no Brasil são fracas e inadequadas, e a Igreja Católica tem um controle poderoso sobre políticos e aqueles que influenciam as leis. Com isso, os casos não vêm à tona. É preciso uma mudança cultural para que a justiça seja feita — diz Garabedian, cuja opinião sobre padres envolvidos em abusos é implacável: — Se você tirar-lhes as batinas, verá que são armadilhas e que não passam de um bando de criminosos. Não só os padres pedófilos, mas seus supervisores também.

PARTE 3
INDIGNAÇÃO E SOLIDARIEDADE

Vos Estis Lux Mundi

A segunda-feira 7 de julho de 2014 começou como uma manhã normal de verão no Vaticano. Tempo bom, céu sem nuvens, temperatura alta. Como fazia quase sempre, às 7h, o papa Francisco iniciou a missa matinal na Capela do Espírito Santo, na Casa Santa Marta. Desde março do ano anterior, quando fora eleito para substituir Bento XVI, o argentino Jorge Mario Bergoglio decidira não ocupar os apartamentos papais, no Palácio Apostólico — um imenso conjunto de prédios à esquerda da Basílica de São Pedro. Preferiu acomodação mais simples na Domus Sanctae Marthae, espécie de hotel para cardeais nos conclaves e outros membros do clero em visita ao Vaticano, construída em 1996 por ordem do papa João Paulo II.

Como era Tempo Comum, o período entre Pentecostes e o início do Advento, o papa vestia a casula verde, cor da esperança na vida eterna. Aquela missa, no entanto, nada teria de comum. Ali, pela primeira vez, Francisco abordou o que se tornaria um tema fundamental do seu papado: o combate ao abuso sexual de crianças e adolescentes por membros do clero. Diferentemente das homilias e pronunciamentos habituais, feitos em italiano, Francisco optou por usar sua língua natal, o espanhol, para se dirigir a seis vítimas — três mulheres e três homens — vindas da Alemanha, Inglaterra e Irlanda.

Francisco falou da reparação da Igreja por "filhos e filhas que traíram a sua missão, que abusaram de pessoas inocentes com os seus desvarios". Num discurso duríssimo, sem adereços estilísticos ou eufemismos, expôs sentimentos de angústia e pesar "pelo fato de alguns padres e bispos terem violado a inocência de menores — e a sua própria vocação sacerdotal — abusando deles sexualmente". Não baixou o tom em momento algum: "Trata-se de algo mais que atos ignóbeis; é uma espécie de culto sacrílego, porque estes meninos e meninas tinham sido confiados ao carisma sacerdotal para os conduzir a Deus e eles sacrificaram-nos ao ídolo da sua concupiscência. Profanaram a imagem de Deus, pois foi à imagem d'Ele que fomos criados".

Francisco lamentou pelos que não suportaram a violência e puseram fim à própria vida e exaltou a coragem dos que expuseram seu passado e denunciaram os abusadores. "Não há lugar no ministério da Igreja para aqueles que cometem abusos sexuais; e comprometo-me a não tolerar o dano infligido a um menor por quem quer que seja, independentemente do seu estado clerical".

Menos de quatro meses antes, em 22 de março de 2014, Francisco criara a Pontifícia Comissão para a Tutela dos Menores, a Tutela Minorum, um órgão encarregado de propor iniciativas e envolver as paróquias na proteção de menores e adultos vulneráveis. A comissão, porém, só ganharia um estatuto disciplinando seu funcionamento em 21 de abril do ano seguinte. Em março de 2022, a constituição apostólica Praedicate Evangelium incluiu a comissão na estrutura da Cúria Romana — o ministério que ajuda o pontífice a conduzir a Igreja.

O mais duro discurso do papa contra a pedofilia na Igreja, no entanto, seria feito no Natal de 2018. Em 21 de dezembro, Francisco se reuniu com os membros da Cúria na Sala Clementina, decorada com belos afrescos renascentistas e usada para audiências especiais. Os religiosos, alguns com expressão de incômodo, ouviram o papa falar durante 20 minutos.

Francisco atacou diretamente os clérigos envolvidos em abusos: "Hoje, também existem tantos 'ungidos do Senhor', homens consagrados, que abusam dos fracos, valendo-se do seu poder moral e de persuasão. Cometem abomínios e continuam a exercer o seu ministério como se nada tivesse acontecido; não temem a Deus nem o seu juízo, mas apenas serem descobertos e desmascarados. Ministros que dilaceram o corpo da Igreja, causando escândalos e desacreditando a missão salvífica da Igreja e os sacrifícios de muitos dos seus irmãos".

O papa prosseguiu: "Também hoje, amados irmãos e irmãs, tantos 'davides' *(referência a David, que acreditava poder tudo após se tornar rei)* entram, sem pestanejar, na rede de corrupção, atraiçoam Deus, os seus mandamentos, a própria vocação, a Igreja, o povo de Deus e a confiança dos pequeninos e dos seus familiares. Muitas vezes, por detrás daquela sua desmedida gentileza, impecável atividade e angélica fisionomia, despudoradamente esconde-se um lobo atroz, pronto a devorar as almas inocentes".

O sumo pontífice fez um alerta: "Fique claro que a Igreja, perante estes abomínios, não poupará esforços, fazendo tudo o que for necessário para entregar à Justiça toda pessoa que tenha cometido tais delitos. A Igreja não procurará jamais dissimular ou subestimar qualquer um destes casos", afirmou, enfatizando que essa "é a opção e a decisão de toda a Igreja".

Em sua fala, Francisco rebateu os integrantes da própria Igreja que criticam a imprensa por trazer à tona casos de abuso. "Ao falar deste flagelo, alguns — dentro da Igreja — arremetem contra certos operadores da comunicação, acusando-os de ignorar que a maioria absoluta dos casos de abusos não é cometida pelos clérigos da Igreja — as estatísticas apontam para mais de 95% — e acusando-os de querer intencionalmente dar uma imagem falsa, como se este mal tivesse atingido apenas a Igreja Católica. Eu, pelo contrário, gostaria de agradecer sinceramente aos operadores dos *mass media* que foram honestos e objetivos e que procuraram desmascarar estes lobos e dar voz às vítimas. Mesmo que se tratasse de um único caso de abuso — que *de per si* já constitui uma monstruosidade —, a Igreja pede que não seja silenciado, mas o traga objetivamente à luz, porque o maior escândalo nesta matéria é o de encobrir a verdade".

O papa encerrou o discurso com uma admoestação, quase uma ameaça: "E a quantos abusam dos menores, gostaria de dizer: convertei-vos, entregai-vos à justiça humana e preparai-vos para a justiça divina".

A cruzada do papado de Francisco contra o abuso de crianças e adolescentes contrasta com a pouca atenção — em alguns casos, leniência — em pontificados anteriores. Em janeiro de 2022, foi divulgado um relatório do escritório de advocacia alemão Westfahl Spilker Wastl sobre crimes sexuais contra crianças cometidos no âmbito da Arquidiocese de Munique.

Segundo o levantamento, 497 crianças foram abusadas por padres, diáconos e funcionários de escolas católicas entre 1945 e 2019. O papa emérito Bento XVI, então cardeal Joseph Ratzinger, foi arcebispo de Munique entre 1977 e 1982. De acordo com o relatório, alertado sobre os abusos, teria se omitido. Em 24 de janeiro de 2022, Bento XVI admitiu numa carta ter participado de uma reunião, em 1980, sobre o caso do padre Peter Hullermann, acusado de molestar menores. Ratzinger afirmou, porém, que não se discutiu a transferência do sacerdote (Hullermann era de outra diocese e foi enviado a Munique para terapia): a reunião tratara apenas do seu pedido de acomodação durante o tratamento. O padre Hullermann só foi forçado a se aposentar em 2010.

Em 8 de fevereiro de 2022, o papa emérito divulgou uma carta pedindo perdão pelos "abusos e os erros" cometidos pelo clero. "Mais uma vez, posso apenas expressar a todas as vítimas de abusos sexuais a minha profunda vergonha, a minha grande dor e o meu sincero pedido de perdão", escreveu Bento XVI aos 94 anos. "Em breve, me encontrarei perante o último juiz da minha vida". Joseph Ratzinger morreu em 31 de dezembro de 2022, menos de um ano após divulgar a carta.

* * *

Entre a missa com as vítimas, em 2014, e junho de 2022, o papa Francisco emitiu 15 documentos sobre o abuso sexual de menores. Nenhum pontífice enfrentou a questão com tanta intensidade e senso de urgência. O principal desses documentos é o *motu proprio* "Vos estis lux mundi" ("Vós sois a luz do mundo" em latim). O *motu proprio* ("iniciativa própria") é um decreto emitido pelo papa, a partir de uma decisão pessoal, sem consulta prévia aos cardeais. A decisão tem força de lei na Igreja.

O "Vos estis lux mundi" foi promulgado em 9 de maio de 2019. O nome é uma referência a um trecho do Evangelho de Mateus, no Sermão da Montanha: "Vós sois a luz do mundo; não se pode esconder uma cidade edificada sobre um monte". No preâmbulo do decreto, Francisco destaca: "Os crimes de abuso sexual ofendem Nosso Senhor, causam danos físicos, psicológicos e espirituais às vítimas e lesam a comunidade dos fiéis. Para que tais fenômenos, em todas as suas formas, não aconteçam mais, é necessária uma conversão contínua e profunda dos corações, atestada por ações concretas e eficazes que envolvam todos na Igreja".

As normas do *motu proprio* de Francisco disciplinaram ações a membros do clero que atentarem contra o sexto mandamento do Decálogo: "Guardar castidade nas palavras e nas obras". O decreto também modificou parâmetros anteriores, como o conceito da idade limite para alguém ser considerado "menor", que subiu de 16 para 18 anos, estabeleceu prazo de 90 dias para a investigação dos casos de abuso sexual e definiu como enquadrá-los na principal lei da Igreja Católica, o Código de Direito Canônico — várias vezes citado na sigla em latim, CIC, de *Codex Iuris Canonici*. O "Vos estis" também incluiu na lista de vítimas a serem protegidas o que define como pessoa vulnerável: "Toda pessoa em estado de enfermidade, deficiência física ou psíquica, ou de privação da liberdade pessoal, que, de fato, mesmo ocasionalmente, limite a sua capacidade de entender ou querer ou, em todo o caso, de resistir à ofensa".

Na sua versão em português, o Código de Direito Canônico é um tijolo de 840 páginas. A edição em vigor é a de 1983, promulgada por João Paulo II. Em 1.752 cânones — fora a legislação complementar e os apêndices — estão disciplinados o funcionamento da Igreja e as normas de comportamento de membros do clero e dos católicos em geral. É apenas no sexto de seus sete livros, a partir do cânone 1.364, que o código se refere às penas aos delitos dentro da Igreja. No cânone 1.395, em seu parágrafo segundo, aborda a prática sexual, mediante violência ou ameaça, contra menores de 16 anos (idade elevada por Francisco para 18). O texto estabelece que o clérigo "seja punido com penas justas, sem excluir, se o caso o requerer, a demissão do estado clerical". Ou seja, o infrator, de acordo com esse trecho do código, pode permanecer na Igreja.

Em 6 de dezembro de 2019, o papa Francisco fez novas mudanças: retirou o segredo pontifício em torno das denúncias e da investigação dos casos. Com isso, autoridades civis passam a ter acesso a documentos de inquéritos canônicos nas dioceses. Mesmo com todas as alterações e avanços, uma questão central não foi tocada: bispos e demais autoridades da hierarquia eclesiástica continuam desobrigados de informar à polícia sobre estupros ou outros crimes sexuais cometidos por padres.

Em 16 de julho de 2020, numa tentativa de tornar mais claros os procedimentos para a investigação e o julgamento dentro da Igreja, a Congregação para a Doutrina da Fé — órgão do Vaticano que já foi chamado de Santo

Ofício ou Suprema e Sacra Congregação da Inquisição Universal e é a mais antiga das congregações da Santa Sé — divulgou um *vade mecum*, manual com perguntas e respostas para a atuação dos clérigos que conduzem investigações de abuso.

Quase um ano depois, em junho de 2021, houve uma nova mudança. Francisco editou a constituição apostólica Pascite Gregem Dei ("Apascentai o rebanho de Deus", em latim), reformando o Livro VI do Código de Direito Canônico sobre as sanções penais na Igreja. Foram alteradas as abordagens sobre crimes financeiros e pedofilia. Abusos sexuais mudaram do capítulo "Crimes contra obrigações especiais dos clérigos" para o de "Crimes contra a vida, a dignidade e a liberdade humana". A reforma incluiu nos crimes de abuso membros de institutos de vida consagrada (ordens religiosas e ordens formadas por leigos, pessoas que não foram ordenadas padres ou freiras) e outros fiéis, e não apenas clérigos.

O próprio Francisco reconheceu que os esforços da Igreja até aqui foram insuficientes. Em abril de 2023, o papa anunciou que os novos bispos formados no mundo todo passariam a receber sessões de capacitação para reforçar a luta contra a pedofilia. Presidente da Pontifícia Comissão para a Tutela dos Menores, o cardeal norte-americano Seán Patrick O'Malley explicou que seria desenvolvido um programa para atender às vítimas de abusos. "Se contássemos no passado com as informações que temos agora sobre como compreender esse problema, a história da Igreja teria sido diferente. Estamos tentando contar também com a experiência de uma vítima para que os novos bispos possam ouvir em primeira mão o testemunho dramático e os efeitos que esse terrível crime tem sobre suas vidas", disse o cardeal, em entrevista ao site Vatican News.

Rede mundial de sobreviventes de abusos

Cidade pequena, família pobre, uso do dinheiro para conquistar a confiança, imposição da autoridade de sacerdote e da influência da Igreja para calar a vítima ou encobrir o abuso, silêncio cúmplice da comunidade católica local, que se coloca do lado do abusador. As características comuns aos casos de abuso de menores por padres se repetem mundo afora.

— Dois fatos são únicos na cultura de abuso sexual na Igreja. O primeiro é que padres e outros clérigos (freiras, irmãos, monges) têm um tremendo poder, autoridade, prestígio e posição. Isso é promovido com o clericalismo, a tese de que o clero está mais próximo de Deus. Usa-se isso para obter acesso aos vulneráveis. São táticas de preparação para se aproximar tanto da vítima quanto de sua família e construir confiança — explica o americano Tim Lennon, presidente da SNAP (Survivors Network of Those Abused by Priests, em português Rede de Sobreviventes dos Abusados por Padres). — O segundo fato é que a Igreja pratica sigilo e encobrimento. Em vez de se reportar à sociedade civil (polícia, órgãos de proteção à criança, promotores etc.), ela simplesmente transfere o predador para outra paróquia.

A SNAP, sediada em Chicago, Illinois, é a maior rede mundial de apoio a vítimas de abuso por sacerdotes católicos. Fundada em 1988, reúne mais de 30 mil pessoas — o termo usado pela organização é "sobreviventes" — e está presente em oito países. Foram os relatos enviados à SNAP que deram a partida à investigação do time Spotlight, do "Boston Globe", sobre o padre John Geoghan. Apesar do tamanho da rede e de sua amplitude, a SNAP não tem representante na América do Sul.

Tim, de 74 anos, é ele próprio um sobrevivente. Sua história se assemelha a casos atuais, embora tenha ocorrido em 1959. Nascido e criado numa família de 12 irmãos numa área em que viviam descendentes de irlandeses, muito católicos, em Sioux City, Iowa, estudou por 12 anos em um colégio ligado à Igreja. Ele descreve em seu site pessoal, Stand Up, Speak Up, os ataques de que foi vítima: "O padre que me estuprou, o padre Murphy, era um visitante ocasional de minha casa. Ele também foi professor na minha escola primária e treinador da equipe de atletismo. Fui molestado várias vezes ao longo de meses, por volta de 1959-1960, quando tinha 12 anos. O estuprador me levava ao cinema ou a jogos amadores de softball, ou ao parque; o abuso sexual seria parte da atividade. Em duas ocasiões, ele me levou a dois outros padres para confessar meus pecados! Eles não denunciaram à polícia e, se denunciaram ao bispo, nada aconteceu como resultado".

Tim só se livrou do trauma em 1995, quando morava em São Francisco, Califórnia. Fez terapia para lidar com as lembranças e iniciou um trabalho de suporte a vítimas de abusos. Desde 2010, participa ativamente dos grupos da SNAP e em 2018 tornou-se presidente da instituição; é pai de gêmeas, Fiona e Maya.

Apesar das semelhanças entre os casos de abuso, Tim Lennon afirma não haver um "perfil padrão" de vítima:

— Em geral, os predadores procuram vulneráveis. É importante lembrar que os predadores gravitam em torno das profissões onde têm acesso aos vulneráveis. Portanto, vemos muitos predadores padres, ministros, médicos, treinadores esportivos... Crianças de 2 anos e adultos mais velhos são abusados. Meninos e meninas, homens e mulheres.

Há, porém, segundo ele, uma forte conexão entre pobreza e abuso de menores por padres:

— Os pobres têm menos educação, menos opções, menos energia e menos conexões para reportar ataques às autoridades policiais ou à mídia.

Tim não tem uma resposta para a Igreja encobrir, por tanto tempo, abusos cometidos por membros do clero:

— Pergunte à Igreja por que eles encobrem! Estou falando sério. Eles precisam responder isso. No meu ponto de vista, a hierarquia da Igreja deseja manter o abuso sexual sistemático, histórico e generalizado escondido de seus paroquianos. Eles querem dar a aparência de autoridade e santidade. Eles precisam da aquiescência das ovelhas.

Tim Lennon usa o próprio caso como exemplo:

— O predador que me estuprou foi designado para minha paróquia e escola primária depois de ser pego *(cometendo abusos)* em três paróquias de outras cidades. O bispo sabia que ele era um molestador de crianças. No entanto, ele foi enviado para minha escola. Quando fui a público, descobri que 15 de meus colegas de classe também foram abusados por esse mesmo predador. Era uma prática comum na hierarquia da Igreja esconder dos paroquianos. Meu estupro poderia ter sido evitado.

Com base nos dados acumulados ao longo dos 35 anos de atuação da SNAP e dos estudos de especialistas no assunto, como Richard Sipe — um ex-monge beneditino americano, morto em 2018, que se dedicou ao tema por quatro décadas —, Tim estima que os religiosos envolvidos em abusos correspondam a 10% do clero. Usando os dados do número de clérigos no Brasil, cerca de 27 mil, isso representaria 2.700 padres. A quantidade de vítimas por abusador, explica ele, varia de dez a cem.

Tim Lennon diz que, apesar do histórico de abusos na Igreja e do silêncio das vítimas — por vergonha ou medo da represália por parte da comunidade católica —, a situação está mudando.

— Dez anos atrás, os paroquianos faziam fila para defender padres predadores. Foram necessárias muitas vítimas e prisões antes que o apoio evaporasse. Agora, vemos as comunidades católicas vindo à SNAP em busca de informações. Após o relatório do *grand jury* da Pensilvânia, em agosto de 2018 *(a investigação que expôs 300 membros do clero católico no estado americano)*, todos viram que o que acontecia naquele lugar se repetia nas demais paróquias e dioceses da América. O mundo mudou. Como resultado, as dioceses foram obrigadas a divulgar os nomes de clérigos predadores. As listas ainda são limitadas, com informações mínimas. Mas foram obrigadas a fazer isso — diz ele. — As vítimas de abuso sexual já se sentiram envergonhadas ou sofreram rejeição. A vergonha permanece. Mas os tempos mudaram. As vítimas resolveram revidar. Acredito que a SNAP tenha sido líder nessa resposta.

Apesar do empenho do papa Francisco em reforçar o combate ao abuso dentro do clero — cujo principal marco é o decreto "Vos estis lux mundi", que endurece as regras contra a pedofilia na Igreja —, Tim é cético em relação ao efeito das ações na Santa Sé:

— O "Vos estis" do papa é uma farsa. Codificou o modelo metropolitano de denúncia de abuso sexual, em que as acusações vão para o metropolita *(o arcebispo ou o regional, responsável por um conjunto de dioceses)*. Um bispo se reportando a outro bispo. Mas, mesmo aqui nos Estados Unidos, todos os relatórios são mantidos dentro do aparato da Igreja, sem obrigar os bispos a reportarem à polícia. É uma farsa para enganar os paroquianos crédulos.

Banco de dados internacional

No filme "Spotlight", uma cena mostra o início da investigação do "Boston Globe". Phil Saviano, que em 2001 estava à frente da SNAP, leva aos jornalistas informações sobre abuso de crianças cometido por padres — e relata ter sido ele mesmo vítima de violência sexual por clérigos, aos 11 anos. Saviano, interpretado pelo ator Neal Huff, vai puxando de uma caixa livros e documentos, enquanto afirma que os casos não se restringiam a Boston e tinham o acobertamento da hierarquia da Igreja. Os repórteres observam, um tanto descrentes, aquela enxurrada de informações que se revelariam verdadeiras. Os abusos envolvendo padres católicos em Boston e outras cidades americanas ganharam visibilidade, em grande parte, devido ao trabalho do ativista.

Phil Saviano morreu em Douglas, Massachusetts, em 28 de novembro de 2021, aos 69 anos, de câncer na vesícula. Ele integrou, por muitos anos, o conselho diretor da BishopAccountability.org, instituição sem fins lucrativos que funciona como um banco de dados na internet sobre abusos sexuais a menores cometidos por membros da Igreja Católica.

Fundada em 2003, a BishopAccountability.org é sediada em Waltham, cidade da região metropolitana de Boston. Sua codiretora é Anne Barrett Doyle, uma das poucas mulheres a atuar contra os padres molestadores de crianças. Nascida em Boston, ex-aluna de Harvard, criada numa família irlandesa católica, Anne tem 64 anos e é mãe de quatro filhos. A fala mansa e os doces olhos azuis disfarçam uma disposição de ferro no combate à pedofilia no clero. Uma missão que começou na manhã do domingo, 6 de janeiro de 2002, quando o "Globe" publicou a primeira reportagem do Spotlight sobre o caso John Geoghan. Em lugar de ir à missa na Paróquia Santa Inês, Anne e o marido, Bill Doyle, puseram as crianças no carro e foram a um protesto em frente ao escritório do arcebispo da Arquidiocese de Boston.

Seria a primeira de dezenas de manifestações que Anne organizou ou das quais participou nos dois anos seguintes. Numa delas, conheceu Terry Mckiernan, um católico de Boston. Ele havia criado a BishopAccountability.org, mas em outros moldes e com o propósito de realizar manifestações que despertassem a atenção da sociedade para o tema.

— Não nos conhecíamos. Minha resposta *(aos abusos)* foi começar a organizar protestos na frente da Catedral de Boston, algo que eu nunca tinha feito antes. Minha esperança era a de que houvesse um verdadeiro maremoto. Um enorme movimento popular de todos os católicos em Boston, talvez liderado por políticos católicos famosos, como Ted Kennedy, nosso senador na época. Imaginei que haveria um levante espontâneo e que convenceríamos os líderes da Igreja a se reformarem e se arrependerem. Mas isso aconteceu de forma modesta, e o Terry percebeu que o impacto mais importante que poderíamos causar em longo prazo seria preservar os documentos secretos da Arquidiocese de Boston que estavam sendo divulgados — recorda-se Anne. — Nessa época, estávamos vendo isso ocorrer na Arquidiocese de Los Angeles, na Califórnia, e mesmo em pequenas dioceses, como a de Davenport, em Iowa. Terry, então, criou um site que preservasse essa informação permanentemente e a tornasse acessível ao público.

Navegar pelo BishopAccountability.org remete à biblioteca de "O nome da rosa", de Umberto Eco, tanto no sentido de quantidade e variedade do acervo quanto de estrutura labiríntica. Em fevereiro de 2021, o site começou a ser redesenhado. Em parte, porém, conservou o estilo da versão anterior, típico dos ambientes digitais do começo dos anos 2000, com links em pequenas letrinhas azuis sublinhadas, remetendo a outras páginas com mais links semelhantes, e a outras, e a outras.

Uma das seções, "Abuse tracker" (algo como "rastreador de abusos"), reúne mais de cem mil reportagens sobre pedofilia na Igreja. Há perfis, embasados por fontes documentais, de mais de sete mil religiosos — "cada bispo, padre, freira, frade e seminarista americano acusado de abuso sexual de crianças", frisa o texto da página. O BishopAccountability.org guarda ainda dezenas de milhares de páginas de arquivos secretos de dioceses, ordens religiosas e do próprio Vaticano, e inclui o testemunho juramentado de dezenas de vítimas de padres pedófilos.

Enquanto se passeia pela obra de Terry e Anne, o que impressiona não é a quantidade descomunal de documentos e informações recolhidos, mas o número de casos de abusos cometidos por padres.

— Nós nunca imaginamos que estaríamos ainda fazendo isso atualmente. Éramos um tanto ingênuos. Achávamos que haveria provavelmente uns cem mil documentos, no total, a serem coletados. Criaríamos um bom site e voltaríamos para o nosso trabalho normal, seguiríamos o nosso caminho — conta. — Não imaginava que o problema fosse literalmente universal. E que a questão não fosse apenas o abuso sexual por religiosos, mas o encobrimento.

No início, Anne chegou a duvidar das vítimas:

— Não acreditei nos sobreviventes quando eles diziam que o problema começava no Vaticano, que o encobrimento era na verdade engendrado pelo Vaticano. Achava isso bastante improvável, estava cética.

Apesar de acompanhar casos de abuso sexual por clérigos em diversos pontos do mundo — entre eles, países sul-americanos como Argentina e Chile —, o BishopAccountability.org é singularmente lacônico em relação ao Brasil. Anne Barrett Doyle explica que há uma lista inicial de 70 padres brasileiros ou ligados ao Brasil, elaborada em 2013, mas que o trabalho nunca foi concluído e tornado público. Devido ao tamanho da população e ao número de católicos brasileiros, ela crê que o número de abusos no Brasil não seja pequeno:

— Acredito que não há pressões para divulgação dos casos no Brasil. As vítimas provavelmente não têm as ferramentas legais de que necessitam; provavelmente não dispõem da capacidade de processar a Igreja e forçá-la a revelar os documentos postos em sigilo no curso do processo. Suponho que as leis, tanto criminais quanto civis, protejam os criminosos mais do que as vítimas.

A exemplo de outros ativistas, Anne tem dúvidas sobre os rumos da Igreja Católica:

— Não creio que a Igreja, voluntariamente, mudará de maneira significativa para acabar com o problema. Mas acho que haverá mudança. Ela será forçada a mudar devido às pressões externas.

Ceticismo

Em 2010, Bento XVI era o sumo pontífice e, apesar da sequência de escândalos, a discussão sobre os abusos sexuais por padres era discreta. Naquele ano, o jornalista italiano Federico Tulli lançou o livro "Chiesa e pedofilia — Non lasciate che i pargoli vadano a loro" (Igreja e pedofilia — Não deixe que os pequenos vão até eles). Nessa obra e na seguinte, "Chiesa e pedofilia — Il caso italiano" (Igreja e pedofilia — O caso italiano), de 2014, a descrição do abuso de menores por clérigos na Itália, à época, era similar à do Brasil. Tulli pinta o retrato de uma Igreja pouco preocupada com a repressão aos casos de violência sexual e resistente em denunciar os membros do clero às autoridades civis.

Mais de uma década depois do primeiro livro, o jornalista, que mora em Roma e é redator do semanário "Left", acredita que, ao menos no papel, muita coisa mudou.

— Novas normas foram emitidas para conter a propagação da pedofilia dentro da Igreja, tanto pelo papa Francisco quanto por seu predecessor — afirma ele, ressaltando, no entanto, que isso não impediu a reincidência de abusos: — Os novos casos atestam a existência de problemas profundamente enraizados e longe de serem resolvidos. Certamente, a abordagem de *(Jorge Mario)* Bergoglio é diferente da de *(Joseph)* Ratzinger, pelo menos do ponto de vista da mídia. O papa Francisco é famoso por suas proclamações de tolerância zero, que dão a ideia de uma vontade efetiva de não livrar o Vaticano de suas responsabilidades para com as vítimas.

Tulli diz que foi preciso esperar quase dez anos após o escândalo da Arquidiocese de Boston para que emergissem vítimas na Europa:

— Para o Vaticano, não era mais possível negar a violência e o direito à verdade e à justiça às crianças estupradas, e que a disseminação da pedofilia no clero era um problema histórico e global, intencionalmente escondido e nunca abordado. Finalmente, as vítimas sobreviventes do Velho Continente saíram das trevas, gritando de dor e clamando por justiça. Instadas pelas investigações veiculadas na mídia, pessoas comuns, inclusive muitos crentes, começaram a pressionar o Vaticano a esclarecer, obtendo em troca, sobretudo de Bento XVI e de sua Cúria, respostas vagas, confusas e falsas.

Para o jornalista italiano, a eleição de Jorge Mario Bergoglio não foi acidental.

— Desde o início, o papa Francisco declarou que queria continuar o trabalho de Bento XVI na solução dos problemas representados pela pedofilia — analisa. — Bergoglio mostrou que quer respeitar uma regra estrita em vigor no Vaticano e pilar de seu poder: seja qual for o problema, a preocupação é oferecer a melhor imagem da instituição. Um pontífice deve sempre ser defendido e sua aura de intocabilidade e infalibilidade, protegida.

Tulli critica o que vê como manobra da Santa Sé de atribuir aos clérigos a responsabilidade por não informar ao Vaticano sobre abusos:

— Isso é totalmente falso. A falta de comunicação foi imposta por normas aprovadas pelo pontífice. Não esqueçamos que o papa é um monarca absoluto, detentor dos poderes Legislativo, Executivo e Judiciário. Em 2000, na França, o padre René Bissey foi condenado a 18 anos por abusos na década anterior. Ao mesmo tempo, seu bispo, Dom Pierre Pican, foi condenado a 3 meses de prisão com liberdade condicional por se recusar a denunciar o sacerdote de sua diocese ao Judiciário, apesar de saber da conduta criminosa há anos. Após a sentença, o cardeal Castrillón Hoyos, então prefeito da Congregação para o Clero, importante dicastério *(departamento)* da Santa Sé, escreveu carta a Dom Pican, elogiando-o por evitar a denúncia do padre condenado, indicando-o como um exemplo a seguir. A "bênção" do Vaticano está aí para dizer que, infelizmente, o caso de Pican não foi isolado.

O jornalista italiano lembra de um episódio de 1985 que envolveu o então cardeal Joseph Ratzinger, futuro papa Bento XVI. O sacerdote alemão foi acusado de acobertar casos de pedofilia na Igreja.

— Em 9 de abril de 2010, estourou a notícia de que em 1985 o cardeal Ratzinger desaconselhara que um padre californiano molestador de menores passasse ao estado laico *(perdesse a batina)*. O artigo foi publicado pelo "Washington Post". A resposta da Santa Sé estava pronta: o então prefeito da Congregação para a Doutrina da Fé "não abordou o caso" do jovem sacerdote, mas apenas pediu para estudá-lo com "maior atenção" para o "bem de todas as pessoas envolvidas" — descreve Tulli.

O jornalista continua:

— Na longa reportagem do "Post" foi revelado que, em uma carta escrita em latim e enviada ao bispo John Cummins, da Diocese de Oakland, Ratzinger deu como motivo a necessidade de não punir o sacerdote "para o bem da Igreja universal". E o que isso significa, quando traduzido em termos mais terrenos? Que o pedófilo não devia ser punido para evitar escândalo. Essa era a prática. Durante décadas, em nome da "razão de Estado" e protegido pelo segredo pontifício e pelo selo sacramental, um crime muito violento contra os seres humanos mais indefesos foi sepultado sob um gigantesco e generalizado manto de silêncio e cumplicidade, um silêncio humanamente impossível de aceitar.

Federico Tulli também tem críticas ao atual pontífice:

— A pretensão do papa Francisco de se mostrar como o guia moral da sociedade se choca com a história pouco edificante da instituição, que, por quase dois mil anos, se caracterizou pela intolerância a outras religiões e violência sem precedentes. O papa Francisco é a mesma pessoa que agora declara sua inflexibilidade para com os padres pedófilos, mas que, como chefe da Conferência Episcopal Argentina, não tomou medidas canônicas contra dois criminosos perigosos, como o bispo Edgardo Gabriel Storni e o padre Julio César Grassi, ambos culpados de abuso infantil.

Tulli, porém, faz uma ponderação:

— O "Vos estis lux mundi" certamente teve o efeito de deixar claro aos bispos e ao mundo eclesiástico que o pontífice espera a máxima colaboração na gestão dos casos de pedofilia. Mas, em última análise, é um "assunto interno" da Igreja e, portanto, com efeitos um tanto limitados. Muito mais significativa e importante, na minha opinião, é a eliminação do segredo pontifício *(o sigilo dos processos canônicos sobre os abusos sexuais)* estabelecido pelo papa Francisco.

A visão de Tulli sobre os motivos que levam a Igreja a ser tolerante com os clérigos pedófilos passa pela dificuldade de o catolicismo em lidar com o sexo.

— A Igreja tem uma falsa percepção do fenômeno criminoso, um conhecimento insuficiente das causas e do mecanismo de ação da doença mental que afeta o pedófilo. Na Igreja não há conhecimento da sexualidade humana, portanto, o que é uma relação sexual (por exemplo, entre dois adultos consentidos) não se distingue do que é o estupro de uma criança ou de uma mulher.

Tulli não acredita que a Igreja seja capaz de combater a pedofilia enquanto existir o sexto mandamento ("Guardar castidade nas palavras e nas obras"):

— É aqui que se determina a confusão entre pecado e crime, entre crime contra a moralidade e violência psicofísica tão brutal que pode ser equiparada a assassinato, pelas consequências que determina sobre a vítima. O estupro de uma criança de 3 anos não é um ato impuro. No entanto, eles pensam assim. Eu acrescentaria apenas uma coisa: o historiador Eric Frattini documentou 17 papas pedófilos entre os séculos IV e XVI, de Dâmaso I em 366 a Júlio III em 1550. Depois, por mais de três séculos, a Inquisição providenciou que fosse estendido um manto de silêncio sobre isso.

PARTE 4
OS DESAFIOS DA IGREJA

As ações que vêm de dentro

Peter Saunders tem experiência para falar sobre a ação do Vaticano, ou a falta dela, no combate à pedofilia. O britânico — ele próprio uma vítima de abuso de padres, como tantos outros ativistas — esteve entre os 17 integrantes iniciais da Pontifícia Comissão para a Tutela dos Menores. Seu nome foi uma escolha pessoal do papa Francisco. Mas, quando deixou a comissão, em 2017, saiu atirando contra o Vaticano e o posicionamento do pontífice.

Saunders, de 63 anos, fundou em 1997 a NAPAC (National Association for People Abused in Childhood, ou Associação Nacional para Pessoas Abusadas na Infância), a maior instituição na Inglaterra de apoio a vítimas de violência sexual — cometida por qualquer pessoa, e não apenas por membros da Igreja Católica. Ele a liderou até 2015, tornou-se porta-voz da instituição e, em 23 de agosto de 2019, foi afastado pelo Conselho de Curadores, diante da denúncia de que teve relações sexuais, em 2008, com uma mulher abusada na infância, num encontro sobre um possível trabalho dela com a NAPAC. Ambos teriam almoçado juntos, e Saunders, segundo a denúncia publicada pelo tabloide inglês "Mail on Sunday", também usou o cartão de crédito da instituição para comprar três garrafas de vinho. Ele chegou a ser preso, acusado de estupro, mas não foi processado por falta de provas. Saunders alegou que o sexo foi consensual, mas se declarou "profundamente arrependido".

Seu primeiro encontro com o papa ocorreu em julho de 2014, no refeitório da Casa Santa Marta, quatro meses após a comissão ser instituída.

— Eu tinha voado de Londres mais cedo e fiquei surpreso ao ver Francisco entrar, sozinho, na sala de jantar. Acenei e o chamei para vir à nossa mesa. Estava sentado com membros da Pontifícia Comissão, entre eles o cardeal Seán Patrick O'Malley. O cardeal *(arcebispo de Boston desde 2003 e presidente da Comissão para a Tutela dos Menores)* sentou-se como intérprete. Caso contrário, seríamos apenas o papa e eu — diz Saunders.
— Nenhum membro da Pontifícia Comissão havia se encontrado com o papa. Disse a Francisco como meus pais teriam ficado orgulhosos, se ainda estivessem vivos, por seu filho ter um encontro particular com o papa. Eles eram muito devotos.

Mesmo sem ter sido convidado por Francisco até aquele momento para integrar a comissão, Peter Saunders ficou motivado com a atitude do papa às demandas por uma reação enérgica da Santa Sé em relação à pedofilia no clero:

— Eu disse que "nossa" Igreja precisava fazer algo sobre o abuso de crianças, e ele ouviu atentamente tudo o que eu disse. Não houve qualquer restrição em nossa reunião. Não me lembro quanto tempo fiquei sentado com ele, mas provavelmente foram cerca de 40 minutos. Saí satisfeito e realmente acreditei que o papa iria realizar algum tipo de ação positiva, afinal, ele tem o poder! Claro que a história provou que minhas esperanças estavam equivocadas.

Alguns meses após o encontro, Saunders recebeu um telefonema do cardeal O'Malley. O arcebispo de Boston disse que o papa o convidara a fazer parte da comissão:

— Naturalmente, eu disse "sim" e pensei que, a partir de então, seria capaz de contribuir para fazer as coisas acontecerem em um palco global. O papa é um líder global!

Sua nomeação como membro da Tutela Minorum saiu em dezembro daquele ano:

— As reuniões eram, e provavelmente ainda são, poucas e raras. Eu esperava ação, esperava que as coisas mudassem para melhor. Logo percebi que isso não aconteceria. A maioria da comissão era composta por membros do clero (cardeais, bispos, padres e freiras) e poucos pareciam querer falar sobre o que eu percebia como inação.

Saunders protestou.

— Falei veementemente contra essa inação. Eu não estava preparado para colocar a Igreja em primeiro lugar, quero dizer, a Igreja institucional. Para mim, a Igreja é uma igreja do povo. Não são homens em batinas, mantos e outras roupas vistosas que alguns desses clérigos vestem. Vestidos de seda e espadas! O que isso tem a ver com Jesus Cristo? Senti, desde o início, que isso era parte de um exercício de relações públicas, um movimento de redução de danos, e não uma tentativa genuína de promover mudanças — diz. — Um dos colegas da comissão me falou: "Peter, Roma não foi construída em um dia". Eu concordei, mas respondi que levava apenas um momento para se destruir a vida de uma criança e que, por isso, precisávamos agir imediatamente.

Saunders sugeriu ao papa e à sua comissão que assistissem ao filme "Spotlight". Mas encontrou resistência:

— Um membro da comissão disse: "Oh, aquele homem *(Marty Baron, editor do 'Boston Globe')* só está indo atrás da Igreja porque é judeu". Achei que nossa Igreja havia se afastado de sua posição antissemita de longa data.

Em dezembro de 2017, três anos após ser nomeado, Peter Saunders pediu desligamento da comissão e declarou ao jornal católico inglês "The Tablet": "Estou desapontado porque a comissão não fez o que eu achei que deveria e ainda há muito a ser feito. (...) "Houve um certo mal-entendido sobre o papel da comissão. Mas eu pensei que o papa estava falando sério sobre retroceder e responsabilizar as pessoas".

Um dos episódios que mais o desgastou foram suas críticas numa entrevista ao programa de TV norte-americano "60 minutos", em 31 de maio de 2015, sobre a atuação do cardeal australiano George Pell. Ele disse que Pell era "quase sociopata" na relação com as vítimas de abuso sexual por clérigos.

Pell era arcebispo emérito de Sidney e um dos nomes mais conhecidos e poderosos da Igreja na Austrália. Foi também prefeito da Secretaria para a Economia do Vaticano — o equivalente a tesoureiro, nomeado por Francisco, entre 2014 e 2019. Ele introduziu padrões de contabilidade e auditoria independente no Banco do Vaticano.

Em 2002, um homem acusou George Pell de ter abusado sexualmente dele em 1961. O cardeal negou as acusações. Em 2013, a polícia australiana começou a investigar o passado do religioso e emergiram suspeitas de abusos de menores entre 1978 e 2001. Pell continuou a negar qualquer crime.

Em dezembro de 2018, o cardeal foi condenado por abuso sexual de dois menores de 13 anos, entre 1996 e 1997, quando era arcebispo de Melbourne. A sentença, de 6 anos de prisão, foi mantida pelo Tribunal de Recurso. Em abril de 2020, porém, a Suprema Corte da Austrália anulou, por unanimidade, as condenações. A decisão foi acolhida pelo Vaticano, mas criticada por ativistas envolvidos no apoio a vítimas de abusos sexuais por membros do clero. Entre eles, Peter Saunders.

— Eu nunca mais seria perdoado por ousar falar sobre aquele homem, o terceiro oficial mais alto do Vaticano. Um "irmão cardeal" — diz o britânico sobre Pell, que morreu em janeiro de 2023, aos 81 anos.

Saunders não foi o único a abandonar a comissão. Em fevereiro de 2017, meses antes de sua saída, a irlandesa Marie Collins — molestada por um padre aos 13 anos — também renunciou ao cargo na Tutela Minorum. "É impossível ouvir declarações públicas sobre a profunda preocupação da Igreja com o cuidado daqueles cujas vidas foram arruinadas por abusos, enquanto uma congregação no Vaticano se recusa até mesmo a reconhecer suas cartas", escreveu ela num artigo no jornal norte-americano "National Catholic Reporter".

No texto, Marie Collins critica o posicionamento do clero: "É um reflexo de como toda esta crise de abusos na Igreja tem sido tratada: belas palavras em público e ações contrárias a portas fechadas". E concluiu: "Quando aceitei a minha nomeação para a comissão em 2014, disse publicamente que, se o que ocorria a portas fechadas estava em conflito com o que se dizia ao público, não ficaria. Este ponto chegou. Sinto que não tenho escolha a não ser renunciar, se desejo preservar minha integridade".

Com a saída de Peter Saunders e Marie Collins, a comissão ficou sem seus dois sobreviventes de abusos sexuais por clérigos. Saunders comentou:

— O poder da Igreja é imenso. Ela luta com unhas e dentes para proteger seus membros, quero dizer, seus membros clericais, e não seus membros reais, o povo. As pessoas estão lá para orar, pagar e fazer o que ela manda — diz Saunders, que vê no celibato a questão central dos abusos: — Há muitos padres e freiras bons. Não há dúvida. Quando jovem, eu queria ser padre, mas sabia que nunca seria celibatário. Eu, como a maioria dos seres humanos, fui criado para desfrutar do amor e da intimidade. A Igreja Católica nega a seus membros clericais a necessidade humana mais básica. Não é de se admirar que produza tantos indivíduos prejudicados e prejudiciais.

Saunders diz que as vítimas sempre foram negligenciadas:

— Elas vêm no fim da lista de prioridades para a maioria das instituições, incluindo a Igreja. Essas instituições não querem que tenhamos uma voz. Não querem um holofote sobre elas. Se eu tivesse riqueza ou poder, voaria para o Brasil amanhã para tentar ajudar os sobreviventes do país a estabelecerem sua própria associação. Saber que não se está sozinho é muito importante para as vítimas desses crimes malignos. O abuso não afeta apenas a mente e o corpo. Afeta nossa própria alma.

Saunders não alimenta esperanças em relação a mudanças estruturais da Igreja:

— Se fosse pra valer, pessoas como eu não seriam eliminadas. Haveria um órgão verdadeiramente independente, com o poder de promover mudanças reais. E é claro que a Igreja tem riqueza para fazer isso, se realmente quiser. Mas não quer. Infelizmente.

* * *

A exemplo de Peter Saunders, Nelson Giovanelli Rosendo dos Santos sabe por que foi escolhido para integrar a Tutela dos Menores. Mas desconhecia o tamanho do desafio. Sua nomeação pelo papa Francisco, em 17 de fevereiro de 2018, como único brasileiro na comissão, foi o reconhecimento pelo trabalho na Fazenda da Esperança, uma imensa comunidade terapêutica católica voltada à recuperação de dependentes químicos. O nome dele foi indicado aos autores deste livro pelo secretário da Tutela Minorum, bispo Robert Oliver, para falar sobre a atuação da comissão no Brasil. Quanto aos pedidos sobre os casos aqui levantados, o bispo disse que os dados legais sobre clérigos envolvidos em abusos são tratados pela Congregação para a Doutrina da Fé. Ele indicou que o Vaticano fosse procurado.

A Fazenda da Esperança nasceu em junho de 1983 em Guaratinguetá, interior de São Paulo, pelas mãos de Giovanelli, do frade franciscano alemão Hans Stapel e de duas jovens, Lucilene Rosendo e Iraci Leite. Funcionava numa casa alugada perto da Paróquia Nossa Senhora da Glória, onde o frei Hans era pároco. Um ano depois, a população da cidade doou à comunidade um terreno, como resume o histórico da Fazenda, "um grande brejo com uma casinha", no bairro Santa Edwiges.

O programa ganhou fama e visibilidade internacional em maio de 2007, quando Bento XVI esteve na unidade de Guaratinguetá, em sua visita ao Brasil. À época, a organização comandada por Giovanelli já tinha 43 unidades.

Em 2021, a Fazenda da Esperança operava 126 unidades em 23 países, da África do Sul ao Uruguai, passando por Argentina, Guatemala, Portugal e Suíça. No Brasil, há pelo menos uma em cada estado. Já foram atendidos pelo programa, em todo o mundo, 60 mil homens e mulheres, com um índice de recuperação de 80%, segundo Giovanelli. A Fazenda integra a estrutura da Igreja, como uma Associação Privada de Fiéis.

Num determinado dia, nos idos de janeiro de 2018, Giovanelli tomava café quando recebeu no celular uma ligação dos Estados Unidos. Do outro lado da linha estava o cardeal Seán O'Malley, falando em português — o arcebispo de Boston tem PhD em literatura portuguesa e espanhola pela Catholic University of America.

— Ele disse: "Eu queria ver se o senhor estaria disposto a acolher um pedido do Santo Padre", e caiu a ligação. Inicialmente, pensei que era trote. Liguei de volta e ele *(O'Malley)* atendeu e me explicou tudo. Eu não sabia de nada, nem que existia essa comissão.

A vida de Nelson Giovanelli sofreu uma mudança radical após a nomeação para a Pontifícia Comissão para a Tutela dos Menores. Embora nunca tivesse trabalhado com vítimas de abuso sexual, ele diz haver uma conexão entre a violência sexual e o vício em drogas:

— A dependência química está muito ligada ao abuso sexual. Na parte masculina da fazenda, entre 40% e 50% sofreram abusos. Na parte feminina, então, nem se fala: há situações em que 60% a 70% das meninas, agora adultas, foram abusadas.

A Tutela Minorum é formada por 16 membros, divididos em três grupos ou conselhos. O brasileiro atua no de escuta e cuidado, cuja meta é fazer com que as vítimas de abuso por clérigos sejam ouvidas no âmbito eclesial. Até janeiro de 2023, funcionava como projeto-piloto em três países: Brasil, Zâmbia e Filipinas. O Brasil foi escolhido por dispor da estrutura da Fazenda da Esperança. A ideia era aplicar e adaptar a metodologia da primeira experiência, feita no País de Gales, à realidade latino-americana.

— O objetivo é o aconselhamento do Santo Padre, embora a comissão não tenha controle sobre o encaminhamento das denúncias que recebe — diz Giovanelli. — Eu ainda estou aprendendo sobre essa questão. A Igreja está lutando com isso há 30 anos. Há passos dados pelo papa João Paulo II e por Bento XVI, que já antes de ser papa trabalhava para valer na CDF *(Congregação para a Doutrina da Fé)*. Ele implementou o aumento de pessoal para atender aos casos de abusos.

As investigações dos abusos e apoio às vítimas cabem às dioceses e arquidioceses, esclarece ele:

— Cada bispo é autônomo. Na Igreja Católica essa questão hierárquica é bem clara, e ele tem que tomar a decisão. O poder está na mão do bispo no sentido positivo, mas também pode se tornar negativo.

Na convivência com os bispos, Giovanelli percebe uma luta interior grande:

— De um lado, eles consideram o padre como um filho seu. Então, para chegar ao ponto de fazer a denúncia, como o papa pede, não só no âmbito eclesial, mas no âmbito civil, é preciso muita maturidade. Eu sinto uma resistência no sentido de conversar sobre isso, porque significa reconhecer o próprio limite, a própria fraqueza. Mas é saudável, cura. Se não enfrentar, não falar, nós não vamos solucionar as questões e isso não vai diminuir, ao contrário, vai aumentar.

Giovanelli diz que, apesar do perfil consultivo da comissão não se harmonizar com a característica operacional do seu trabalho na Fazenda da Esperança, não se sente frustrado:

— Tenho um trabalho tão intenso que não encontro tempo para pensar em frustração.

***

Outra iniciativa criada a partir das regras impostas pelo papa Francisco é o Núcleo Lux Mundi. Inaugurado em 8 de dezembro de 2020 pela Conferência Nacional dos Bispos do Brasil (CNBB) e pela Conferência dos Religiosos do Brasil (CRB), o Lux Mundi é um escritório, baseado em Brasília, para orientar dioceses e arquidioceses a montar suas comissões de apuração de denúncias de abusos cometidos por padres e dar apoio às vítimas. A exemplo da Tutela dos Menores, o núcleo, composto por quatro pessoas, não tem poder de investigação, tampouco de obrigar bispos a investigarem os abusos.

Sua presidente é a pediatra paranaense Eliane De Carli. Além de comandar o Lux Mundi, ela integra, com Nelson Giovanelli, o conselho consultivo de vítimas da Pontifícia Comissão. O escritório faz parte da estrutura da CRB e funciona como um braço da comissão especial do Vaticano. Em março de 2023, De Carli foi escolhida pela Comissão para Tutela dos Menores para integrar um grupo de especialistas em temas de prevenção de violências no ambiente eclesial.

— O principal objetivo é ajudar a Igreja do Brasil a se organizar de acordo com o que o papa pede no *motu proprio* "Vós sois a luz do mundo" — explica ela.

Uma das metas do Lux Mundi é organizar cursos para o clero e ajudar a Igreja a se integrar à rede civil de proteção a menores. O núcleo tem cinco grupos de trabalho: cursos, parcerias, diretrizes, comunicação e pesquisa. O escritório está arregimentando professores para ministrar aulas em áreas específicas, como a de sexualidade e afetividade, e para desenvolver estudos que resultem em ações práticas.

— Quanto mais se fala da temática, quanto mais se educa as pessoas, quanto mais se tira da sombra, se ajuda a entender que aquilo não está certo e que elas têm o direito de denunciar, de não permitir e de pedir ajuda — explica a pediatra. — Normas claras sobre a postura exigida de quem trabalha com crianças na Igreja ajudam a reduzir a possibilidade de abuso, de violência. A maior parte das denúncias é verdadeira. Portanto, temos que ajudar quem sofreu o abuso a denunciar logo.

Eliane De Carli conta que foi demandada a criar diretrizes também sobre ações a partir do momento em que a denúncia de abuso chega às dioceses. O que pareceria elementar — denunciar às autoridades civis e abrir um processo canônico — não é tão óbvio na estrutura eclesiástica.

— Se não normatizarmos, não formalizarmos, nós não mudaremos um paradigma. Nosso esforço é ajudar a Igreja a trabalhar com prevenção e formação — diz.

A presidente do Lux Mundi dá como exemplo de atendimento a vítimas a Arquidiocese de Boston, que tem à frente o cardeal Seán Patrick O'Malley, presidente da Tutela Minorum. No menu principal do site daquela arquidiocese, ao lado de horários de missas e listas de párocos, há a opção "Proteção infantil e denúncias". Clicando no tópico "Categorias do clero diocesano acusado de abuso sexual de uma criança", acessa-se uma página com uma chocante lista de 134 padres — de apenas uma diocese, é preciso lembrar — denunciados, investigados, laicizados ou condenados por molestar menores.

A listagem é a prova cabal de décadas de abuso impune. Há padres laicizados, demitidos, que se afastaram por conta própria da Igreja, e outros mortos antes que a Justiça os alcançasse. A lista de abusadores retroage no tempo: há a presença do padre John J. Lane, nascido em 1894, ordenado em 1925 e morto em 1971; o caso não consta no site da arquidiocese, mas o BishopAccountability.org registra que Lane foi acusado em 2002 — portanto, 31 anos após sua morte — de molestar duas crianças na Paróquia Santa Teresa, em North Reading, Massachusetts, onde atuou entre 1949 e 1971.

— Nosso objetivo é que, no site das dioceses, haja os nomes de quem vai escutar as vítimas: "É o fulano de tal, que está o dia inteiro neste telefone e neste e-mail" — diz Eliane De Carli. — O que eles *(bispos)* estavam entendendo é que o serviço diocesano se limitaria a receber a denúncia e investigar. E só. Se fizerem isso, já está ótimo, mas, para o papa Francisco, receber a denúncia e investigar é o mínimo que a Igreja deve fazer.

Ela lembra que, além de um serviço específico para receber comunicados, "o papa pede aos bispos que a Igreja dê abertura e acolha quem sofreu abuso". A presidente do Lux Mundi diz que 2024 é o prazo final para a criação das diretrizes e implementação dos sistemas de atendimento às vítimas nas dioceses:

— Eu espero não estar aqui enxugando gelo. Não sei enxugar gelo e acredito muito no papa Francisco.

***

A busca por uma entrevista com um porta-voz da Igreja para este livro durou dois anos. Depois de muita insistência, a assessoria de imprensa da Santa Sé se limitou a enviar uma nota indicando o site do Vaticano sobre os procedimentos do Código de Direito Canônico para os casos de abuso sexual contra crianças:

> *Nos casos de denúncias de supostos abusos de menores por parte de clérigos, o assunto é denunciado à Congregação (Dicastério) para a Doutrina da Fé. A partir daí a acusação é avaliada e os próximos passos são decididos sobre como proceder e julgar o caso. Os clérigos considerados culpados estão sujeitos a sanções pelo direito canônico. A punição mais dura é a remoção do culpado do estado clerical. Esta pena mais severa significa que a pessoa não pode mais funcionar como sacerdote e perde os direitos associados à ordenação. O Código de Direito Canônico prevê fortes penalidades nesses casos. A disciplina da Igreja Católica procura punir os perpetradores de maneira justa e clara. Esses procedimentos eclesiásticos não são de forma alguma uma limitação ao que pode ocorrer nas estruturas judiciais civis, que procedem autonomamente na busca da justiça. Esses processos civis seguem em conformidade com as leis do país onde o abuso ocorreu e seguem seu próprio curso. De acordo com a lei do país, uma pessoa pode ser considerada culpada ou não, independentemente de seu estado clerical. Os dois procedimentos, civil e canônico, podem oferecer elementos um ao outro, se solicitados, mas são independentes e autônomos.*

A nota, porém, indica que somente o próprio acusado poderia falar sobre os casos ou seus superiores hierárquicos:

> *Para questões relacionadas com a pessoa acusada de ter cometido o abuso, ou o registo criminal e civil e procedimentos realizados de acordo com as leis do país onde o abuso foi alegadamente cometido, poderá querer encaminhar as questões para a própria pessoa ou para seu Ordinário, ou seja, o bispo ou superior religioso maior que tem a seu cargo a parte acusada, ou às instituições civis e tribunais envolvidos.*

Um padre no combate à pedofilia

Na lista em ordem alfabética dos 126 padres seculares incardinados na Diocese de Campo Limpo, em São Paulo, dois nomes chamam a atenção quando o assunto é abuso sexual de menores. O 10º é Anderson de Moraes Domingues. Nascido em 1976 e ordenado em 2006, ele foi preso em flagrante no banheiro de um shopping no Guarujá, litoral paulista, em 9 de dezembro de 2019; teria abordado dois meninos, de 13 e 14 anos, que vendiam balas num semáforo e oferecido lanche no Shopping La Plage, na Praia das Pitangueiras.

O garoto mais novo alertou os seguranças do shopping que o padre oferecera lanche em troca de favores sexuais. Os dois menores e o pároco começaram a ser vigiados. Quando os seguranças invadiram o banheiro, o padre estava num boxe, com as calças abaixadas, junto com o garoto de 14 anos, nu. Todos foram levados à Delegacia Sede de Guarujá. No dia seguinte, Anderson Domingues teve a prisão em flagrante convertida em preventiva. No início de março de 2020, a Justiça concedeu-lhe liberdade provisória.

O outro nome da lista dos sacerdotes da mesma diocese é o 8º, Alfredo César da Veiga. Nascido em 1963 e ordenado em 1992, é o oposto do padre Anderson: ele denuncia os abusos envolvendo clérigos desde os anos 90. Formado em filosofia, história, psicologia e teologia, mestre em estética e história da arte pela Universidade de São Paulo e doutor em história social, também pela USP, o sacerdote organiza, desde 2017, seminários voltados para a discussão entre o clero dos abusos sexuais, além de ministrar cursos e publicar livros sobre o tema.

— Entrei nesse assunto exatamente por ser espinhoso. Eu gosto de temas espinhosos e acredito que a Igreja se cala diante de situações como essas. Até hoje a Igreja não digere muito bem o assunto. Ela traz essa marca de uma "sociedade perfeita" e se vê como a Santa Igreja Católica Apostólica Romana. Então, a visão que a Igreja tem de si mesma, por um lado, foi responsável por esse pecado que ela não quer assumir — afirma o padre Alfredo.

No primeiro congresso que organizou, a procura foi baixa:

— Nós tivemos cem padres. É interessante que, na mesma época, houve um outro congresso sobre liturgia, e havia mais de 400 padres. A gente percebe que o clero, os bispos principalmente, se preocupam se o padre celebra direito a missa, se colocou a cor certa para uma determinada liturgia ou não. A Igreja não assume os próprios pecados.

Em 2019, ele organizou o II Congresso Católico — o tema foi "Igreja e escândalos sexuais: a urgência de uma nova cultura formativa" — e a situação se repetiu: presença de pouco mais de cem padres.

— Há uma "solidariedade perversa" entre o clero, no sentido de que proteger o outro significa proteger a minha própria pele, já que estamos falando da mesma instituição — lamenta.

Alfredo da Veiga é visto, dentro da Igreja, como padre rebelde — "principalmente pelo meu bispo", afirma ele.

— Eu organizei dois livros sobre pedofilia no clero, tenho artigos sobre o assunto, promovi dois congressos, trouxe um representante do Vaticano para falar conosco. Como o papa obrigou que cada diocese tivesse uma comissão para tratar desses assuntos, o bispo escolheu padres que não entendessem absolutamente nada do tema. Para o bispo, é como se eu não existisse. Eu vou até as últimas consequências, gosto de buscar a verdade das coisas, e os bispos não gostam disso.

Mesmo com as ações do papa Francisco, o padre Alfredo diz que pouca coisa mudou.

— Por exemplo, qual é a atitude que os bispos vêm tendo para a seleção de candidatos ao sacerdócio? Nenhuma. Eles selecionam aquele menino obediente, com cara de santinho, que não é rebelde e não dá trabalho. Esses é que são considerados os padres ideais. Mas a gente percebe que, por trás de uma personalidade que parece tão estável, há muita instabilidade escondida.

O sacerdote diz que sente o coração sangrando ao ver um padre da própria diocese envolvido em pedofilia:

— Sinto muita dor. No caso do padre Anderson, preso no shopping, mais ainda, porque é uma pessoa que conheci e com quem me relacionei bastante. Isso me dói na alma como se eu perdesse um filho.

Ele é cético sobre mudanças no comportamento do clero, ao menos em curto prazo.

— Não acredito, primeiro, porque o bispo é o juiz na sua própria diocese. Se essa cultura não mudar na formação dos padres, vai ficar tudo igual. Não é um documento que vai mudar isso, porque bispo é padre, é um padre ordenado bispo — afirma. — A Igreja é ótima para fazer documentos. Eu editei e distribuí livros para os padres. Pergunta se algum deles abriu?

Alfredo da Veiga diz que o tema da pedofilia e do abuso de menores por clérigos não é percebido como algo urgente pelos padres:

— Mesmo sendo especialista no tema, psicólogo formado, nunca fui convidado para falar, nem na minha diocese. A Igreja está indiferente e vai permanecer assim. Ela apaga um fogo aqui, outro ali. Só não faz prevenir o incêndio.

Ele ressalta que um dos principais problemas da Igreja é não reconhecer que é falível.

— O catolicismo tem perdido ao longo dos anos porque simplesmente nega uma ferida — diz, defendendo um debate sobre o celibato: — Muitos podem ter a vocação para o sacerdócio, mas nem todos a têm para o celibato. Deveria haver, como na Igreja Ortodoxa, o clero que é celibatário e o clero que não é celibatário. A Igreja tem um problema sério com a sexualidade. Ela sempre viu e sempre verá a sexualidade como pecado.

Legionários de Cristo

A despeito das dúvidas de Tim Lennon, Anne Barrett Doyle, Peter Saunders, Federico Tulli e do padre Alfredo da Veiga, alguns movimentos, ainda que tímidos, começam a acontecer dentro da Igreja, empurrados pelos ventos que sopram a partir do Vaticano. Uma ordem religiosa trouxe a público os abusos sexuais contra crianças cometidos por seus integrantes: os Legionários de Cristo. A congregação foi fundada em 1941, no México, pelo padre Marcial Maciel Degollado, cuja fama de predador sexual sobrepujou seus feitos religiosos.

Atualmente, os legionários reúnem cerca de mil sacerdotes e 700 seminaristas espalhados por 21 países, entre eles o Brasil. Como declaram em seu site, "nossa missão é formar apóstolos, líderes cristãos a serviço da Igreja, promovendo sua plenitude batismal por meio de apostolados como evangelização da família e da juventude, a formação de clérigos e religiosos, e a promoção da caridade com os mais necessitados". Por trás das boas intenções expressas, está uma ordem religiosa que carrega um passado de escândalos e tenta se acertar com ele.

Até 22 de março de 2021, segundo o informe anual da congregação — intitulado "Verdad, justicia e sanación" e disponível na internet —, foram identificados 27 membros da ordem que, desde 1941, abusaram de 170 menores, em sua grande maioria meninos e adolescentes. Confirmando a primazia entre os legionários abusadores, cerca de 60 foram vítimas do fundador da ordem, Marcial Maciel. Ele morreu em 2008 sem pedir perdão.

Dois anos antes, o papa Bento XVI afastara Maciel do sacerdócio, e recomendara-lhe uma vida de oração e penitência.

Em janeiro de 2019, segundo o jornal espanhol "El País", o prefeito da Congregação para os Institutos de Vida Consagrada, o cardeal brasileiro João Braz de Aviz, reconheceu que o Vaticano tinha, desde 1943, documentos sobre o comportamento do fundador dos Legionários de Cristo. Por 63 anos, a Santa Sé encobriu os crimes do padre mexicano.

A congregação só se manteve de pé porque o Vaticano interveio nos Legionários, primeiro com a escolha, em 2010, de um delegado pontifício, o cardeal italiano Velasio De Paolis, e depois com a nomeação, em 2013, de um "assistente pontifício", o jesuíta Gianfranco Ghirlanda, para acompanhar a renovação da ordem após os escândalos de Maciel. Veio daí o empurrão para que os Legionários cortassem na própria carne e expusessem os que, entre eles, foram identificados como abusadores de menores.

Além dos sacerdotes da ordem, 74 religiosos cometeram abusos quando eram noviços ou religiosos em formação, entre os anos de 1941 e 2019. Desses, informa o relatório, 60 não se ordenaram padres. Os 14 casos restantes sofreram uma revisão em 2020 e, deles, apenas sete foram confirmados como tendo molestado menores.

Do total de casos, quatro ocorreram no Brasil. No mesmo 22 de março de 2021 em que o informe internacional da congregação foi divulgado, a direção brasileira da ordem emitiu um comunicado sobre os abusadores no país. Em maio, dos quatro sacerdotes, apenas um era investigado internamente, num processo canônico, por abusos em 2008 e 2009. Segundo os Legionários, cada padre fez uma vítima. Nenhum deles, porém, teve o nome divulgado, nem foi dito em que cidade os abusos ocorreram e as idades dos menores. De acordo com a ordem, "a pedido das vítimas, não é possível divulgar maiores informações".

A despeito de quaisquer sanções eclesiásticas, até aquela data, mais uma vez os religiosos estavam escapando da cadeia: segundo os Legionários, "nenhum caso foi denunciado ao Ministério Público. Ou já prescreveram ou as vítimas não permitiram ação civil".

Padre Zezinho

Para os católicos de Abaetetuba, município de 160 mil habitantes a 110 quilômetros de Belém, capital do Pará, José Elpídio Costa da Silva nunca foi conhecido assim: era o padre Zezinho. Com uma família de Moju, pequena cidade a 35 minutos de carro de Abaetetuba, era o tio Zezinho, de tão íntimo. Entrava na casa quando queria e dava conselhos aos pais sobre criação de filhos. Isso até descobrirem, em 2018, que ele atacou uma criança da própria família, então com 8 anos, no Natal de 2003. Uma história que conta não só sobre o abuso da confiança de que se valem padres para molestar crianças, mas também de como a Igreja mantém antigas práticas, mesmo sob as novas regras do papa Francisco.

Em 24 de junho de 2020, a Diocese de Abaetetuba divulgou em seu perfil no Facebook um vídeo com o pronunciamento do bispo, Dom José Maria Chaves dos Reis. Em três minutos e meio, num discurso dirigido aos católicos da região, ele se manifestou sobre a dispensa do celibato do padre Zezinho. Para todos os efeitos, José Elpídio passava a ser ex-padre. Disse que a dispensa foi resultado da "providência adotada no âmbito da Igreja Católica ao grave fato reportado a esta autoridade eclesial local".

O "grave fato" havia sido reportado, afirmou Dom José Maria, em meados de abril de 2019. Portanto, 14 meses antes. O bispo ressaltou que, "por questão de razão ética, moral e da necessidade de preservar a imagem dos envolvidos no caso", não desceria aos detalhes relacionados "diretamente à dignidade sexual da pessoa humana". Ele repudiou "qualquer ato que fira a integridade física ou moral das criaturas, notadamente dos pequenos", se eximiu de julgamentos e deixava a cargo da Justiça processar o caso, "em busca da verdade real". Por fim, frisou que "Deus castiga quem peca, mas perdoa quem se arrepende".

O discurso do bispo foi lido, sem os riscos do improviso, e vago. Quem o assiste, sem qualquer informação adicional, fica perdido. O que aconteceu ao padre Zezinho para ser expulso da Igreja? Quando? Com quem? Por quê? Não causou surpresa que muitos dos comentários sobre o vídeo elogiassem o padre expulso. Os fiéis não tinham como saber o que o padre fez 17 anos antes e que a Igreja não procurara a polícia ou o Ministério Público durante as investigações, nem após a expulsão do pároco, diferentemente do que é sugerido no vídeo. O pronunciamento inconsistente de Dom José Maria levou Pedro Amaral Santana Neto, a vítima do padre Zezinho, então com 25 anos, a contar tudo para a família, aos amigos e à polícia.

Pedro Neto, como se apresenta, é um rapaz moreno, alto, de fala tranquila e olhos tristes. Tem um filho de 7 anos e é por ele, diz, que não se matou. Está numa encruzilhada da vida. Estudo, trabalho, vida pessoal, tudo flutua num limbo à espera de conclusão. Começou a cursar faculdade de história e largou; entrou em um emprego e saiu; era casado e se separou. A única coisa certa, 17 anos depois do abuso que diz ter sofrido, é a esperança de que a Igreja seja responsabilizada.

Um tio de Pedro conta que, no fim dos anos 1990, o padre Zezinho passou a trabalhar com jovens na Paróquia Divino Espírito Santo, em Moju, e montou um time de futebol com meninos; organizou um grupo de jovens e, novamente, garotas não entravam. O fato de o padre trabalhar só com jovens do sexo masculino motivou, segundo o tio do rapaz, uma reunião na Pastoral da Juventude. A partir daí, as meninas puderam participar.

Com o tempo, o padre Zezinho ganhou a intimidade dos pais e parentes de Pedro Neto. Os adolescentes da família, ao lado de outros jovens, ajudavam na Festa do Divino no domingo de Pentecostes, evento com 265 anos de tradição em Moju.

— Ele foi conhecendo nossas mães e se tornou praticamente um membro da família, um orientador. Era uma referência, uma pessoa de muita confiança — conta o tio de Pedro.

A confiança era tanta que ninguém se opôs quando, em dezembro de 2003, o padre convidou Pedro, de 8 anos, para passar o Natal em seu sítio em Vila de Beja, distrito de Abaetetuba. O pároco levou apenas o menino; poucos dias depois, chegou lá uma jovem que — diz o rapaz — a família sabia ser uma espécie de namorada do padre, acompanhada da família dela. Talvez por isso nunca tenham pensado que o padre abusaria sexualmente de um garoto.

Num dos dias, depois de voltarem de uma entrega de brinquedos a crianças carentes, Pedro, o padre e a jovem foram para a piscina do sítio, ao lado da casa. Zezinho e a moça tomaram vinho. A certa altura, já de noite, o padre perguntou se o menino queria ir dormir. Levou-o para a rede num quarto da casa e voltou para a piscina.

Pedro ficou na rede, mas não dormiu. Algum tempo depois, o padre entrou no quarto, fechou as janelas e foi tomar banho. O menino o viu sair do banheiro, com a toalha nas costas, nu, e vestir uma cueca. Ele fingia dormir e sentiu uma carícia na boca.

— Pensava que era o dedo dele. Aqui em casa, minha tia e minha avó ficavam brincando de passar o dedo na minha boca.

Logo sentiu algo, que começou a incomodá-lo.

— Eu abri os olhos, o padre Zezinho tirou o pênis da minha boca e disse assim: "Só estou fechando a janela", enquanto fazia um gesto de "calma" com as duas mãos — conta o rapaz, com o rosto crispado.

O padre, segundo ele, voltou para a piscina como se nada tivesse ocorrido:

— Não tinha noção do que estava acontecendo, mas fiquei com muito medo de que ele voltasse.

Pedro se levantou e foi para o lado de fora da casa. A única pessoa que passava segurança ao menino era a namorada do padre. Pela porta entreaberta, flagrou o padre beijando a jovem.

Quando viram o garoto, Zezinho perguntou se Pedro queria ir dormir na casa da irmã do sacerdote, que ficava perto. O menino disse que sim. A noite do abuso foi a primeira e a última em que Pedro dormiu no sítio do padre. Ao voltar para casa, ele não contou nada.

— As criancinhas tinham uma brincadeira de *(chamar de)* "boiola, boiola, boiola". Não sabia o que era homossexual, mas fiquei com medo de encarnarem em mim.

Pedro conta que teve uma infância e uma adolescência felizes, e o abuso ficou sepultado no fundo da memória. Doze anos se passaram. Em 2015, o rapaz foi aprovado para o curso de história na Universidade Federal do Pará, em Belém. Nas aulas sobre a Idade Média, a bomba de efeito retardado foi detonada.

— Fui estudar a relação Igreja/Estado. Era uma Igreja que eu não conhecia. Senti um bloqueio, não me desenvolvia no curso. Não conseguia mais pensar em nada. Só lia a Bíblia. Quando a gente cresce no meio da religião, pensa que a verdade é Deus e quer ser salvo, ir para o céu — diz.

Primeiro, o rapaz teve dificuldade de prosseguir no curso. Depois, o abuso veio à tona.

— Não consegui mais ignorar meu problema. Passei a ter pensamentos suicidas — conta ele, aos prantos e se desculpando: — Não gosto de demonstrar que estou mal. Se não me matei, foi por conta do meu filho.

Pedro largou o curso no fim do segundo semestre de 2015. Mudou-se com a mulher, o filho e o irmão para Belém, mas não conseguia estudar. Voltou para Moju. Em dezembro de 2018, ele foi trabalhar no supermercado dos tios da mulher. Percebeu, então, que o problema não era a universidade, mas o trauma do abuso.

— Não conseguia mais trabalhar. Tinha medo de surtar, matar minha mulher e meu filho — lembra o rapaz, que no fim de 2017 deixou de frequentar a igreja: — Já não me sentia bem lá.

No Natal de 2018, 15 anos após o abuso, Pedro passou a noite bebendo e contou à família o que sofrera quando criança. Em lugar de rejeição, recebeu apoio. Na mesma época, Pedro também falou sobre o assunto com alguns amigos, membros da igreja:

— Eles não se chocaram quando disse que foi o padre Zezinho. Não era uma surpresa, como se já esperassem que, dele, viesse isso.

No início de 2019, uma fiel da paróquia, que conhecia Pedro há anos, tentou convencê-lo a voltar à igreja. Em resposta, ouviu o relato do abuso. Ela sugeriu que o rapaz falasse com um dos padres, um clérigo em quem Pedro confiava:

— Eu já estava num momento em que pretendia me libertar daquilo. Só queria me sentir bem, coisa que não ocorria há anos. Queria que o padre Zezinho soubesse o tanto de ruim que ele causou a mim.

O rapaz foi encaminhado a Dom José Maria. Em 10 de abril de 2019, pouco antes das 15h, Pedro entrou no Seminário Dom Oscar Romero, no bairro Terra Firme, em Belém, para encontrar o bispo de Abaetetuba. Naquele mesmo dia, à noite, numa conversa com a mãe por telefone, ele descreveria a sensação de estranheza durante a reunião:

— Parecia que ele *(Dom José Maria)* estava entendendo aquela conversa não como uma denúncia, mas como uma confissão. Perguntou o que eu queria com aquilo.

O bispo, conta o rapaz, propôs que Pedro fizesse o mesmo relato diante do padre Zezinho. Ele aceitou. Duas semanas depois, numa quinta-feira de manhã, Pedro voltou ao seminário em Belém, desta vez junto com o irmão. Foram conduzidos à capela. O bispo entrou com o padre Zezinho. O rapaz descreveu o abuso e os problemas que vinha sofrendo. O irmão do rapaz disse que a família ficou em choque, porque todos tinham Zezinho como um parente.

Segundo Pedro, Dom José Maria ouviu o relato, não repreendeu o padre, tampouco informou se levaria o caso à polícia, ao Ministério Público ou se abriria um processo canônico. Em lugar disso, o bispo sugeriu que Pedro e Zezinho se sentassem a sós, dizendo um para o outro por que estavam ali, e chegassem a um acordo.

— Virei para o bispo e disse: "O senhor tem noção da merda que está falando? Isso é desumano".

O bispo ficou calado e os olhos do rapaz se encheram de lágrimas. Padre Zezinho, de acordo com Pedro, admitiu ter ficado com a jovem no sítio, mas negou o estupro. Afirmou que o rapaz estava mentindo. E disse só ter tocado num dos pulsos, ao suspeitar que estava febril.

— Olhei para o padre e falei: "Diz aqui na minha cara o que você está contando, porque eu não sou moleque". Levantei e falei: "Tudo que existe aqui nessa igreja é mentira. Tudo isso aqui é farsa. Se eu quisesse aparecer, já tinha jogado tudo na mídia" — recorda-se Pedro. — Eu disse: "Já que vocês fizeram isso aqui, eu quero é que se foda".

À saída do seminário, transtornado, o rapaz ouviu o som de uma conversa vindo de uma sala. Abriu a porta e, diante de um grupo de quatro padres, não pensou duas vezes: narrou o que acontecera, do episódio na infância até o encontro do qual acabara de participar. Isso tornou impossível para a diocese negar a existência da reunião com Pedro e forçou a abertura de um processo eclesiástico. Até aquele momento, as autoridades civis não tinham sido informadas do crime de 2003, nem por Pedro, nem pela Igreja.

No dia seguinte, às 8h39, Pedro recebeu uma mensagem por WhatsApp de um homem que se identificou como Antônio Benedito, membro do tribunal eclesiástico. Ele informou ser leigo — ou seja, não era um clérigo — e queria ouvir a história do rapaz para, seguindo as diretrizes do papa Francisco, oferecer ajuda. Marcaram uma conversa na casa de Pedro, na tarde do sábado, 27 de abril.

— Ele me explicou como funciona um processo eclesiástico. Disse que o bispo, ao ter contato com a denúncia, reúne uma comissão de padres, que produzem um documento para iniciar o processo canônico. Perguntei a ele por que o bispo não fez isso, por que pediu para que eu fizesse um acordo com o padre. A resposta foi que Dom José Maria era um bispo novo e "não entende muito dessas coisas".

Na visita, descreve o rapaz, Antônio Benedito disse que era advogado e levou a mulher, que se apresentou como psicóloga. Olharam toda a casa onde Pedro morava. O encontro durou mais de uma hora. O rapaz fez novamente um relato do abuso. A esposa do advogado perguntou como estava sua saúde e se ele tomava remédios tarja preta.

Pedro conta que, no fim da conversa, o advogado deu uma risadinha e disse: "Ainda bem que foi só isso que aconteceu contigo". O jovem respondeu que seu problema não era brincadeira. Após esse dia, nunca mais encontrou ou foi procurado por Antônio Benedito.

Três semanas depois, na tarde de 19 de maio, Pedro recebeu uma mensagem do padre Francisco Moraes. O clérigo, que ele não conhecia, informou ser o responsável por instruir o processo canônico. Pediu que o rapaz depusesse formalmente. Dois dias depois, Pedro repetiu o caso ao padre. Francisco gravou o relato e recebeu um texto escrito pelo rapaz. Ao ser questionado por Pedro sobre Antônio Benedito, o padre Francisco disse que o advogado não tinha nada a ver com a questão.

— Ele me falou que Antônio era um membro leigo do tribunal eclesiástico, que só tratava de divórcios e coisas assim — conta Pedro, lembrando de um detalhe revelado por padre Francisco: Antônio Benedito era muito amigo do padre Zezinho.

Durante os 14 meses de tramitação do processo canônico, a única ajuda que Pedro recebeu da Igreja foi a de um padre da diocese — o primeiro a quem o relato do abuso havia chegado —, que lhe pagou, do próprio bolso, uma consulta com um psiquiatra. Apoio formal da diocese, outra determinação do papa Francisco aos bispos, não houve.

A Igreja também não comunicou o crime às autoridades civis. A Delegacia Especializada no Atendimento à Criança e ao Adolescente da Polícia Civil do Pará, que assumiu a investigação, manifestou-se em 15 de julho de 2020: "As informações de caráter público que podem ser fornecidas sobre o caso dão conta de que o acusado (José Elpídio Costa da Silva) foi expulso da Diocese de Abaetetuba em um procedimento interno da Igreja ao qual a Polícia Civil não teve acesso". De acordo com a polícia, o caso "só foi comunicado às autoridades no mês passado *(junho)* quando familiares procuraram a Delegacia de Polícia do município de Moju".

O registro de ocorrência foi feito por Pedro na tarde de 18 de junho de 2020. O estopim para a decisão de levar o episódio à polícia ocorrera 24 horas antes, quando o rapaz, seu irmão e seu tio marcaram uma reunião com Dom José Maria, o padre Francisco Moraes e o pároco que tinha levado o caso diretamente ao bispo. No encontro, na igreja em Moju, Pedro foi apresentado ao documento de conclusão do processo canônico.

O tio de Pedro registrou a reunião em áudio. Na gravação de 53 minutos e 22 segundos, por várias vezes, Pedro, seu tio e o padre Francisco se desentendem. O padre diz que cabe à Igreja Católica instruir o processo e enviá-lo a Roma, pedindo uma posição "no sentido de afastar ou não essa criatura". E esclarece: "Não temos prerrogativas de juiz".

A denúncia de que o bispo sugeriu um acordo entre predador e vítima não foi mencionada no processo encaminhado ao Vaticano. O padre Francisco alegou que, se isso ocorreu, foi fora do período de atuação da comissão e, logo, não teria como ser objeto da investigação. Pedro ponderou que o fato também aconteceu antes do início do processo canônico. O padre insistiu: "Da nossa parte, o que a gente podia fazer já foi feito".

O padre Francisco Moraes justificou que o padre Zezinho, uma vez desligado da Igreja, passaria a responder por si próprio. Ele não fez qualquer referência sobre ações do clero no campo legal, tais como a comunicação do crime, que a própria Igreja considerou grave o suficiente para afastar o religioso. Pedro e seu tio não receberam cópia do processo; o documento dirigido a Dom José Maria pela Comissão para a Doutrina da Fé, comunicando a decisão do papa de demitir o padre Zezinho por abuso sexual contra um menor, foi apenas lido em voz alta. Naquele momento, José Elpídio, o Zezinho, não era mais padre, mas não fora punido na esfera criminal.

Pouca coisa mudou na vida da vítima do padre Zezinho. Pedro tem altos e baixos, passa noites em claro, assolado pelas lembranças do estupro:

— A referência que eu tinha de um pai, durante um bom tempo da minha vida, era ele, já que meu pai não me assumiu quando eu era mais novo.

Pedro, no entanto, afirma não ter ódio da Igreja:

— Não quero acabar com a fé de ninguém. Tem gente ruim em todo canto. Mas não consigo ver uma pessoa que mentiu para mim rezando em nome de Deus. Não leio mais a Bíblia nem discuto religião. O pior momento da minha vida foi quando eu perdi a fé. Foi um alicerce que se rompeu.

Processo canônico

Um processo canônico — ou seja, uma ação que se desenrola dentro da estrutura e sob as regras da Igreja — se assemelha à soma de um inquérito policial e um processo judicial. Há notícia-crime, oitiva de testemunhas, produção de provas, relatórios e advogados. Mas a semelhança termina aí.

Paulo Manoel de Souza Profilo é um simpático padre salesiano. Ele tinha 39 anos quando deu entrevista para este livro, em julho de 2021. Ordenado em 2010, o padre Paulo Profilo tem mestrado em direito canônico pela Pontifícia Universidade Gregoriana, em Roma, e faz doutorado em direito canônico na Faculdade São Paulo Apóstolo, em São Paulo. Também atua no tribunal eclesiástico da Arquidiocese de São Paulo e exerce a função de defensor de vínculo (uma figura que não existe na Justiça Civil; um promotor que, em lugar de acusar, defende) no tribunal da Arquidiocese de Aparecida. Ele ainda leciona direito canônico no Centro Universitário Salesiano de São Paulo (Unisal).

Padre Paulo explica que quase toda diocese tem o seu tribunal eclesiástico, comandado por um vigário judicial. As dioceses menores se unem e julgam seus casos num tribunal interdiocesano:

— Por exemplo, no Vale do Paraíba Paulista, há a Diocese de São José dos Campos, a de Caraguatatuba, a de Lorena e a Arquidiocese de Aparecida. Todas usam o Tribunal Arquidiocesano de Aparecida.

O tribunal eclesiástico diocesano ou interdiocesano é a primeira instância do processo canônico. Há uma segunda, em um outro tribunal, de outra diocese ou arquidiocese.

— A Arquidiocese de São Paulo tem o seu tribunal eclesiástico, e a segunda instância será o tribunal eclesiástico da Arquidiocese de Belo Horizonte, por exemplo.

Quem define qual tribunal será a segunda instância é o Supremo Tribunal da Assinatura Apostólica, órgão da Cúria Romana composto por cardeais, arcebispos e bispos.

À semelhança da Justiça brasileira, alguns clérigos têm uma instância própria de julgamento.

— Cardeais e núncios apostólicos, por exemplo, têm foro privilegiado — explica o padre Paulo. — Essa instância é o Tribunal da Rota Romana, também responsável por julgar bispos em situações específicas. No entanto, nos casos de abuso sexual contra menores, mesmo cardeais e bispos são julgados pela Congregação para a Doutrina da Fé, como os demais clérigos.

No direito canônico, há dois tipos de processos: os judiciais, cuja conclusão da ação é uma sentença, e os administrativos, que resultam em um decreto. O salesiano explica que as ações judiciais duram de seis a oito anos. Já os administrativos são concluídos em seis ou sete meses. A diferença no tempo de tramitação motivou, em 2001, a primeira mudança no julgamento dos casos de abuso sexual cometido por clérigos.

Em 30 de abril daquele ano, o papa João Paulo II promulgou o *motu proprio* "Sacramentorum sanctitatis tutela" ("Proteção da santidade dos sacramentos", em latim). Nele, o pontífice determina que os casos de delitos graves — entre eles, abusos contra menores — passassem à esfera da Congregação para a Doutrina da Fé. Na prática, isso fez com que os processos saíssem da esfera judicial para a administrativa, dando mais celeridade ao resultado.

Em 1994, o mesmo João Paulo II já havia concedido uma espécie de licença aos bispos dos Estados Unidos para elevar de 16 para 18 anos a idade de vítimas de crimes de abuso sexual consideradas menores. As duas ações do papa vinham como reação à onda de escândalos sobre ataques a crianças e adolescentes por clérigos americanos.

O Código de Direito Canônico, porém, não falava e ainda não fala — o que é motivo de críticas — em abuso sexual, pedofilia ou estupro de menores. O artigo no qual a pedofilia entre os padres se encaixa é o 1.395:

"Delinquir contra o sexto mandamento do Decálogo" com um menor. Nos Dez Mandamentos, o sexto mandamento do Decálogo católico é "Guardar castidade nas palavras e nas obras".

O processo canônico de abuso de menores por membros do clero é iniciado com a denúncia à Igreja — toda diocese, a partir das mudanças determinadas pelo papa Francisco, é obrigada a ter um canal para isso —, pessoalmente ou de forma anônima, por e-mail, fax, carta, telegrama etc. O bispo ou arcebispo pode determinar a abertura de um processo se a informação vier também através da imprensa.

— Quando se tem a notícia de um crime, é necessário abrir uma investigação prévia. Se é algo notório, um flagrante, é possível suprimir a investigação — explica o padre Paulo Profilo. — A investigação prévia é para que haja um mínimo de certeza de que se pode abrir um processo penal.

A investigação deve ser conduzida pelo próprio bispo ou por um delegado (que é um clérigo) escolhido por ele. Durante essa fase, o padre acusado pode ser suspenso preventivamente de suas ordens, ou seja, proibido de ministrar os sacramentos e rezar missas. Ao fim do procedimento (não há um prazo padrão para isso), o delegado produz um relatório e o envia ao bispo que, por sua vez, também faz um relatório e o encaminha à Congregação para a Doutrina da Fé, em Roma.

— Mesmo que na investigação prévia fique claro que não há culpa, vai tudo para Roma. Não importa o resultado — explica o padre.

A Congregação para a Doutrina da Fé pode concordar ou não com o relatório do bispo. Caso discorde, inicia uma investigação por conta própria. Caso concorde e o relatório aponte indícios de crime, a congregação delega ao bispo a instauração do processo canônico.

O bispo da diocese onde ocorreu o abuso nomeia um delegado responsável pelo processo, auxiliado por dois assistentes. Nessa fase, a vítima, as testemunhas e o acusado são ouvidos e pode haver produção de provas — inclusive técnicas, como vídeos, mensagens de celular, e-mails etc. Na instrução do processo, o acusado tem acesso às provas e nomeia um advogado canônico. Caso não nomeie, o clérigo não pode ficar indefeso: é escolhido para ele um defensor.

Terminado o período de instrução do processo canônico, os assessores — que atuam como promotores — dão pareceres. De posse desses relatórios, o delegado faz um decreto. Há três opções: culpa, não culpa ou incerteza. Se o decreto apontar culpa, é decidida a demissão do estado clerical: o sacerdote perde suas ordens e deixa de pertencer ao clero. A pena é perpétua.

— O acusado pode pedir demissão do estado clerical de forma graciosa ao romano pontífice *(o papa)*, sem dizer que é culpado — acrescenta o padre.

Caso isso ocorra, a Congregação para a Doutrina da Fé decide se o processo vai continuar ou não. Há ainda duas instâncias de recurso para o padre demitido: a própria Congregação para a Doutrina da Fé e um colégio de bispos e cardeais da congregação. É a instância final. É até possível apelar diretamente ao sumo pontífice, mas ninguém faz isso, segundo o padre Paulo. Os casos reservados — abuso de menores, profanação da eucaristia, quebra do sigilo da confissão, entre outros — nunca tramitam fora da congregação.

Em situações excepcionais, porém, nem é necessário o processo canônico, afirma o salesiano:

— Se são escândalos notórios, o romano pontífice pode fazer, sem processo, o decreto de demissão do estado clerical.

Mesmo nessa situação, é garantido o direito de defesa ao acusado. Até esse momento, o crime foi julgado apenas na estrutura da Igreja Católica. A menos que a vítima tenha recorrido à polícia ou ao Ministério Público, ou que o caso tenha vindo à tona independentemente da ação dos envolvidos, nenhuma informação terá obrigatoriamente que ser passada pelas dioceses às autoridades civis. Segundo o padre, no Brasil, diferentemente de outros países, não há a exigência de comunicação do crime por parte da Igreja:

— No *vade mecum* está escrito que temos que observar, de modo especial, os acordos entre a Santa Sé e os Estados. Em alguns países, haverá essa exigência *(de informar às autoridades civis sobre o crime)* por acordos bilaterais com a Santa Sé. Não é o caso do Brasil, onde há somente uma orientação para que se informe às autoridades. Inclusive, quando chega a denúncia, é necessário avisar à vítima: você tem o direito de procurar a polícia e fazer a denúncia. Neste momento, estou com um caso em que o denunciante foi direto à polícia e não queria fazer a denúncia canônica. Nós ligamos para o advogado e pedimos: só nos mande a mesma peça de denúncia que você fez à polícia.

Segundo o padre Paulo, há um pedido muito claro dentro da congregação salesiana de que, quando se encerra o processo canônico, seja formalizada a denúncia civil:

— Se a vítima não faz, nós fazemos. Na congregação, por exemplo, temos um *vade mecum* próprio, que contempla que a denúncia deve ser feita canonicamente e civilmente. Agora, claro, se o bispo não quiser fazer, ele não vai fazer.

O canonista esclarece também por que padres são frequentemente demitidos do estado clerical, mas não excomungados, que é uma pena mais pesada:

— É possível dar a pena de excomunhão, que é mais grave do que a perda do estado clerical. Com a excomunhão, ele não pode nem participar dos sacramentos. Seria, em tese, a pena máxima, mas não é perpétua. A excomunhão está ligada ao arrependimento. Se a pessoa se arrepende, ela pode voltar à comunhão. Por isso, a demissão do estado clerical é considerada a pena máxima, porque é perpétua e o padre deixa de exercer o ministério que lhe foi confiado.

Ele destaca uma mudança introduzida pelo papa Francisco na legislação canônica em 2021:

— Antes, o delito contra o sexto mandamento era considerado uma ofensa contra a dignidade, digamos assim, do sacerdócio. A partir desse ano, com a mudança do Livro VI do Código de Direito Canônico, o abuso passou a ser crime contra a vida, a liberdade e a dignidade do homem. Parece uma mudança simples, mas tem um significado enorme. É quase uma mudança copernicana.

Um dos motivos apontados pelo salesiano para tantos casos de abuso sexual por padres é o clericalismo — resumidamente, o poder do clero na vida social, política e econômica:

— O papa Francisco atrela a pedofilia ao clericalismo, à questão do abuso de poder, da centralidade do padre. Isso se rompe, fazendo-se entender que ser padre não é ter poder, privilégios, mas estar a serviço. Aquele que se sente chamado a ser padre precisa ter a vocação de estar a serviço do outro, e não satisfazer o próprio ego e os próprios interesses. Francisco fala em estar perto da vida do povo, pastores com o cheiro das ovelhas.

Outra questão é a formação dos padres.

— A mentalidade de um pedófilo é procurar o lugar mais favorável para que possa colocar em prática o seu desvio. No fundo, o pedófilo vai buscar a Igreja porque há a questão do poder, há o reconhecimento da figura do padre. Qual família católica não vai acolher o padre dentro de casa, dar livre acesso a ele? — questiona Paulo Poriflo. — Então, o problema se torna nosso, no processo formativo, de identificar quem sofre disso, quem é pedófilo. Mas isso é muito difícil. Eu conheci dioceses e bispos contrários à presença de psicólogos no seminário. Se a gente não tiver um mínimo de acompanhamento, de avaliação psicológica, cada vez mais estaremos suscetíveis a que se use a Igreja para abusar. E não podemos atrelar a pedofilia à homossexualidade. Penso que 80% do clero é homossexual.

Padre Paulo tem uma visão otimista sobre mudanças implementadas pela Santa Sé:

— Se somos anunciadores do Evangelho, precisamos dar credibilidade a esse anúncio, sendo cada vez mais coerentes concretamente com essa vida. Numa passagem do Evangelho, as pessoas ficam espantadas com Jesus dizendo: "Ele fala com autoridade". Jesus falava aquilo que ele vivia. Fé e vida não são coisas distintas.

Legislação brasileira

No Poder Legislativo brasileiro, há iniciativas contra abusos de menores cometidos por padres. Em 2022, tramitavam no Congresso nove projetos de lei prevendo aumento de punição para o crime. Oito das propostas, todas datadas de 2019 e 2020, partiram de deputados e do Poder Executivo e foram anexadas a um projeto mais antigo, de 2016, o 4.749, de autoria dos deputados Rosangela Gomes, do PRB do Rio de Janeiro, e Roberto Alves, do Republicanos de São Paulo.

O projeto original, de 2016, altera o Código Penal no crime de maus-tratos e prevê punição para médicos, religiosos, professores e parentes de vítimas que não denunciarem às autoridades casos de violência ou abuso sexual a crianças e adolescentes.

Os projetos anexados ao 4.749 giram em torno do mesmo tema: criação de um crime específico para abuso sexual de menores por religiosos ou aumento de pena, no Código Penal, para crimes sexuais cometidos contra crianças e adolescentes por sacerdotes. Todos foram apresentados por deputados que compunham a base do então presidente Jair Bolsonaro.

Assim, pendurados um no outro, os projetos anexados e o próprio 4.749 vão tramitando a passos lentos. De comissão em comissão da Câmara, a proposta chegou a entrar na fila para ser votada em plenário, mas até abril de 2023 ainda esperava o momento de ser aprovada ou rejeitada.

Há também ações embrionárias de advogados católicos brasileiros para apoio a vítimas. A mais visível é o Cicatrizes da Fé, projeto criado em 2018 pelos advogados paulistas Guilherme Dudus e Maristela Basso. A proposta, que guarda semelhanças com a atuação da SNAP e da NAPAC, é oferecer apoio jurídico às vítimas. Em 2021, os dois expandiram a área de atuação, através da criação da rede Stop Clerical Abuse (Parem com o Abuso por Clérigos). O projeto acompanha também casos na África e nos Estados Unidos. Uma das clientes é uma congolesa, que acusa um padre polonês de ter abusado dela.

— Não há no Brasil entidade especializada no manejo desses delicados casos. Confiamos sempre em Deus e rezamos, principalmente, pela conversão desses supostos homens de Deus. A problemática do abuso sexual no seio da Igreja, infelizmente, é algo sistêmico e precisa ser combatido veementemente, não somente com belos textos normativos (em verdade, "protetivos" à imagem da instituição), mas sim com mecanismos concretos, inclusive com o uso de poder de polícia e punição contra os transgressores — diz Dudus.

EPÍLOGO
O PEDÓFILO E A IGREJA

O que dizem os especialistas

O psicólogo norte-americano Leslie Lothstein já atendeu nos Estados Unidos a mais de 400 padres que cometeram abusos contra crianças e adolescentes, assim como muitos diagnosticados com alcoolismo, depressão e outras doenças. PhD em psicologia, ele diz que a maior parte dos clérigos que cuidou no Institute of Living, em Hartford, em Connecticut, envolvidos com crimes sexuais, sentia atração por meninos menores. Nas últimas décadas, Lothstein produziu uma quantidade importante de textos sobre pedofilia e efebofilia (interesse sexual em adolescentes).

Aqui, cabe uma ressalva: pedófilos e efebófilos têm perfis distintos, de acordo com Lothstein e outros três especialistas ouvidos para este livro — todos referências internacionais no assunto. A pedofilia é uma doença listada pela Organização Mundial da Saúde, diferentemente da efebofilia, sem classificação na OMS. Outro ponto em que os quatro concordam é não haver explicação científica sobre as razões que levam uma pessoa a sentir atração sexual por crianças, nem mesmo um tipo de perfil que ajude a identificá-las facilmente.

Em meados dos anos 1990, em entrevistas à imprensa americana, Lothstein previu que os escândalos de pedofilia acabariam chegando até o papa. A noção da dimensão do problema foi se construindo no dia a dia do seu trabalho. A Igreja Católica nos Estados Unidos passou a encaminhar os padres com comportamentos pedofílicos para tratamento no Institute of

Living. No entanto, a cúpula da instituição nem sempre revelava na clínica os detalhes das transgressões sexuais dos clérigos. Um desses padres tratados por Lothstein foi o sacerdote John Joseph Geoghan, envolvido em casos de pedofilia em Boston.

— Não há perfis claros, mesmo entre o grupo de aproximadamente 400 padres católicos pedófilos que avaliei e tratei. Quase todos os meus casos envolveram efebofilia, em que os padres se sentiram atraídos por adolescentes. O segundo maior grupo era formado por aqueles atraídos por crianças pré-pubescentes do sexo masculino (em alguns casos, do sexo feminino), em que o sexo era praticado, e a criança, ameaçada se revelasse o ocorrido. Com efeito, o padre culpava a criança por despertar desejo nele. A pedofilia é amplamente definida como um adulto sendo exclusivamente atraído sexualmente por uma criança pré-pubescente, como o seu objeto de desejo. Minha experiência em pedofilia vai desde o apaixonamento até a excitação sexual. Não há um único perfil, mas muitos subperfis concebidos por sexo e gênero — explica.

Clérigos tratados no instituto eram encaminhados pelas dioceses da Igreja de várias partes do mundo. A maioria, no entanto, vinha dos Estados Unidos.

— Vi padres também das Filipinas, América do Sul, Ásia, África, Inglaterra, Irlanda e países europeus — lista.

Mas, quando o acompanhamento psicológico acabava, os sacerdotes retornavam às suas paróquias, e informações sobre a rotina clerical de cada um não eram passadas à clínica.

— Alguns permaneceram no sacerdócio. A grande maioria regressou à diocese de origem sem nenhum feedback — conta o psicólogo.

O dano emocional às vítimas, segundo ele, tem consequências irreparáveis, como um homicídio:

— As vítimas de abusos sexuais de padres se referem a um "assassinato da alma". Elas se recusam a acreditar em Deus.

Segundo o psicólogo, a idade das crianças e a influência dos clérigos na família dificultam que os abusos sejam revelados.

— Quanto mais jovem for a vítima, mais difícil será a denúncia. Os pais, muitas vezes, não acreditam quando a criança fala sobre o padre ter relações sexuais com ela. A família tem uma convivência tão próxima dos padres que nega o que acontece à sua frente. E depois ainda nega os relatos dos seus filhos, tratando-os como mentirosos — observa.

***

Com 25 livros escritos, três deles sobre abusos sexuais cometidos por padres da Igreja Católica, o psicólogo e PhD Thomas Plante já tratou de aproximadamente 50 sacerdotes acusados de pedofilia nos Estados Unidos, e atualmente segue acompanhando casos em seu consultório. Plante, que também é professor adjunto de psiquiatria e ciências comportamentais na Escola de Medicina da Universidade de Stanford, na Califórnia, especializou-se no tema depois de, a convite de um amigo, trabalhar para a Igreja Católica.

— No fim dos anos 1980, um padre amigo meu pediu que eu avaliasse um padre abusador. Eu fiz a avaliação, escrevi o relatório e enviei. Depois, vieram muitos outros. Fiz talvez 40 avaliações e estive à frente do tratamento deles. Comecei a publicar estudos porque não havia literatura sobre o tema — diz o psicólogo, que lançou livros em 1999, 2004 e 2012.

O trabalho rendeu-lhe convites para atuar nos conselhos da Igreja Católica para proteção de crianças com os jesuítas, com os franciscanos, em dioceses dos Estados Unidos e na Conferência dos Bispos Católicos dos Estados Unidos. Thomas Plante também ajudou a Igreja na avaliação psicológica de jovens que pretendem se ordenar. Segundo ele, são utilizados perfis de fatores de risco baseados em provas com testes psicológicos e de comportamento. O objetivo é identificar possíveis personalidades compatíveis com a de um pedófilo.

— Geralmente, não há uma avaliação padrão para pessoas que trabalham com crianças, como professores e treinadores. Faço essas avaliações para católicos, mas também para episcopais/anglicanos e ortodoxos. A Igreja paga pelos testes e os exige. Já em escolas, treinadores, tutores e outros que lidam com crianças normalmente não fazem isso antes de serem contratados, mas deveriam — diz Plante.

Segundo ele, a pedofilia não é uma exclusividade da Igreja. Profissionais que lidam com meninos e meninas podem ser abusadores em potencial. Basta ter poder e ascendência sobre a criança.

— Pedófilos estão em qualquer ambiente onde se tenha acesso a crianças. Há abusos em outras organizações como escoteiros, escolas, equipes esportivas etc. Os clérigos católicos não estão entre os que causam risco mais alto ao longo dos anos, mas são os que têm mais divulgação devido à questão do celibato e à hipocrisia de serem padres — opina.

Plante sustenta que caiu o número de padres pedófilos nos últimos anos. Ele atribui isso ao fato de a Igreja Católica, especialmente nos Estados Unidos e no Canadá, ter aumentado o controle sobre os clérigos. Também se tornou mais criteriosa no ingresso de jovens aos seminários. Segundo o psicólogo, na última metade do século XX, havia uma estimativa de que 4% dos padres da Igreja eram pedófilos. Hoje, avalia ele, o número é inferior a 1%.

— Temos muitas razões para essa redução, incluindo melhores políticas e procedimentos para triagem de clérigos. Tudo parece estar funcionando melhor, pelo menos nos Estados Unidos. Aqui, todas as denúncias devem ser comunicadas às autoridades civis, que podem ou não investigar. Os casos são relatados, mesmo que tenham ocorrido há décadas. As autoridades civis têm dado contribuição importante. Os padres acusados são retirados do ministério até que uma avaliação seja realizada, incluindo uma eventual investigação criminal — conta.

Assim como Lothstein, Thomas Plante ressalta que é fundamental fazer a distinção de quem abusa de crianças em idade pré-púbere para aqueles que mantém relações sexuais com adolescentes:

— Tecnicamente, a pedofilia está associada ao abuso sexual de crianças antes da puberdade. Nos Estados Unidos, isso representou 10% do total de abusos, enquanto os ataques a adolescentes, 90%.

***

O canadense Michael Seto dirige a Unidade de Pesquisa em Saúde Mental Forense no Instituto Real de Pesquisa em Saúde Mental (IMHR), afiliada à Universidade de Ottawa. Também lidera o Programa Forense Integrado do Royal Ottawa Grupo de Atenção à Saúde e publicou os livros "Pedophilia and sexual offending against children" (Pedofilia e crimes sexuais contra crianças), em 2008, e "Internet sex offenders" (Criminosos sexuais na internet), em 2013, ambos lançados pela American Psychological Association.

Ele estuda a mente e os múltiplos perfis dos pedófilos e diz que são raros os casos de mulheres predadoras.

— Os pedófilos são mais propensos a ter atitudes e crenças que racionalizam o crime, tais como a ideia de que as crianças podem iniciar ou permitir ter relações sexuais com adultos, ou que as crianças não são prejudicadas por essas interações. É provável que os abusadores mostrem uma afinidade emocional e social pelas crianças para além da atração sexual — explica.

Michael Seto diz que as crianças mais vulneráveis são aquelas com antecedentes de maus-tratos, conflitos familiares (especialmente com pais separados ou divorciados), isolamento social e que sofrem de saúde mental. A escolha da vítima pelos abusadores é calculada, de forma que lhes garanta a impunidade.

— Muitas crianças não revelam o ocorrido, nem mesmo anos mais tarde. Parte dessa relutância está relacionada ao fato de ser difícil acreditarem nelas. Sabemos também que a Igreja Católica se envolveu historicamente em práticas condenáveis, como transferir clérigos ofensores para outra paróquia ou diocese, suprimindo provas ou depoimentos, que aumentaram o risco para outras crianças — comenta.

O psicólogo canadense salienta que a ciência ainda não descobriu a origem da doença. Entretanto, alguns estudos já apontam indícios.

— Há múltiplas linhas de investigação que sugerem que a pedofilia, ou as predisposições para desenvolver a pedofilia, são de natureza biológica. Isso inclui a investigação sobre fatores de risco pré-natal e diferenças cerebrais. Há também estudos de que lesões na cabeça na primeira infância e outros problemas de desenvolvimento neurológico são relevantes — diz.

Assim como não se sabe a origem da pedofilia, segundo o psicólogo, a cura da doença está longe de ser desvendada:

— Atualmente, os programas de tratamento se concentram em ensinar indivíduos pedófilos a gerir mais eficazmente seus impulsos sexuais em relação às crianças. Medicação redutora da condução sexual e técnicas psicológicas podem ajudar no tratamento a abusadores incapazes de controlar seus impulsos.

Ele frisa, porém, que isso não é garantia de recuperação.

— Há diferentes programas destinados a reabilitar sacerdotes que abusaram de crianças, mas não tenho conhecimento de qualquer investigação que avalie o impacto desses programas, por isso não sabemos se funciona. Em termos mais gerais, há investigações que sugerem que o tratamento de quem atacou sexualmente crianças pode ser eficaz na redução de ofensas futuras, mas isso não é específico do clero — comenta.

* * *

Psicólogo especializado em crimes sexuais, com PhD, Fred Berlin é professor associado no Departamento de Psiquiatria e Ciências Comportamentais da Escola de Medicina da Universidade Johns Hopkins, em Baltimore, Maryland, nos Estados Unidos, onde também trabalha como médico-assistente. Ele atua em casos de pedofilia há pelo menos 30 anos. Com outros profissionais, participou de uma pesquisa que acompanhou por mais de cinco anos a reincidência criminal de 406 pedófilos, 111 exibicionistas e 109 agressores sexuais.

Segundo Berlin, os pedófilos não possuem um determinado perfil, além do fato de se sentirem atraídos por crianças. Alguns deles, inclusive, podem ter atração por adultos, mas, mesmo assim, buscam satisfação sexual com menores que estão longe da adolescência.

— O que essas pessoas têm em comum é que se sentem sexualmente atraídas por crianças. Caso contrário, podem variar umas das outras em temperamento, tipo de caráter, inteligência, e assim por diante. Também pode haver diferenças entre as vítimas. Não creio que haja um perfil específico de alguém com pedofilia.

Berlin explica que o indivíduo forma a sua consciência sexual e por quem se sentirá atraído antes de chegar à idade adulta. Isso o leva a descartar que padres se tornem pedófilos após entrarem para a Igreja; eles já chegam aos quadros do clero com a doença. O psicólogo, porém, acredita que o ambiente religioso é favorável aos abusadores, já que os sacerdotes têm credibilidade divina.

— Devido à confiança que a maioria dos paroquianos tem na Igreja, para eles, é mais difícil crer que padres possam se envolver sexualmente com crianças, ainda que elas relatem terem sido vítimas de abusos. Além disso, não é raro que pessoas com menos poder se sintam receosas de registrar preocupações ou queixas sobre outras pessoas com mais poder sobre elas — observa.

Essa reputação conferida por ser membro da Igreja, diz Berlin, também impede as pessoas de tentarem denunciar os predadores sexuais.

— A ligação dos sacerdotes a Deus os faz serem muito respeitados. No passado, as crianças foram ensinadas a obedecer aos sacerdotes, tornando-as mais vulneráveis do que se tivessem em outro ambiente — diz.

O psicólogo pondera sobre a dificuldade de pedófilos identificarem e tratarem da própria doença voluntariamente:

— Creio que muitos indivíduos que entraram na Igreja não tiveram oportunidade de falar sobre atrações sexuais que sentiam antes de agir. Isso é um problema na sociedade em geral: as pessoas que têm consciência sobre tais atrações, devido ao estigma envolvido, sentem medo de revelar isso a outros e não procuram ajuda.

Berlin diz que a Igreja não constrói um pedófilo, nem acredita que homens com a doença procurem a instituição pensando em, no futuro, cometer abusos sexuais contra crianças:

— Infelizmente, há muitos casos de abuso de crianças perpetrados por membros da Igreja Católica. Contudo, tragicamente, há muitos incidentes de comportamentos semelhantes cometidos por pessoas de outros credos também. Embora os abusos por membros do clero católico tenham, compreensivelmente, recebido muita notoriedade, não tenho conhecimento de quaisquer estudos que documentem as percentagens de tais casos envolvendo membros de outras religiões e grupos para efeito de comparação.

Ele não vê relação entre celibato e pedofilia:

— Não há razão para acreditar que o celibato faça com que uma pessoa desenvolva a pedofilia. No entanto, alguns indivíduos podem ter entrado na igreja enganando a si próprios, pensando que, ao serem celibatários, não teriam que se preocupar em se sentirem atraídos sexualmente por crianças. Fazer um voto de celibato não apaga tais atrações.

✳✳✳

Os posicionamentos públicos do papa Francisco sobre abusos sexuais contra crianças, sejam em entrevistas ou em pronunciamentos, são coerentes com as medidas que vem tomando desde o início do seu papado. Iniciativas de associações de defesas de vítimas, da imprensa e de organizações de fora da igreja, voltadas a identificar vítimas e algozes, contribuem para que o sumo pontífice comunique ao mundo suas orientações sobre o combate à pedofilia na Igreja.

Em setembro de 2022, numa entrevista à CNN Portugal, Francisco afirmou que "um sacerdote não pode continuar no sacerdócio se for culpado de abusos. Ele não pode fazê-lo porque é um doente e um criminoso. (...) Um sacerdote existe para guiar os homens para Deus e não para destruir homens em nome de Deus".

O tema abordado na entrevista tinha um significado para o povo português, que tem acompanhado sucessivos escândalos de pedofilia cometidos por clérigos. Francisco falou amplamente sobre os abusos sexuais de crianças, admitindo que há uma indignação no mundo com a Igreja Católica, e citou o Brasil: "Mas o que não se sabe, porque ainda se esconde, é o abuso no seio da família. Não me lembro bem da percentagem, mas penso que 42% ou 46% dos abusos ocorrem na família, ou no bairro. E isso esconde-se. Estive reunido com um grupo muito sério que trabalha com abusos no Brasil e deram-me as percentagens. Depois, há outra percentagem no esporte, nos campos de esportes e nos clubes. Às vezes, aproveitam-se das crianças nos clubes. Depois, nas escolas, e uma percentagem que me deram foi que 3% dos abusos ocorrem com homens e mulheres da Igreja. 'Ah, 3% é pouco'. Não. Mesmo que fosse um só, é uma monstruosidade. Então, digo simplesmente: tudo isso existe, mas fixo-me nesses e sou responsável para que isso não volte a acontecer", disse.

O encontro a que o papa se referiu ocorreu em julho de 2022, quando recebeu uma comitiva do Brasil integrada por Luciana Temer, presidente do Instituto Liberta, e por Lyvia Montezano, uma das embaixadoras da causa, vítima de abuso aos 5 anos. No encontro, Francisco falou para três ordens religiosas e apelou que membros da Igreja não sintam "vergonha" de denunciar casos de abuso sexual e pedofilia: "Por favor, lembrem-se bem disto: tolerância zero com os abusos contra menores ou pessoas vulneráveis. Tolerância zero. Nós somos religiosos, somos sacerdotes para levar as pessoas a Jesus. Por favor, não escondam essa realidade".

O pontífice destacou que não basta afastar a vítima do agressor. "Eu te acompanho, você é um pecador, está doente, mas eu devo proteger os outros. Por favor, peço isto a vocês: tolerância zero. Não se resolve isso com uma transferência", enfatizou, numa alusão à prática secular da Igreja Católica de transferir padres e bispos após denúncias de pedofilia.

Em seu último livro, "Peço-vos em nome de Deus — Dez orações para um futuro de esperança", lançado na Itália em outubro de 2022, Francisco não foge em tratar mais uma vez do tema. Ele reconhece que "milhares de vidas" foram arruinadas pelos que deveriam cuidar delas e protegê-las. E pede à Igreja Católica que não justifique abusos sexuais de crianças e adolescentes como um fenômeno "generalizado em todas as culturas e sociedades". O papa destaca ainda: "Tudo o que façamos para tentar reparar os danos que causamos nunca será suficiente".

Francisco enumera os seus próprios "dez mandamentos" como algo que guie a Igreja Católica. O primeiro é o desejo de "erradicar" os abusos sexuais, de poder e de consciência que formam uma "verdadeira cultura da morte". O pontífice dedica parte do livro a um balanço de uma década de pontificado. Ele faz um apelo pela paz e pede o fim da guerra entre Ucrânia e Rússia, iniciada em fevereiro de 2022.

Mas é provável que, na história da Igreja Católica, seu pontificado seja associado aos esforços empreendidos no combate à pedofilia e a uma nova postura diante de criminosos e vítimas de abusos.

APÊNDICE
CASOS PESQUISADOS

A lista a seguir é resultado de pesquisa dos casos de sacerdotes da Igreja Católica investigados, denunciados ou condenados por atentado violento ao pudor, corrupção de menores e estupro, entre outros crimes. Estão relacionados também nomes do clero que teriam acobertado abusos contra crianças e adolescentes. A pesquisa foi centrada em informações públicas de casos ocorridos ou investigados no Brasil neste século. O resumo de cada um deles é o recorte de um momento, dentro dos limites impostos pelo sigilo das denúncias. Portanto, não significa muitas vezes o fim da história em sua abordagem criminal, cível e no âmbito da Igreja.

1. Adelino Gonçalves
Com 43 anos, foi acusado de abusar de dois adolescentes, ambos de 15 anos, em 2000. Um deles foi molestado na casa paroquial, em Mariluz (PR). O outro, numa viagem com o sacerdote a Aparecida do Norte (SP). Padre Adelino recebeu pena de 2 anos e 11 meses de prisão por corrupção de menores. Eleito em 2000 prefeito de Mariluz, ele foi acusado de ser o mandante do assassinato do vice-prefeito da cidade e do presidente local do PPS, ocorrido em fevereiro de 2001. Em 2009, a Justiça o condenou a 18 anos e 9 meses pelos dois homicídios. Considerado foragido após conseguir um habeas corpus, Adelino, já expulso da Igreja, foi preso em fevereiro de 2016. Estava escondido em Jaru, Rondônia. Ele sempre negou os crimes.

2. Adriano José da Silva

Em 2013, com 30 anos, foi investigado pelo Ministério Público e pela Polícia Civil por abuso de mais de 20 adolescentes com idades entre 12 e 17 anos. Ele era pároco em Jacaraú, na Paraíba. Segundo denúncias, o padre Adriano pagava de R$ 50 a R$ 200 para manter relações sexuais com menores. Foi suspenso pela Igreja no mesmo ano e morreu em 2017. Em abril de 2019, a Justiça do estado inocentou a Arquidiocese da Paraíba em ação que cobrava indenização às vítimas de Adriano.

3. Alceu Zarino Marino

O padre virou réu em janeiro de 2021 por abusar de um menor de 14 anos. O adolescente era coroinha na Paróquia de Riozinho, município de 4.300 habitantes no Rio Grande do Sul. Segundo a denúncia, o garoto foi molestado entre os anos de 2013 e 2019. O caso veio à tona em 2020 e motivou a abertura de processo canônico na Diocese de Novo Hamburgo e de um inquérito na Polícia Civil. O padre, segundo a diocese, foi afastado das funções. O juiz da comarca de Taquara acolheu a denúncia pelo crime de estupro. No entanto, o magistrado não concedeu a prisão preventiva. O MP recorreu da decisão. Diz um trecho do recurso: "Afirma existirem informações anônimas recebidas na Delegacia de Polícia de Riozinho de que o atual coroinha da paróquia local, V. P., pode estar sofrendo algum tipo de abuso, já que foi levado pelo recorrido ao mesmo local em que ocorreram abusos à vítima A.. Argumenta que o comportamento do denunciado revela que ele possui personalidade voltada à prática contumaz de abuso sexual infantil, sendo necessária a custódia para resguardar a colheita de provas, pois, em liberdade, o recorrido permanecerá valendo-se de sua condição para ameaçar e amedrontar a vítima e testemunhas". Relatora do recurso, a desembargadora Bernadete Coutinho Friedrich negou o pedido, acompanhada pelos demais desembargadores.

4. Alexander Nicolaus Weber

Frade franciscano, nascido na Alemanha, ele foi preso em novembro de 2009 pela Interpol num hotel em Londres, na Inglaterra. Estava foragido desde 2007, quando recebeu condenação de 7 anos por sedução — artigo do Código Penal revogado em 2005, mas aplicado ao frade porque o crime pelo qual foi condenado ocorreu antes da mudança na lei. Em 2002, Weber, então com 34 anos, foi preso em flagrante pela polícia da Bahia por abusar de um menino de 6 anos numa pousada em Rio de Contas, no interior do estado. O franciscano foi posto em liberdade em 2015, após o cumprimento da pena.

5. Alfieri Eduardo Bompani
Preso em setembro de 2003, o padre foi denunciado pelo Ministério Público de São Paulo entre 1998 e 2001 e condenado, em 2004, a 93 anos de reclusão por quatro casos de atentado violento ao pudor. Em segunda instância, a pena foi reduzida para 49 anos e 8 meses. Ele manteve relações sexuais com meninos de idades entre 6 e 10 anos num sítio em Sorocaba, no interior paulista. Alfieri está em liberdade condicional e sua pena se extingue em 25 de agosto de 2032. *(Ver página 43)*

6. Amarildo Bambinetti
Em junho de 2016, o padre Amarildo foi condenado a 11 anos e 8 meses de prisão por estupro de vulnerável. O sacerdote era pároco na pequena cidade de Presidente Getúlio, em Santa Catarina. Em 2005, então com 39 anos, ele abusou de um menino de 13. Os estupros, que duraram até 2009, ocorriam na residência da mãe do padre e na casa paroquial. Em 2017, o Tribunal de Justiça catarinense manteve a condenação de Amarildo. Em novembro de 2019, o juiz de execução criminal determinou a suspensão do cumprimento da pena.

7. Anderson de Moraes Domingues
Foi preso em flagrante, em dezembro de 2019, com dois menores, de 13 e 14 anos, no banheiro de um shopping no Guarujá, litoral de São Paulo. Os seguranças encontraram o padre e o menor de 14 anos nus. "Ele pagou o cinema, depois o milk-shake. Depois, a sala de jogos. Quando ele pagou a sala de jogos, meu amigo falou que ele ia fazer isso *(tentar fazer sexo com eles)*", disse o adolescente à imprensa. Processado por favorecimento da prostituição ou outra forma de exploração sexual de vulnerável, o padre Anderson, de 43 anos, foi posto em liberdade pela Justiça no fim de fevereiro de 2020, atendendo a pedido de sua defesa. Até julho de 2021, ainda não havia sido julgado e seu nome constava como padre da Diocese de Campo Limpo. *(Ver página 177)*

8. Anderson Rogério Risseto

Foi preso aos 39 anos, em julho de 2012, sob a acusação de assediar seis jovens numa comunidade católica na cidade de São Paulo. No mesmo mês, ele teve suas ordens suspensas pela Diocese de Campo Limpo. No mês seguinte, foi posto em liberdade. Em janeiro de 2016, Risseto recebeu pena de 12 anos de prisão por estupro de vulnerável. Em junho de 2020, teve negado o pedido de prisão domiciliar.

9. Ângelo Chiarelli

O frei, então com 64 anos, foi preso em flagrante em junho de 2009 por abusar sexualmente de uma menina de 13 anos em Rio do Sul, Santa Catarina. A vítima fazia parte do grupo Infância e Adolescência Missionária, coordenado pelo padre. Chiarelli foi preso em seu quarto. A menina estava deitada na cama e o religioso com o zíper da calça aberto. Ele foi condenado a 8 anos e 9 meses de prisão por atentado violento ao pudor. Em junho de 2010, a Terceira Câmara Criminal do Tribunal de Justiça de Santa Catarina manteve a decisão.

10. Antônio Benedito Spoladori

Em março de 2000, a Diocese de Jundiaí afastou o monsenhor Spoladori da Paróquia Nossa Senhora da Candelária, igreja matriz de Itu, sob a acusação de coagir dois adolescentes de 17 anos a manter relações sexuais com ele em sua casa de veraneio, em Itanhaém, no litoral paulista. O ato, segundo reportagens da época, foi filmado pelo motorista de Spoladori. Depois de afastado, o monsenhor denunciou que estava sendo extorquido em R$ 150 mil para que o vídeo não fosse divulgado. Os menores e o motorista foram indiciados pela Polícia Civil de São Paulo por extorsão. Em julho de 2003, o sacerdote foi encontrado morto, enforcado, na sua casa em Itanhaém: estava nu e amarrado.

11. Antônio Carlos Rossi Keller

Bispo da Diocese de Frederico Westphalen, no Rio Grande do Sul, Keller foi acusado de abusar de um ex-cerimoniário — espécie de ajudante nas missas. Os ataques começaram quando o menino tinha 13 anos e foi morar na casa do bispo. A denúncia do Ministério Público gaúcho contra Keller, apresentada em agosto de 2020, fala em "afagos, carícias e sexo oral". Houve uma investigação dentro da Igreja sobre as denúncias, que concluiu não haver provas do estupro de vulnerável. Na primeira instância, a Justiça não acolheu a denúncia do Ministério Público. Em fevereiro de 2022, porém, a 7ª Câmara do Tribunal de Justiça gaúcho aceitou o recurso e tornou Keller réu por abuso sexual.

12. Antonio Fábio Rodrigues dos Santos Zamberlan

O padre foi condenado a 6 anos de prisão por atentado violento ao pudor. Em março de 2000, ele forçou um menor de 12 anos a beijá-lo na boca e a fazer sexo oral. O caso ocorreu na propriedade rural do sacerdote, na cidade de Cerqueira César, em São Paulo. Zamberlan, que tinha sido candidato a deputado estadual em 1998, atribuiu a denúncia à perseguição política. Em 2005, o Tribunal de Justiça paulista manteve a sentença de primeira instância. O padre foi condenado, em janeiro de 2009, a pagar indenização de R$ 207.500 à vítima. Atualmente, Zamberlan atua como advogado.

13. Antonio Paes Junior

Pároco da Igreja Nossa Senhora da Esperança, em Cabo Frio, na Região dos Lagos do Rio, ele foi denunciado em janeiro de 2019 pelo Ministério Público fluminense pelo estupro de três menores — um de 16 anos e dois de 13. Os crimes, segundo a denúncia, ocorreram durante a confissão. Após ser condenado a 14 anos de prisão, em agosto de 2022 o próprio padre abriu uma "vaquinha" para financiar sua defesa no recurso em segunda instância, e justificou: "O advogado indicado pela Arquidiocese de Niterói, que me defendeu até a condenação, optou por apresentar a sua renúncia, poucos dias depois da publicação da sentença". A meta de arrecadação era R$ 64.200; até o início de maio de 2023, o padre já havia conseguido mais do que o dobro do valor, de 1.134 apoiadores.

14. Aparecido Barcelos de Oliveira

Era pároco da Igreja São Gabriel Arcanjo, em Jaborandi, cidade de sete mil habitantes no interior de São Paulo, quando foi acusado, em junho de 2012, de abusar de um garoto de 13 anos na casa paroquial. Segundo a denúncia do Ministério Público, o sacerdote escreveu uma carta ao adolescente, dizendo que, apesar de ser padre, "queria manter relação sexual de 15 em 15 dias". Mensagem com teor semelhante teria sido enviada a outro menor, de 15 anos. Em dezembro de 2014, Aparecido de Oliveira foi expulso da Igreja pelo papa Francisco e, em 2016, condenado a 8 anos por estupro de vulnerável. No mesmo ano, os desembargadores da 3ª Câmara Criminal do Tribunal de Justiça de São Paulo mantiveram a sentença.

15. Avelino Backes
O padre gaúcho Avelino Backes foi preso em 2010, aos 70 anos, num hospital em Santa Rosa, no Rio Grande do Sul. Ele abusou na década de 1990 de meninas de 9 e 10 anos, todas coroinhas. Backes foi condenado pelo Tribunal de Justiça de Santa Catarina, em 2008, a 7 anos de reclusão por atentado violento ao pudor.

16. Benedikt Lennartz
O sacerdote alemão, conhecido em Craíbas, interior de Alagoas, como Padre Bené, foi condenado pela Justiça Federal, em 2010, a pena de prestação de serviços à comunidade e multa de R$ 3.940 por armazenar em seu computador cerca de 1.300 fotos pornográficas de menores. Em 2014, o Tribunal Regional Federal da 5ª Região manteve a condenação. Em 2017, a Justiça considerou que ele cumprira a pena. Até 2022, Lennartz ainda era padre e celebrava missas.

17. Bernardino Batista dos Santos
Aos 73 anos, era pároco na Igreja de Santa Luzia, em Belo Horizonte, e foi afastado de suas funções pela arquidiocese em 18 de novembro de 2021. Um processo canônico investigou denúncias de abuso sexual a crianças em 1999; o sacerdote teria feito pelo menos três vítimas, todas de 8 anos. Uma delas, que se tornaria advogada, em 2021, aos 30 anos, contou à polícia que o abuso ocorreu num sítio em Tiros, município no interior de Minas. Ela disse ter acordado com o clérigo passando a mão em seu corpo. A vítima relatou o abuso à sua mãe, que confrontou o padre; Bernardino negou. A menina foi desencorajada a denunciar o padre por membros de sua comunidade e só o fez já adulta.

18. Bonifácio Buzzi
Em agosto de 2016, o padre Bonifácio, de 57 anos, se enforcou na cela do presídio de Três Corações, em Minas Gerais. Era o fim de mais de duas déca-

das de condenações por abuso de menores. Na primeira sentença, de 1995, quando tinha 35 anos, ele recebeu pena de 4 anos de prisão domiciliar pelo abuso de dois meninos, de 10 e 15 anos, em Santa Bárbara, Minas Gerais. Em 2002, o padre foi novamente preso, desta vez em Mariana, no mesmo estado, por forçar um garoto de 9 anos a praticar sexo oral. Por este caso, o sacerdote foi condenado a 20 anos e cumpriu parte da pena em regime fechado, entre 2007 e 2015. A última ocorreu em maio de 2016, pouco antes do suicídio: ele foi preso em Joinville, Santa Catarina, por abusar de duas crianças, de 9 e 13 anos, na zona rural de Três Corações.

19. Carlos Roberto Santana Prata
Quando o corpo do padre Carlos Roberto, de 34 anos, foi encontrado às margens de um açude no Ceará, em agosto de 2005, voltaria à tona o passado do sacerdote católico. Em 2004, ele foi acusado de abusar de um coroinha de 12 anos, na Paróquia da Tapera, em Aquiraz, no Ceará. O padre foi morto por estrangulamento, antes que a investigação da Polícia Civil sobre o abuso terminasse. A polícia identificou quatro acusados pelo assassinato; um deles, um adolescente de 17 anos.

20. Cláudio Candido Rosa
O padre foi acusado de ter estuprado dois coroinhas, ambos de 13 anos, entre agosto e novembro de 2016, na casa paroquial da Igreja de São Pedro, em Presidente Epitácio, interior de São Paulo. O caso se tornou público em novembro de 2017, quando o pai de um dos meninos estranhou o fato de ele não frequentar mais a igreja. No mesmo mês, o padre Cláudio deixou a administração da paróquia e foi para o interior de Goiás, onde morava sua família. Em 2018, a Justiça expediu um mandado de prisão; ele se apresentou à polícia em fevereiro de 2019. Um ano depois, sem ter sido julgado, o padre Cláudio foi posto em liberdade. Em julho de 2022, o processo ainda tramitava na Justiça paulista.

21. Cláudio da Costa Dias
Em 16 de fevereiro de 2008, o padre Cláudio foi preso em flagrante por tentar estuprar uma menina de 12 anos no banco traseiro de seu carro, na garagem do Colégio Salesiano Leão XIII, em Rio Grande (RS), do qual era

diretor. Com a prisão, surgiram denúncias de mais dois abusos, contra meninas de 9 e 11 anos. Em janeiro de 2009, o sacerdote foi condenado a 13 anos e 4 meses por atentado violento ao pudor. Em dezembro de 2009, a 8ª Câmara Criminal do Tribunal de Justiça do Rio Grande do Sul manteve a pena. Numa ação de indenização movida por duas das vítimas, o padre foi condenado a pagar R$ 25 mil a cada uma. *(Ver página 9)*

22. Cléber Domingos Gonçalves
Foi preso em maio de 2007, quando era pároco em Carmo da Mata, Minas Gerais, após ser flagrado num apartamento praticando sexo com um adolescente de 13 anos. Em outubro de 2009, recebeu condenação de 10 anos e 5 meses por estupro e atentado violento ao pudor, mas ficou em liberdade. Na ocasião, também foi acusado de estuprar uma menina de 13 anos, na casa paroquial. Em 2014, o Tribunal de Justiça de Minas Gerais expediu mandado de prisão contra ele, que ficou foragido por quase dois anos. Padre Cléber acabou preso em novembro de 2016, em Belo Horizonte. Em março de 2019, o padre e a Mitra Diocesana de Oliveira foram condenados a pagar R$ 30 mil à menina de 13 anos e à mãe dela.

23. Clodoveo Piazza
O Ministério Público da Bahia pediu, em 2009, que a Polícia Civil investigasse o jesuíta italiano, naturalizado brasileiro, Clodoveo Piazza. Ele era acusado de abusar de crianças e adolescentes internos da Organização do Auxílio Fraterno (OAF), em Salvador. Os casos teriam acontecido entre 2000 e 2008. No fim de 2009, o padre foi transferido para Maputo, em Moçambique.

24. Delson Zacarias dos Santos
Em julho de 2021, o padre Delson, de 47 anos, da Igreja de São Mateus, em Sobradinho, foi acusado de abusar de um menino entre 2014 e 2021. Os ataques começaram na casa paroquial, quando a vítima tinha 13 anos. Segundo o garoto, a violência ocorreu quase semanalmente durante seis anos e meio. Após a divulgação do primeiro caso, um homem de 31 anos disse ter sido abusado pelo mesmo padre quando tinha entre 14 e 15 anos. Outras denúncias surgiram. Ele foi acusado de molestar um total de cinco crianças e afastado pela Arquidiocese de Brasília; a Polícia Civil abriu inquérito. Em julho

de 2021, Delson enviou ao Vaticano uma carta com seu pedido de renúncia. Em novembro de 2022, ele foi condenado a 44 anos e 8 meses de prisão por estupro de vulnerável.

25. Denismar Rodrigo André
Aos 42 anos, ele foi um dos 12 alvos da Operação Querubim, da Polícia Civil de São Paulo, em 10 de julho de 2019. Detido na casa de sua família, em Tupã (SP), o padre armazenava em seu computador vídeos de pornografia infantil. No mesmo dia da operação policial, a Diocese de Marília afastou Denismar das funções eclesiásticas.

26. Devanir Ramos Fernandes
Pároco da Igreja Senhor Bom Jesus da Lapa, em Araçatuba, no interior de São Paulo, ele foi condenado em janeiro de 2013 a 3 anos de reclusão por compartilhar imagens pornográficas com um menor de 15 anos. O caso ocorreu em 2009. Em 2016, o Tribunal de Justiça de São Paulo absolveu o padre. Em outubro de 2019, um novo inquérito policial foi aberto contra o padre Devanir por crimes previstos no Estatuto da Criança e do Adolescente — não há detalhes públicos sobre o caso. A denúncia foi recebida pela Justiça em fevereiro de 2021 e, até julho, o processo tramitava na 1ª Vara de Buritama (SP). Em fevereiro de 2022, quando já não era sacerdote e atuava como professor, Devanir foi preso novamente, acusado de cometer outro abuso sexual. Ele teve a prisão temporária de 30 dias decretada pelo juiz da Vara Única da cidade de Bilac, onde morava. Não há informações públicas sobre a investigação.

27. Diego Rodrigo dos Santos
Envolvido no caso de Limeira. Em 6 de março de 2020, o padre foi suspenso do uso das ordens pela Diocese de Limeira, no interior de São Paulo. Segundo denúncias enviadas ao Vaticano, ele teria um relacionamento íntimo com o padre Pedro Leandro Ricardo, figura central nos escândalos da diocese, acusado de abuso sexual de menores. Documento da instituição não detalha as acusações contra Diego; diz apenas ter sido levado em conta o *motu proprio* "Vos estis lux mundi" (Vós sois a luz do mundo). Em 11 de agosto de 2022, o padre foi demitido do clero. *(Ver página 110)*

28. Dilermando Freitas de Lima
Quando Dilermando foi preso em Belém, no Pará, em março de 2018, ele já era ex-padre e se autodenominava bispo primaz da Igreja Ortodoxa Amazônia. Entre 2005 e 2009, ele foi acusado de estuprar um coroinha dos 9 aos 13 anos. Pelo crime, recebeu pena de 25 anos de detenção, mas ganhou o direito de recorrer em liberdade. A prisão preventiva de Dilermando, expedida pela 1ª Vara de Inquéritos Policiais e Medidas Cautelares de Belém, foi cumprida na Operação Sinos, da Delegacia de Atendimento à Criança e ao Adolescente.

29. Dirceu Roveda
Em 2005, foi acusado de molestar um garoto de 12 anos em Tacuru, em Mato Grosso do Sul. Segundo a denúncia do Ministério Público, o padre forçou o menino a "praticar ato libidinoso diverso da conjunção carnal" num carro. Roveda foi denunciado por atentado violento ao pudor, mas absolvido em junho de 2009. Em 2016, a Polícia Civil de Toledo, no Paraná, prendeu-o por acusação de abuso sexual. Na ocasião, ele já não era mais padre; seduzia menores de idade nas redes sociais e oferecia dinheiro em troca de sexo.

30. Divino Batista de Oliveira
Responsável pela paróquia do município de Juruaia, em Minas Gerais, o padre Divino foi condenado em segunda instância, em 2005, a 8 anos e 9 meses de prisão pelo abuso de seis coroinhas, todas meninas. Os crimes aconteceram entre 2000 e 2002, sempre em seu carro. De acordo com a sentença da 1ª Câmara Criminal do Tribunal de Justiça mineiro, o clérigo foi procurado pelas mães e tentou desacreditar os testemunhos das filhas. Ele alegou que a comunidade não o aceitava e queria o retorno do antigo padre, o que foi desmentido pelo Ministério Público.

31. Djalma Brito Mota
Padre Djalma ficou foragido da Justiça por quase um ano e meio: de novembro de 2007, quando foi condenado a 10 anos e 10 meses de prisão por atentado violento ao pudor e corrupção de menores, até fevereiro de 2009, mês em que se entregou à polícia na Bahia. Os casos ocorreram entre 2005 e 2006 na cidade baiana de Ichu, a 185 quilômetros de Salvador. As quatro vítimas,

todos meninos, tinham entre 13 e 17 anos. Em março de 2017, o sacerdote ganhou o direito ao regime semiaberto.

32. Durvalino Rodrigues de Oliveira
Tinha 37 anos quando, segundo o Ministério Público do Paraná, estuprou uma menina de 9 anos em Goioerê, no interior do estado, entre agosto de 2012 e agosto de 2013. O padre Durvalino era padrinho da vítima e teria comprado o silêncio da família com presentes. Em janeiro de 2015, ele foi condenado a 12 anos por estupro de vulnerável, além do pagamento de R$ 5 mil a título de reparação à vítima. Em segunda instância, os desembargadores da 3ª Câmara Criminal do Tribunal de Justiça do Paraná elevaram a pena para 14 anos.

33. Edilson Duarte
Edilson foi um dos padres envolvidos no caso de Arapiraca, em Alagoas. Em 17 de abril de 2010, durante uma sessão da CPI da Pedofilia, o padre confessou ter abusado de dois coroinhas. Dizendo-se homossexual, ele também incriminou os monsenhores Luiz Marques Barbosa e Raimundo Gomes Nascimento. Em 19 de dezembro de 2011, Edilson foi condenado a 16 anos e 4 meses de prisão, pena mantida pelo Tribunal de Justiça alagoano em julho de 2017. A essa altura, porém, ele não era mais padre: foi expulso da Igreja Católica em janeiro de 2012. *(Ver página 101)*

34. Edson Alves dos Santos
Dois anos e meio se passaram entre os abusos cometidos pelo padre Edson, da Paróquia do Imaculado Coração de Maria, em Alexânia, Goiás, e sua condenação a 10 anos e 8 meses por atentado violento ao pudor. Segundo denúncia do Ministério Público, um menino de 11 anos sofreu abusos em 2005. O garoto, que frequentava as missas, era convencido pelo padre a dormir na casa paroquial. Em novembro de 2007, Edson foi condenado em primeira instância. No recurso em segunda instância, em março de 2009, a pena foi reduzida pelos desembargadores da 1ª Câmara Criminal para 7 anos e 7 meses. Em outubro de 2014, ele e a Igreja foram condenados a pagar R$ 200 mil à vítima por danos morais. A sentença condenatória com a indenização foi confirmada em 2021 pelo Superior Tribunal de Justiça. *(Ver página 55)*

35. Edson de Deus Ribeiro
Por volta de 13h30 de 21 de novembro de 2004, o padre Edson atraiu um garoto de 14 anos à casa paroquial na cidade de Conde, no litoral norte da Bahia. Lá, teria exibido vídeos pornográficos e feito sexo oral. Em outubro de 2008, a Diocese de Alagoinhas foi condenada em primeira instância a pagar R$ 60 mil a dois adolescentes por abusos sexuais cometidos pelo clérigo. Menos de um ano depois, em julho de 2009, o padre aceitou a suspensão condicional do processo criminal, sob a condição de se apresentar à Justiça periodicamente durante dois anos e prestar serviços à comunidade.

36. Elias Francisco Guimarães
Padre Elias foi o único clérigo brasileiro condenado por crime sexual desde 1995 nos Estados Unidos. Em setembro de 2002, ele, que pregava na Missão Nossa Senhora Rainha da Paz, em Delray Beach, na Flórida, foi preso sob a acusação de abuso sexual de menores. Durante dez dias, o padre Elias manteve contato pelo computador com quem ele acreditava ser um garoto de 14 anos. Na verdade, era um policial disfarçado. Em abril de 2003, Elias foi condenado a 4 anos e 3 meses de prisão. Após cumprir a pena, ele voltou ao Brasil. Em 2022, atuava na Diocese de Itapeva, em São Paulo. *(Ver página 127)*

37. Elvécio de Jesus Carrara
Em 3 de maio de 2023, o frade dominicano, de 54 anos, foi preso em flagrante pela Polícia Civil, em São Paulo, sob a acusação de produzir e armazenar no celular fotos pornográficas de menores. A denúncia partiu de um jovem de 17 anos, que vivia e estudava num projeto criado por Elvécio em São João del Rey (MG), onde o frei nasceu. A ONG, que atende 300 crianças e adolescentes, também tem uma unidade em São Paulo. Em 4 de maio, a prisão em flagrante do sacerdote foi convertida em preventiva. A Ordem dos Pregadores (dominicanos), que recebera as denúncias em março, já havia afastado frei Elvécio de suas funções e abriu contra ele um processo canônico.

38. Enaldo da Mota
Um dos padres acusados de abusos, citados no programa "Conexão repórter", do jornalista Roberto Cabrini, que trouxe a público o escândalo de Arapiraca, em Alagoas. Ele teria abusado de coroinhas na cidade de Feira

Grande, a 20 quilômetros de Arapiraca. Em março de 2010, após a divulgação das denúncias, foi afastado pela Diocese de Penedo e respondeu a processo canônico. Em abril do mesmo ano, ele recebeu convocação para prestar depoimento na CPI da Pedofilia no Senado, mas não compareceu; alegou que estava em tratamento de alcoolismo.

39. Enoque Donizetti de Oliveira

Em julho de 2020, o padre Enoque, de 62 anos, foi condenado a 20 anos por estuprar uma menina de 13 anos, em Arceburgo, Minas Gerais. O caso só chegou à polícia e à Justiça depois que a adolescente gravou um vídeo para provar a série de abusos, que ocorreu entre julho de 2016 e julho de 2017. A menina era coroinha na Igreja Matriz da cidade. Ela foi acusada por moradores de ter seduzido o padre. Em agosto de 2021, Enoque ainda recorria da sentença em liberdade. Em fevereiro de 2022, seu nome constava como monsenhor numa publicação da Diocese de Guaxupé. *(Ver página 98)*

40. Eudes dos Santos

Duas irmãs, de 11 e 13 anos, acusaram o padre Eudes de estuprá-las, em julho de 2014, na casa dele, no bairro do Grajaú, em São Paulo. Ele estava à frente da Paróquia Menino Jesus de Praga, subordinada à Diocese de Santo Amaro. A igreja era frequentada pela família das vítimas, que o auxiliavam nas missas. As meninas contaram sobre o abuso à mãe. O padre foi condenado a 9 anos e 4 meses de prisão por dois estupros de vulnerável. Em segunda instância, numa decisão de março de 2021, os desembargadores da 13ª Câmara Criminal de São Paulo modificaram o crime para importunação sexual e reduziram a pena para 1 ano e 9 meses de reclusão.

41. Evair Heerdt Michels

Em novembro de 2020, foi condenado a 8 anos, 6 meses e 16 dias de prisão por guardar e transmitir imagens pornográficas de crianças e adolescentes. O caso remonta a 2017, quando uma operação da Polícia Federal encontrou milhares de imagens pornográficas de menores no computador que o padre usava na casa paroquial. À época, Evair Michels era diretor do Colégio Murialdo de Porto Alegre e presidente da Associação Protetora da Infância. Após o caso, os Josefinos de Murialdo, ordem à qual pertencia o sacerdote, o transferiram para Caxias do Sul, também no Rio Grande do Sul. Lá, descobriu-se que ele se envolvera com crianças, o que o levou a ser afastado definitivamente pela ordem.

42. Evandro Bezerra dos Santos
Acusado de exploração sexual de adolescentes em Cabrobó, no sertão pernambucano, o padre Evandro, de 42 anos, foi condenado em abril de 2013 a 2 anos de prisão em regime semiaberto. Os abusos teriam ocorrido em 2009 e 2010. O clérigo respondeu criminalmente por explorar sexualmente dois garotos na casa paroquial, em troca de dinheiro e presentes. Evandro obteve a suspensão condicional da pena, sob a condição de não se aproximar de crianças, escolas e creches, entre outras exigências. Ele não foi preso.

43. Evangelista Moisés Figueiredo
Em 2011, o padre Evangelista, de 49 anos, era o responsável pela Paróquia São Francisco de Assis, na região de Tororó, no Distrito Federal. Em 30 de dezembro daquele ano, ele foi preso sob a acusação de abusar de seis irmãos, com idades entre 5 e 14 anos. O caso foi investigado pela Delegacia de Proteção à Criança e ao Adolescente (DPCA) do Distrito Federal. Apesar de o crime ter sido denunciado pelo Ministério Público, o sacerdote ainda trava uma batalha judicial para se livrar da acusação. Evangelista chegou a ter uma vitória na Justiça, após desqualificar os crimes para contravenção penal. O Ministério Público recorreu, e ele foi condenado a 1 ano e 3 meses em regime aberto, mas por porte ilegal de arma — no dia da prisão, ele tinha em casa uma espingarda e munição. Em 2016, foi declarada a extinção da pena por porte ilegal de arma.

44. Fabiano Santos Gonzaga
A prisão do padre Fabiano, de 27 anos, em 4 de junho de 2016, revelou o abuso sexual de um adolescente, de 15 anos, com deficiência mental, em Caldas Novas, Goiás. O crime ocorreu na sauna de um clube. Uma semana após à prisão, o padre foi indiciado pela Polícia Civil por estupro de vulnerável. Naquele mesmo mês, ele foi afastado pela Diocese de Uberaba, responsável pelo município de Frutal, em Minas Gerais, onde era pároco. Um ano após ser preso, em 6 de junho de 2017, o clérigo foi condenado a 15 anos. Em

setembro de 2019, o Tribunal de Justiça de Goiás reduziu a pena para 8 anos e Fabiano recebeu a progressão de regime para o semiaberto.

45. Francisco Claudenis Alves Ciríaco
Tinha 41 anos em 26 de agosto de 2019, quando foi preso, acusado de estupro de vulnerável e exploração sexual de quatro menores, com idades entre 13 e 16 anos. Os abusos teriam ocorrido no carro do sacerdote, perto do açude Bodó, em Tenente Ananias, no Rio Grande do Norte, no início daquele mês. O clérigo também teria oferecido R$ 20 às vítimas em troca de sexo. Em janeiro de 2020, a Justiça condenou Francisco a 23 anos, 1 mês e 15 dias de prisão.

46. Geraldo da Consolação Machado
Condenado a 8 anos e 9 meses de prisão por atentado violento ao pudor, o padre Geraldo, de 51 anos, ex-vigário da cidade de Prados (MG) se entregou em março de 2007. Ele recebeu a sentença, no ano anterior, por forçar um garoto de 11 anos a fazer sexo. O crime teria acontecido em 1993. Em 27 de janeiro de 2011, os desembargadores da 15ª Câmara Cível do Tribunal de Justiça de Minas Gerais mantiveram a decisão da primeira instância, que condenava o padre e a Diocese de São João del Rei a pagar indenização de R$ 45.600 à vítima.

47. Hélio Aparecido Alves de Oliveira
Padre Helinho, como era conhecido, foi alvo de um mandado de prisão em 16 de abril de 2004, acusado de abusar de três meninos com idades entre 8 e 10 anos. Ele era diretor do Colégio Claretiano de Rio Claro, no interior de São Paulo, onde os garotos estudavam. Para a consumação do crime, tinha a ajuda da coordenadora pedagógica da escola, Geny Campanha Pecorari. Em setembro de 2006, os dois foram condenados por atentado violento ao pudor: o padre a 16 anos e 3 meses de prisão, e Geny, a 13 anos, 6 meses e 15 dias de reclusão. Em junho de 2016, o Superior Tribunal de Justiça reduziu as penas de Hélio para 12 anos, 2 meses e 7 dias e de Geny para 10 anos, 1 mês e 25 dias. Apenas em janeiro de 2017, ele se entregou à polícia. *(Ver página 79)*

48. Iran Rodrigo Souza de Oliveira
Dois dias após ser preso, em 18 de agosto de 2017, o padre Iran Rodrigo, de 45 anos, prestou depoimento ao Ministério Público de Goiás. Ele atua-

va em Caiapônia, a 335 quilômetros de Goiânia, e admitiu ter abusado de cinco vítimas, uma delas de 14 anos de idade. Ele dizia possuir o dom para "santificar" partes do corpo feminino e reconstituir a virgindade com um toque na vagina. Em 1º de setembro daquele ano, o MP denunciou o padre por violação sexual mediante fraude e por armazenar material pornográfico envolvendo criança ou adolescente. Em 12 de novembro de 2018, Iran foi condenado a 4 anos, 11 meses e 15 dias de prisão. Também foi concedida a uma das vítimas indenização de R$ 10 mil. Em julho de 2021, a apelação criminal do padre ainda tramitava no Tribunal de Justiça de Goiás.

49. Iranildo Augusto de Assis
O padre Iranildo, da Igreja de Santo Expedito em São Gonçalo do Amarante, no Rio Grande do Norte, foi afastado das funções em 18 de outubro de 2022, após denúncia de que teria abusado de um adolescente de 14 anos. A mãe do garoto afirmou que o crime aconteceu na sacristia, dois dias antes. Segundo o relato da mulher, o filho contou que o padre o abraçou, lambeu sua orelha, beijou seu pescoço e o imprensou contra a parede. A família fez um registro de ocorrência na Polícia Civil. Em nota, a Arquidiocese de Natal informou que, além de afastá-lo, foi aberta uma investigação prévia contra ele.

50. Ivo Cordeiro
Padre da Igreja Nossa Senhora Aparecida do Espírito Santo, em Lorena, interior de São Paulo, Ivo foi acusado, em 2010, de abusar de dois meninos de 6 anos na casa paroquial. Ele recebeu pena de 10 anos, 10 meses e 20 dias. Em segunda instância e no Superior Tribunal de Justiça, os recursos da defesa do padre foram negados. Em 2016, Ivo se candidatou a vereador em Lorena. Apresentou-se como professor de ensino médio, teve 203 votos e não se elegeu. Em abril de 2020, ele e a Mitra Diocesana de Lorena foram condenados a pagar R$ 75 mil por danos morais às vítimas.

51. Izaías da Conceição
Em 8 de setembro de 2019, o padre Izaías foi preso em Cambé, no Paraná, por ameaçar uma mulher de 20 anos. Foi libertado após pagar fiança de R$ 1.500. A prisão, porém, tornou público seu envolvimento com a jovem desde que ela tinha 15 anos. Em depoimento, a vítima disse que o sacerdote não aceitava o

fim do relacionamento e ameaçou divulgar fotos, vídeos e conversas de teor sexual. O clérigo foi afastado das funções pela Diocese de Campo Mourão.

52. Jacinto César Tarachuk
No fim da tarde de uma segunda-feira de maio de 2003, policiais de São Mateus do Sul, no Paraná, prenderam o padre Jacinto, então com 35 anos, que atuava na cidade vizinha de São João do Triunfo. Ele foi flagrado em um carro, numa rodovia da região, com um garoto de 14 anos. O adolescente disse ter sido obrigado a fazer sexo. O padre recebeu pena de 2 anos e 2 meses por corrupção de menores. Em março de 2005, desembargadores da 6ª Câmara Criminal do Tribunal de Justiça do Paraná mantiveram a sentença.

53. Jerfson dos Santos e Santos
Capelão da Polícia Militar no Distrito Federal, o padre Jerfson foi preso em flagrante, em 24 de outubro de 2022, por importunação sexual de um adolescente de 16 anos que vendia bombons nas ruas de Águas Claras. Segundo reportagem publicada pelo jornal "O Globo", "após passar de carro por onde o adolescente vendia doce, o sacerdote o convenceu a ir até sua casa e tentou molestá-lo. Com a recusa do garoto, Jerfson concordou em levá-lo de volta, desde que dirigisse o carro, e, diante de uma nova tentativa de abuso, a vítima fugiu com o veículo. O jovem foi até a polícia e combinou com os policiais de devolver o carro no estacionamento de um supermercado, onde o religioso foi preso em flagrante". Ainda de acordo com a reportagem, Jerfson vinha sendo investigado dentro da corregedoria da PM desde o fim de 2021, por assédio a colegas, e já tinha sido afastado pelo bispo militar. O padre foi indiciado pela Polícia Civil por importunação sexual.

54. Jhonatha Almeida da Silva
Padre Jhonatha estava sendo investigado em dezembro de 2019, ao lado de outro sacerdote, Thiago Silveira Barros, por estupro e assédio. Os dois atuavam em Rondonópolis, no sudeste mato-grossense, na Diocese de Rondonópolis-Guiratinga. A denúncia do abuso partiu da tia de um menor de 17 anos, que procurou a Polícia Civil em 11 de novembro daquele ano. Não há informações sobre o resultado da investigação. Em setembro de 2021, nenhum dos dois clérigos integrava a lista de padres da diocese.

55. João Batista Rodrigues

Em novembro de 2002, três meninos, de 11, 12 e 13 anos, contaram à Polícia Civil em Nova Cantu, no Paraná, terem sido molestados pelo padre João Batista, de 38 anos, na casa paroquial. As mães prestaram depoimento e fizeram uma representação contra o religioso. Em dezembro, o padre negou à polícia qualquer abuso e alegou que as denúncias eram fruto de represálias por ele estar à frente da demolição da antiga igreja da cidade para a construção de um templo mais moderno. Em agosto de 2012, dez anos após a denúncia de abuso, a 10ª Câmara Cível do Tribunal de Justiça do Paraná manteve a sentença condenando a Mitra Diocesana de Campo Mourão a pagar indenização de R$ 30 mil para cada vítima.

56. João Batista Silva

Em setembro de 2006, o padre João Batista foi preso pela Polícia Civil em Catanduva, interior de São Paulo. Ele havia sido condenado, em 2001, a 9 anos e 5 meses de prisão por atentado violento ao pudor, corrupção de menores e incentivo à prostituição. O sacerdote recorreu ao Tribunal de Justiça de São Paulo, que manteve a condenação, mas reduziu a pena para 7 anos e 6 meses de reclusão. João Batista atuava como vigário assistente da Diocese de Catanduva.

57. João Bosco Frade

Quando o padre João Bosco Frade foi preso, aos 66 anos, em Minas Gerais, em maio de 2010, dez anos haviam se passado desde que fora acusado de abusar de três meninas de 12 anos no Espírito Santo. As vítimas se preparavam para a primeira comunhão e foram molestadas durante a confissão. A Polícia Militar chegou à casa onde o clérigo morava, em Belo Horizonte, após denúncia anônima. Cinco anos após ser preso, em outubro de 2015, João Bosco Frade morreu na capital mineira.

58. João Marcos Porto Maciel

João Marcos, também conhecido como Dom Marcos de Santa Helena, já era ex-padre quando foi condenado a 20 anos de prisão, em março de 2016, por dois estupros. Segundo a denúncia do Ministério Público, entre 2007 e 2010, no Mosteiro de Santa Helena, em Caçapava do Sul, no Rio

Grande do Sul, ele molestou dois meninos, de 9 e 12 anos. O mais velho recebeu ameaças após os abusos. Dom Marcos foi preso em dezembro de 2014. Com ele, a polícia encontrou um revólver e uma espingarda. Em segunda instância, a pena foi reduzida para 14 anos. O religioso conseguiu o benefício da prisão domiciliar. Ele morreu de enfarte em janeiro de 2019, em sua casa, em Caçapava do Sul.

59. João Selhorst
Selhorst era responsável pela Igreja Rainha dos Apóstolos, em Ariquemes, Rondônia, ao ser condenado, em julho de 2017, a 1 ano de reclusão por armazenar em seu computador 148 mil imagens de pornografia infantil. O sacerdote também foi alvo de denúncia por ter beijado um adolescente de 17 anos, mas acabou absolvido. Em 2022, ele aparecia como administrador da Paróquia São Miguel Arcanjo, no município de Mirim Doce, e como vigário da Paróquia Nossa Senhora de Fátima, em Pouso Redondo, cidades de Santa Catarina.

60. Jorge Luiz Gonçalves de Lima
Em maio de 2004, o padre Jorge Luiz, de 43 anos, foi afastado da Paróquia Santa Teresa de Jesus, em Porto Alegre, no Rio Grande do Sul, sob a acusação de abusar de uma menina de 11 anos durante um ano e meio. "Os abusos teriam começado na catequese, em 2002, e prosseguiram em visitas que a menina fazia à casa paroquial após as missas dominicais", informou reportagem do jornal "O Estado de S. Paulo". O caso foi investigado pela Polícia Civil gaúcha, mas não há informações sobre o resultado do inquérito.

61. Jorge Zanini
Padre Jorge, de 53 anos, foi denunciado pelo Ministério Público gaúcho, em setembro de 2009, por molestar dois irmãos, de 13 e 14 anos. Os abusos ocorreram entre os anos de 2007 e 2008, na cidade de Ronda Alta, no Rio Grande do Sul. Segundo a denúncia, o clérigo mantinha relações sexuais com a mãe dos garotos. Ele se aproveitou da proximidade para abusar, inicialmente, do mais novo. Em abril de 2013, Zanini foi condenado, em primeira instância, a 12 anos e 10 meses de prisão por atentado violento ao pudor. A pena foi mantida pelo Tribunal de Justiça do estado.

62. José Afonso Dé
Quando o padre Dé, como era conhecido, morreu, aos 82 anos, em 14 de julho de 2016, em Franca, no interior de São Paulo, terminava uma sequência de seis anos de processos judiciais contra ele. Em 2010, ele foi denunciado pelo Ministério Público paulista por abusos a nove coroinhas da Paróquia São Vicente de Paulo. Em 2011, a 2ª Vara Criminal de Franca o condenou a 60 anos e 8 meses de prisão por estupro e atentado violento ao pudor. Com o recurso em segunda instância, porém, o sacerdote teve direito a responder ao processo em liberdade. Sua defesa alegou que ele tinha feito uma cirurgia de câncer de próstata nos anos 1990 e, desde então, era impotente, não podendo, em tese, ter cometido os crimes.

63. José Alves de Carvalho
O padre piauiense, ligado à Diocese de Bom Jesus do Gurguéia, no Piauí, foi encontrado morto na casa paroquial, na cidade de Bom Jesus, em 7 de novembro de 2021. Pároco da Igreja de São Pedro Apóstolo, ele havia sido afastado de suas funções, no dia anterior, pelo bispo Dom Marcos Antonio Tavoni, após acusação de ter abusado de uma adolescente de 14 anos. A causa da morte não foi divulgada.

64. José Cipriano da Silva
Padre em São Tomé, cidade de 5.700 habitantes no Paraná, ele foi acusado, em 2002, de forçar quatro garotos com idades entre 9 e 14 anos, em diferentes ocasiões, a fazerem sexo oral e anal com ele, na casa paroquial. O sacerdote, então com 43 anos, foi denunciado em dezembro de 2003 por atentado violento ao pudor. Em junho de 2005, ele confessou os crimes à Justiça. Até onde é possível buscar dados públicos, José Cipriano nunca sofreu condenação na esfera criminal. Em setembro de 2012, o padre e a Mitra Diocesana de Umuarama foram condenados a pagar, cada um, R$ 50 mil às vítimas, por danos morais.

65. José Elpídio Costa da Silva
Dom José Maria Chaves dos Reis, bispo da Diocese de Abaetetuba, no Pará, anunciou em 24 de junho de 2020 que José Elpídio, o padre Zezinho, estava sendo desligado da Igreja. O clérigo, pároco da Paróquia Divino Espírito San-

to, em Moju, cidade próxima à Abaetetuba, molestara um garoto de 8 anos, em dezembro de 2003, em seu sítio. O abuso foi levado ao conhecimento da Igreja pela própria vítima, já com 25 anos. Após o processo canônico, o padre Zezinho perdeu o estado clerical. Até fevereiro de 2023, ainda não havia informação sobre a conclusão do inquérito policial. *(Ver página 182)*

66. José Irineu da Silva
Padre José foi condenado a 8 anos de prisão, em abril de 2016, por ter estuprado um garoto de 10 anos na sacristia da capela de São José Operário, em Ipanguaçu, no Rio Grande do Norte. Em junho de 2017, a Arquidiocese de Natal, após concluir um processo canônico, excomungou o padre. Somente dois anos e meio depois, em 9 de dezembro de 2019, ele foi preso.

67. José Maria Pinheiro
Na noite de 21 de março de 2014, José Maria, de 48 anos, foi preso em Araguari, no Triângulo Mineiro, sob a acusação de tentar abusar de um garoto de 12 anos. Ele era padre da Igreja de São Judas Tadeu. Segundo o menino, o sacerdote ofereceu R$ 20 para que fizesse sexo oral nele. O garoto fugiu e pediu ajuda à mãe. Preso, o padre negou a tentativa de abuso. No dia seguinte ao da prisão, porém, a Diocese de Uberlândia suspendeu o religioso de suas funções sacerdotais. Em primeira instância, José Maria foi condenado a 3 anos e 6 meses por favorecimento da prostituição de criança ou adolescente. Em segunda instância, o Tribunal de Justiça de Minas Gerais trocou a tipificação dos crimes por estupros de vulnerável, com pena de 3 anos, 1 mês e 10 dias, mas proibiu a substituição da pena por restrições de direitos, como ocorrera na primeira instância.

68. Josean Dantas Rolim
Tinha 51 anos ao ser preso, em 6 de agosto de 2009, por seguranças do terminal rodoviário do Recife, em Pernambuco. O padre estava num banheiro do terminal, com um adolescente de 14 anos. Após ser detido, Josean admitiu que beijou o garoto e informou que era HIV positivo. Ainda naquele mês, o Ministério Público pernambucano pediu e a Justiça concedeu exame de sanidade mental para avaliar se o padre poderia ser responsabilizado pelo crime. Não há informação sobre o resultado da perícia. O padre foi liberta-

do no dia 25 de agosto de 2009. Dez anos depois, em 26 de agosto de 2019, Josean Dantas Rolim morreu em Juazeiro, na Bahia, de causa não revelada.

69. Josiane Kelniar
A freira foi condenada por levar uma menina de 3 anos para ser abusada pelo padre Marcos Cesar Andreiv, na casa paroquial, ao lado da Igreja Menino Jesus, pertencente à Igreja Ucraniana, em Canoinhas, Santa Catarina. A denúncia partiu do Ministério Público catarinense no fim de 2009. *(Ver página 71)*

70. Juliano Osvaldo de Camargo
Foi demitido do estado clerical pelo papa Francisco, em 31 de março de 2022, e notificado da decisão em 19 de maio. O comunicado foi publicado pela Diocese de Votuporanga, da qual fazia parte. O motivo remonta a 2016, quando, ao longo de nove meses, o padre trocou mensagens com um adolescente de 16 anos. Segundo investigações da Polícia Civil, ele dava dinheiro em troca de fotos pornográficas da vítima. Denunciado, o padre foi condenado em primeira instância a 2 anos e 8 meses de reclusão por adquirir e armazenar pornografia envolvendo criança ou adolescente. Juliano recorreu ao Tribunal de Justiça e teve reduzida a pena para 1 ano e 6 meses em regime aberto, além de pagamento de multa.

71. Juscelino de Oliveira
Em julho de 2009, a 3ª Vara Criminal de Franca, no interior de São Paulo, condenou o padre Juscelino, então com 40 anos, a 12 anos de reclusão pelo abuso de uma menina de 10 anos. O crime ocorreu em 2006. A criança era molestada durante visitas do padre à casa da mãe da vítima. O crime foi descoberto numa conversa da garota com uma prima. O sacerdote, que integrava o clero da Diocese de Santo Amaro, recebeu pena de 6 anos por estupro e outros 6 por atentado violento ao pudor.

72. Lenilson Laurindo da Silva
Vigário da Paróquia Nossa Senhora de Fátima, em Crato, no sertão cearense, ele foi preso em 7 de outubro de 2016, acusado de abusar de adolescentes, e condenado a 13 anos, 7 meses e 10 dias de cadeia. A denúncia partiu da mãe de uma das vítimas. Em 27 de abril de 2020, com a pandemia do coronavírus,

Lenilson passou a cumprir a pena em prisão domiciliar. Numa atitude rara, o ministro Rogerio Schietti Cruz, do Superior Tribunal de Justiça, que negara um habeas corpus ao sacerdote, determinou que o nome do padre não fosse posto em segredo de Justiça: "Em tempo, corrija-se a autuação, tão somente para que conste o nome do recorrente por extenso, tendo em vista que, na espécie, não há motivo legal para a ocultação da sua identidade. O segredo de Justiça visa à proteção da vítima, o que, no presente caso, não deixará de ocorrer com a publicidade dada ao nome do autor da conduta narrada, como, de hábito, se faz em relação a autores de quaisquer crimes".

73. Luiz Marques Barbosa

Um dos religiosos envolvidos no caso de Arapiraca, em Alagoas, monsenhor Luiz Marques Barbosa tinha 82 anos quando, em 2009, foi filmado na cama com um jovem de 19 anos. O vídeo se tornou público no ano seguinte, num escândalo que envolveu também o padre Edilson Duarte e o monsenhor Raimundo Gomes Nascimento. Três rapazes acusaram os sacerdotes de abuso sexual. O rapaz filmado com o monsenhor Luiz Marques, um ex-coroinha, disse ter sido abusado por ele desde os 12 anos. Os jovens contaram ainda que Luiz Marques mantinha uma casa de veraneio em Barra de São Miguel, balneário de Maceió, onde promovia encontros com adolescentes. O padre foi ouvido pela CPI da Pedofilia, em 2010, e preso preventivamente após o interrogatório. Em 2011, foi condenado a 21 anos de prisão, por exploração sexual, mas até fevereiro de 2023 continuava recorrendo em liberdade. *(Ver página 101)*

74. Manoel Bezerra de Lima

Em 30 de novembro de 2017, o padre Manoel Bezerra de Lima, então com 66 anos, foi preso, em cumprimento a um mandado da Vara da Infância e Juventude de Rio Preto, no interior de São Paulo. Ele estava em casa, no município de Guapiaçu, no norte do estado, onde guardava vídeos de adolescentes em cenas de sexo. "Nos vídeos, encontrados no celular e nos CDs, apenas adolescentes aparecem em pleno ato sexual. No único em que o padre aparece, ele está conversando com o adolescente, cuja mãe foi autora da denúncia", disse o delegado José Mauro Venturelli. O padre confirmou ser o dono do material e que recebia os adolescentes na casa paroquial. O bispo diocesano de Rio Preto, Dom Tomé Ferreira da Silva, afirmou que o padre teria que "responder pelos seus atos diante das leis do Brasil" e que já estava afastado do sacerdócio há um mês. Não há informações públicas sobre o desfecho do processo criminal.

75. Marcelo de Matos Tinoco
Coordenador da Catedral Santa Maria Mãe de Deus, da Diocese de Castanhal, no nordeste do Pará, o padre Marcelo Tinoco foi autuado em flagrante na noite de 13 de junho de 2012, por abuso sexual. Tinha 30 anos, e a vítima era um menino de 12, coroinha da Igreja São Pedro, onde o padre celebrara missa horas antes. A pena foi de 16 anos, 3 meses e 25 dias de prisão em regime fechado. Em 2018, a defesa do sacerdote conseguiu reduzi-la para 12 anos e 3 meses. O pedido de recorrer em liberdade lhe foi negado. Entretanto, o padre conseguiu ser transferido para uma cela especial por ter curso superior.

76. Marcílio Antônio Miranda Proença
Com o nome religioso de Dom Francisco, o monge do Mosteiro de São Bento, em São Paulo, foi acusado de assédio sexual por um jovem que trabalhou ali como alfaiate. Os abusos, segundo a vítima, ocorreram a partir de seus 17 anos de idade. A investigação foi revelada pelo programa "Fantástico", da TV Globo, em 5 de dezembro de 2021, que exibiu também denúncias contra o padre Rafael Bartoletti. Quando a reportagem foi ao ar, Dom Francisco já havia morrido de complicações decorrentes da Covid-19, em 21 de dezembro de 2020.

77. Marcos Aurélio Costa da Silva
O padre tinha 38 anos ao ser preso em flagrante na tarde de 3 de junho de 2015, em Gurupi, região sul do Tocantins, sob acusação de aliciar um adolescente de 16 anos pelas redes sociais, com um perfil falso. O sacerdote, da Paróquia Divino Espírito Santo, na cidade de Peixe, foi autuado no artigo 241 do Estatuto da Criança e do Adolescente, que trata da divulgação de conteúdo pornográfico para menores, simulação de crianças em cenas de sexo explícito e aliciamento de menores. Ele foi suspenso da Igreja no dia seguinte à prisão. Na ocasião, a Diocese de Porto Nacional pediu "desculpas pelos constrangimentos, em especial às pessoas envolvidas". A juíza Mirian Alves Dourado acolheu o pedido para que respondesse ao processo em liberdade.

Em 26 de agosto de 2019, o clérigo foi preso novamente. Dessa vez, um rapaz de 18 anos o acusou de abuso sexual e cárcere privado. Segundo a denúncia, o jovem, que era de Pernambuco, foi para Palmas com a promessa de conseguir do padre uma carta para entrar no seminário. Marcos Aurélio Costa da Silva está em liberdade e não há informações públicas sobre os casos. Ele mantém uma página religiosa no YouTube.

78. Marcos Cesar Andreiv
Andreiv era padre da Igreja Menino Jesus, pertencente à Igreja Ucraniana, em Canoinhas, Santa Catarina, e morava no mesmo terreno da paróquia. O espaço também abrigava o Jardim de Infância Santa Teresinha. A freira Josiane Kelniar era professora da escolinha. Em 2009, Josiane e Andreiv foram denunciados ao Ministério Público catarinense e à Polícia Civil por abusar sexualmente de uma menina de 3 anos. Josiane levava a criança durante o horário de aula à residência do padre, onde era molestada. Em 2011, Josiane e Andreiv foram condenados por atentado violento ao pudor a 10 anos e 6 meses de prisão. O padre, que estava preso preventivamente, continuou na cadeia. A freira pôde recorrer em liberdade, mas acabou detida em 2019, no município paranaense de Boa Ventura de São Roque. Em junho de 2016, Andreiv teve direito ao regime aberto e foi morar em Curitiba, no Paraná. *(Ver página 71)*

79. Marcos Roberto Ferreira
"Tô no banheiro agora. Pai, vem me buscar, por favor". A mensagem, seguida por dois emojis de choro, foi o pedido de socorro de um garoto de 13 anos, vítima de abuso sexual. O menino e um amigo de 12 anos frequentavam a Paróquia Santa Paulina, em São Francisco do Sul, Santa Catarina, onde Marcos Roberto era padre. Segundo a denúncia, nas férias escolares, em dezembro de 2016, o padre os levou à sua casa, na cidade catarinense de Joinville, com permissão dos pais. Durante uma das noites, o clérigo se deitou com o menino e o atacou. Os abusos voltariam a ocorrer em maio de 2017, quando o padre já estava na Paróquia Sagrado Coração de Jesus, em Joinville. Foi nessa ocasião que o garoto se trancou no banheiro e pediu ajuda ao pai. No mês seguinte, o sacerdote foi preso na casa da mãe, também em Joinville, e condenado, em maio de 2018, a 33 anos, 2 meses e 6 dias de prisão por estupro de vulnerável e por oferecer bebida alcoólica aos

menores. Em fevereiro de 2019, a 1ª Câmara Criminal do Tribunal de Justiça de Santa Catarina reduziu a pena do estupro para 32 anos, mas aplicou uma nova condenação de 2 anos e 4 meses por ter dado bebida alcoólica a um dos menores, aumentando a punição.

80. Maurílio Alves Rodrigues

Os padres Maurílio Alves Rodrigues e Oldeir José Galdino, que integram a Diocese de Assis, em São Paulo, foram afastados das funções no dia 31 de maio de 2022, após serem acusados por um ex-seminarista de abuso sexual. O homem, então com 36 anos, revelou ter sido vítima dos clérigos em 2002 e 2003, mas só encontrou forças para denunciá-los duas décadas mais tarde, depois de passar por tratamento psicológico e contar à sua mulher sobre os ataques. Ele disse que se tornou um brinquedo sexual nas mãos dos dois sacerdotes. Segundo a vítima, o padre Oldeir o convidou para dormir na casa paroquial quando estava no seminário. Ele aceitou, mas acordou de madrugada durante o abuso e disse ter sido ameaçado. A Diocese de Assis afastou ambos até o fim das investigações. Eles negam as acusações.

81. Mauro Sérgio Rodrigues Maciel

Na tarde de 10 de fevereiro de 2021, o padre Mauro Sérgio, da Diocese de Osasco, foi preso em flagrante em seu condomínio, em Santa Maria, Osasco, região metropolitana de São Paulo. O sacerdote abriu a janela do apartamento, exibiu o pênis para duas crianças de 7 e 8 anos que brincavam e as convidou a entrarem no imóvel. Assustadas, elas correram para casa e contaram aos pais, que acionaram a polícia. Em 18 de junho, a Justiça acolheu a denúncia contra o clérigo feita pelo Ministério Público de São Paulo. Ele foi acusado de satisfação de lascívia mediante presença de criança ou adolescente, mas solto após pagamento de fiança. Num trecho da denúncia, o juiz destacou: "Interrogado, o denunciado confirmou ter aparecido despido na frente das vítimas, mas alegou não ter tido a intenção".

82. Michele Vanin

Vanin, conhecido como Padre Arcângelo, foi investigado em março de 2013, na delegacia de Mazagão, no Amapá, após denúncia feita pelo Conselho Tutelar sobre o abuso de uma criança de 11 anos, na casa paroquial. O sacerdote chegou a ser preso temporariamente. "O réu se valia da sua condição de padre nesta cidade para se aproximar da vítima e conseguir satisfazer sua lascívia", destacou o juiz na decisão, de 2015, em que sentenciou Michele Vanin a 8 anos de prisão em regime semiaberto por estupro de vulnerável. O padre sempre negou o crime. Não há informações públicas sobre as investigações da Igreja e se foi afastado ou punido.

83. Nelson Koch

O padre foi preso preventivamente em 17 de fevereiro de 2022 por policiais da Delegacia Especializada de Defesa da Mulher, Criança e Idoso, de Mato Grosso, que também cumpriram mandado de busca e apreensão na chácara do clérigo, na zona rural de Sinop, a 480 quilômetros de Cuiabá. Aos 54 anos, o sacerdote foi acusado pelos crimes de estupro, estupro de vulnerável e importunação sexual. A mãe de uma vítima contou à polícia que seu filho, de 15 anos, trabalhava desde 2021 na Paróquia São Cristóvão, da Diocese Sagrado Coração de Jesus de Sinop, e sofria abusos. Segundo o adolescente, Koch o atacou quando tinha 7, 13 e 15 anos. Outro adolescente, de 17 anos, confirmou que o padre também abusou dele por três anos. Após a prisão, mais duas vítimas procuraram a delegacia. A ministra Rosa Weber, do Supremo Tribunal Federal (STF), negou o pedido de prisão domiciliar impetrado pela defesa. Em outubro de 2022, Koch foi condenado a 48 anos de cadeia.

84. Oldeir José Galdino

Padre da Diocese de Assis, em São Paulo, Oldeir foi acusado por um ex-seminarista de abuso sexual. A vítima denunciou também o padre Maurílio Alves Rodrigues. O homem revelou ter sido molestado pelos clérigos em 2002 e 2003, mas só os denunciou duas décadas depois.

85. Osvaldo Donizete da Silva

Foi preso em 15 de julho de 2013, sob a acusação de molestar uma menina de 11 anos durante confissão para a primeira comunhão. O abuso ocorreu em maio de 2013, numa sala da Paróquia São Benedito, em Sales, interior de São Paulo. A coroinha foi beijada na boca e teve as nádegas apertadas pelo sacerdote. O clérigo foi denunciado pelo Ministério Público por estupro de vulnerável. Em outubro de 2014, porém, o Tribunal de Justiça de São Paulo desclassificou o estupro e considerou o fato contravenção penal: "Importunar alguém, em local público, de modo ofensivo ao pudor" (transgressão transformada em crime apenas em 2018). Padre Osvaldo foi condenado a pagar multa de R$ 265,46 e deixou a prisão. Em setembro de 2021, ele ainda aparecia como integrante do clero da Diocese de Catanduva. Em janeiro de 2022, a defesa da vítima entrou com uma ação na Justiça paulista pedindo ao padre e à diocese R$ 210 mil por danos morais.

86. Paulo Back
Foi preciso que um menino de 11 anos ficasse doente, com crise de falta de ar, em junho de 2012, para que os abusos sexuais cometidos pelo frei Paulo Back, então com 69 anos, viessem à tona. Primeira e única vítima pela qual o franciscano seria condenado — embora dezenas de outras denúncias tenham vindo a público —, o menino foi molestado pelo menos duas vezes em 2010, quando ainda tinha 9 anos, na Paróquia Sagrado Coração de Jesus, em Forquilhinha, Santa Catarina. Em 6 de julho de 2012, o clérigo foi preso. Seis meses depois, em 18 de dezembro, a Justiça condenou Back a 20 anos por estupro de vulnerável. Em 8 de maio de 2014, os desembargadores da 4ª Câmara Criminal do Tribunal de Justiça de Santa Catarina aumentaram a condenação para 26 anos e 2 meses de reclusão. *(Ver página 82)*

87. Paulo Barbosa
Padre Paulo foi acusado duas vezes, em épocas diferentes, de abuso sexual de menores. Em 2006, ele era pároco em Bebedouro, no interior de São Paulo, e um adolescente de 14 anos disse ter mantido relações sexuais com o clérigo. Outros seis menores alegaram que também sofreram abusos. O padre ficou afastado por dois anos, até que o caso foi arquivado pela Justiça e ele voltou às atividades em 2008. Quase dez anos depois, em janeiro de 2017, o bispo da Diocese de Araçuaí, em Minas Gerais, abriu um processo canônico contra o padre. A essa altura, ele era pároco em Ponto dos Volantes, no interior de Minas, onde foi acusado de estuprar um adolescente. Em outubro de 2018, o Ministério Público informou à Cúria de Araçuaí que havia uma investigação contra a conduta do padre Paulo. Somente em novembro de 2019, o MP conseguiu na Justiça um mandado de prisão contra o religioso. Ele foi detido em Jaboticabal, São Paulo. Não há informação sobre o resultado das investigações.

88. Paulo César Salgado
Em 22 de fevereiro de 2017, Paulo César, então pároco da Paróquia São José, em Oratórios, interior de Minas Gerais, foi aplaudido quando deixava a cidade no carro da Polícia Militar. Preso por desvio e comércio de imagens sacras da Arquidiocese de Mariana, ele também foi denunciado por abusar de dois menores, de 15 e 17 anos, em 2016. O mais novo foi convencido a fazer sexo com o sacerdote em troca de R$ 50; em uma ocasiões, filmou o crime. Com o outro jovem, o padre manteve um relacionamento de seis meses e o presenteou com uma moto. Em dezembro de 2017, Paulo César recebeu condenação de 14 anos, 3 meses e 6 dias de prisão. Sua defesa ainda recorreu ao Tribunal de Justiça de Minas Gerais, que manteve a sentença em abril de 2020.

89. Paulo Jorge de Oliveira Viana
Padre da Igreja Nossa Senhora dos Remédios, em Buriti dos Lopes, no Piauí, ele teve a prisão decretada em fevereiro de 2017, acusado de estuprar um coroinha de 12 anos em pelo menos três ocasiões. Em julho de 2018, o sacerdote foi absolvido da acusação de estupro de vulnerável. Porém, o Ministério Público do Piauí recorreu e, em 11 de dezembro de 2020, os desembargadores da 2ª Câmara Especializada Criminal do Tribunal de Justiça reformaram a sentença e condenaram o sacerdote a 10 anos, 9 meses e 18 dias de prisão.

90. Paulo Machado de Oliveira
O padre teve o corpo deixado numa caixa de papelão, após ser morto por asfixia na quitinete onde vivia, no bairro da Pedreira, em Belém, no Pará. O crime ocorreu em 12 de janeiro de 2014. Naquela época, ele estava afastado do sacerdócio, depois de ter sido preso, em 2012, por abusar de um adolescente na cidade paraense de Altamira, crime pelo qual conseguiu responder em liberdade. Três meses depois da morte do padre, um homem de 22 anos foi preso. Ele convivia com Paulo havia três meses e confessou ter matado o clérigo com sacos plásticos após fazerem sexo. A motivação do crime: roubar do padre uma caixa de som, um aparelho celular e R$ 100.

91. Paulo Sérgio Maya Barbosa
Na noite de 3 de maio de 2002, por volta das 22h30, policiais militares encontraram um carro à beira de uma rodovia, perto de um canavial, em Piracicaba,

interior de São Paulo. No veículo estavam um adolescente de 15 anos e o padre Paulo Sérgio, de 40. O sacerdote era pároco da Igreja de São José, em Corumbataí, a cerca de 70 quilômetros de Piracicaba. O garoto disse aos PMs que estava fazendo sexo com o padre. Paulo Sérgio foi preso em flagrante. No carro, foram encontradas 20 fotos eróticas de outro adolescente, além de negativos, disquetes, camisinhas e uma revista com capa sobre pedofilia na Igreja. Não há informação sobre a conclusão do caso, mas Paulo Sérgio continuou exercendo o sacerdócio. Em outubro de 2016, ele foi alvo de uma busca e apreensão da Polícia Federal. A essa altura, atuava na Diocese de Porto Nacional, no Tocantins. Em agosto de 2021, o religioso ainda vivia na cidade e foi citado numa reportagem da "Gazeta do Cerrado" como representante da diocese.

92. Paulo Souza Dias
Em novembro de 2000, um adolescente de 17 anos denunciou à Polícia Civil em Atibaia, no interior de São Paulo, que fora abusado pelo padre da Igreja de São João Batista. O garoto contou que era digitador na paróquia, onde morava com três seminaristas. Ele afirmou ter sido assediado diversas vezes até que, na madrugada de 12 de novembro, o padre o teria ameaçado com uma faca e o violentado. Um exame de corpo de delito detectou escoriações no maxilar, riscos de faca nas costas e hematomas. Em abril de 2004, Paulo foi condenado a 7 anos de prisão.

93. Pedro Leandro Ricardo
Principal nome envolvido no escândalo de Limeira, o padre Leandro foi acusado de diversos abusos sexuais de menores. Em dezembro de 2018, a Polícia Civil começou a investigar o caso e, um ano depois, ele foi denunciado por atentado violento ao pudor contra três vítimas, entre 2002 e 2005. A essa altura, estava afastado de suas funções havia quase um ano. Em 11 de março, o papa Francisco demitiu o padre de seu estado clerical. Em 19 de maio de 2022, o ex-sacerdote foi condenado em primeira instância a 21 anos de prisão por atentado violento ao pudor contra duas de suas vítimas. *(Ver página 110)*

94. Piergiorgio Albertini
Conhecido como Padre Jorge, o italiano Piergiorgio Albertini era pároco na cidade de Borba, a 150 quilômetros de Manaus, no Amazonas. De acordo com

a denúncia do Ministério Público amazonense, em 1993, quando tinha 53 anos, ele abusou de uma menina de 9. Em março de 2013, foi condenado a 9 anos de reclusão por estupro de vulnerável. Após um recurso da defesa, o Tribunal de Justiça do Amazonas reduziu a pena, o que levou à extinção da punibilidade pelo crime, ou seja, Albertini não poderia mais ser punido pelo delito. A redução da pena e o fato de Albertini ter mais de 70 anos à época da sentença fizeram com que o padre fosse beneficiado pela prescrição do crime.

95. Rafael Bartoletti
Em 5 de dezembro de 2021, uma reportagem do "Fantástico", da TV Globo, exibiu denúncias contra o beneditino Rafael Bartoletti, o Irmão Hugo, monge no Mosteiro de São Bento, em São Paulo. O jovem que denunciou os assédios sexuais tinha 16 anos quando entrou para os cursos de canto gregoriano e arte do mosteiro. Segundo a vítima, Hugo tentou forçá-lo a fazer sexo oral, além de o assediar através de mensagens de celular. Outro rapaz, que trabalhou como alfaiate no mosteiro, também acusou Bartoletti de assédio. O religioso foi denunciado pelo Ministério Público em junho de 2020. Em primeira instância, a Justiça suspendeu a tramitação do processo, por decadência, ou seja, pelo prazo para punição ter se esgotado. Em segunda instância, porém, determinou que a ação fosse retomada, já que as vítimas eram menores à época e, por isso, a prescrição é contada de forma diferente.

96. Raimundo Gomes Nascimento
Era um dos clérigos do caso de Arapiraca, em Alagoas. Um ex-coroinha denunciou ter sido molestado por ele. Monsenhor Raimundo, por sua vez, acusou ex-coroinhas de tentarem extorquir dinheiro dele e de outros padres. Em dezembro de 2011, ele foi condenado a 16 anos e 4 meses por exploração de menores. Com sua morte, em janeiro de 2015, a pena foi extinta. O padre virou nome de rua em Arapiraca. *(Ver página 101)*

97. Raimundo Nonato da Silva
Em março de 2019, já fazia dois anos que o padre Raimundo Nonato estava suspenso das atividades eclesiásticas e era investigado pela Arquidiocese de Fortaleza pelo abuso de um menor. O caso veio a público em abril de 2017, na época em que o clérigo era responsável pela Paróquia Nossa Senhora da

Conceição, na capital cearense. Raimundo teria assediado um adolescente de 13 anos, nomeado por ele próprio seu secretário particular. Não há notícia sobre a investigação, mas, em março de 2021, o padre Raimundo ainda aparecia no site da arquidiocese como suspenso.

98. Raul Gonçalves Povêa
Em 20 de março de 2005, o padre e engenheiro Raul Povêa, então com 51 anos, que atuava em Barra do Garças, em Mato Grosso, foi preso em flagrante por atentado violento ao pudor, acusado de abusar de um rapaz com deficiência mental. Em 12 de maio daquele ano, a prisão foi convertida em preventiva. Durante o julgamento, o padre Raul admitiu ter feito sexo com a vítima. Em 2009, o sacerdote foi condenado a 9 anos de reclusão. A pena foi reduzida para 7 anos em abril de 2010, pelos desembargadores da 3ª Câmara Criminal do Tribunal de Justiça de Mato Grosso. Em 2012, o sacerdote ganhou o direito de cumprir o restante da pena em regime semiaberto e se mudou para Goiás.

99. Reginaldo Antônio Ghergolet
Na manhã de 3 de janeiro de 2013, uma adolescente de 13 anos caminhava pelo Centro de Ribeirão do Pinhal, cidade de 13 mil habitantes no Paraná, quando um homem parou ao lado dela ao volante de um Gol branco. Ele pediu informações sobre como chegar ao hospital municipal, abaixou a bermuda e começou a se masturbar. Era o padre Reginaldo. A adolescente correu e encontrou um policial militar de folga, que anotou a placa do carro e a repassou à Polícia Civil. O padre foi preso e indiciado no artigo 218-A do Código Penal: "Praticar, na presença de alguém menor de 14 anos, ou induzi-lo a presenciar, conjunção carnal ou outro ato libidinoso, a fim de satisfazer lascívia própria ou de outrem". O padre chegou a se tornar réu, mas não há informação sobre condenação. Em 2021, Reginaldo Ghergolet aparece como coordenador da Equipe de Animação Bíblica da Diocese de Jacarezinho.

100. Salomão Soares de Oliveira
Quando o padre Salomão morreu aos 81 anos de Covid-19, em 18 de novembro de 2020, em Nova Friburgo, Região Serrana do Rio de Janeiro, fazia 19 anos que fora preso por corrupção de menores. Ele era responsável pela Paróquia São João Evangelista, na Penha, Zona Leste de São Paulo, e

foi acusado de abusar de quatro jovens, três delas menores, com 14, 16 e 17 anos. As adolescentes eram de Irati, no Paraná, e foram convencidas em 1999 a ir morar com o padre em São Paulo, onde teriam estudo, alimentação, roupas e emprego. Em troca, o padre cobrou favores sexuais. As jovens o denunciaram à polícia em 20 de agosto de 2001 e, no dia seguinte, ele foi preso temporariamente. Não há informações públicas sobre os desdobramentos das investigações.

101. Sebastião Aparecido Braga

Comendador Gomes, município de três mil habitantes em Minas Gerais, viu o pároco da cidade ser preso em 8 de dezembro de 2006. O padre Sebastião tinha 33 anos e foi acusado de abusar de menores que frequentavam a casa paroquial. Um deles tinha 11 anos. Em juízo, o padre falou frases desconexas. O juiz Nilson de Pádua Ribeiro Júnior ordenou que fosse feito um exame de sanidade mental. Os abusos só foram descobertos porque um adolescente de 16 anos, com um celular, gravou um vídeo do sacerdote fazendo sexo oral com o menino de 11 anos. Segundo os menores, o clérigo oferecia dinheiro para atraí-los. O padre ficou pouco mais de um ano preso e foi solto por um habeas corpus. Não há informações públicas sobre o resultado do processo criminal.

102. Sebastião Luiz Tomaz

Denunciado em 2002, quando tinha 69 anos, o padre Sebastião, de Santana do Acaraú, cidade a 228 quilômetros de Fortaleza, foi acusado de abuso sexual por 21 meninas com idades entre 10 e 16 anos. Segundo as denúncias, ele as presenteava em troca de sexo. Nove delas foram submetidas a exame de corpo de delito no Instituto Médico Legal da Paraíba. O resultado indicou que duas tiveram relações sexuais e uma foi estuprada. Enquanto esteve preso preventivamente, ele saiu da prisão algumas vezes para tratar de um câncer na laringe, até obter o benefício de responder em liberdade. O clérigo morreu cerca de dois anos depois das primeiras denúncias, antes de ser sentenciado. Ele passou os últimos anos com a família, em Fortaleza.

103. Tarcísio Tadeu Spricigo

O histórico criminal do frei Tarcísio como estuprador de menores atravessou três estados, entre 2000 e 2014. Ele foi condenado em 2003 a 15 anos por atentado violento ao pudor contra um garoto de 8 anos em Agudos, interior de São Paulo. O crime ocorreu em 2000, quando o religioso era pároco da Igreja de Nossa Senhora Aparecida. Meses depois, Tarcísio se mudou para Anápolis, Goiás, onde voltou a cometer o mesmo crime. Em agosto de 2002, foi preso novamente por atacar dois meninos, um de 13 e outro de apenas 5 anos. O frade ganhou notoriedade pelo seu "manual de pedofilia", no qual relatava assédios e descrevia técnicas para se aproximar das vítimas. As penas impostas a ele totalizaram 32 anos, 9 meses e 20 dias de prisão. *(Ver página 29)*

104. Thiago Silveira Barros
O sacerdote foi afastado em dezembro de 2019, ao lado do padre Jhonatha Almeida da Silva, da Diocese de Rondonópolis-Guiratinga, em Mato Grosso, por abusar de um adolescente. Em agosto de 2022, Thiago respondia a processo por estupro de vulnerável no Tribunal de Justiça de Mato Grosso.

105. Tomé Ferreira da Silva
Em 18 de agosto de 2021, a Conferência Nacional dos Bispos do Brasil (CNBB) anunciou que Dom Tomé Ferreira da Silva, até então bispo da Diocese de São José do Rio Preto, em São Paulo, havia renunciado. O pedido de afastamento, feito pelo clérigo, foi aceito pelo papa Francisco. Em 13 de agosto, vazou um vídeo em que o religioso aparece seminu, acariciando seu órgão sexual. Anos antes, houve uma investigação da Igreja sobre as denúncias de que Dom Tomé acobertara abusos cometidos por padres da diocese. Em novembro de 2017, o padre Manoel Bezerra de Lima foi preso por armazenar num computador imagens de adolescentes fazendo sexo. Ele era subordinado a Dom Tomé.

106. Vanderlei Barcelos de Borba
O padre, de 49 anos, foi acusado por uma adolescente, de 16, de assediá-la. Vanderlei era pároco da Igreja Nossa Senhora de Lourdes, em Canela, no Rio Grande do Sul. Em fevereiro de 2021, a mãe da menina fora contratada como governanta da casa paroquial. Um mês depois, segundo a mulher, o padre ofereceu à sua filha um emprego como secretária. De acordo com a denúncia, o padre dava presentes à jovem e a convidava para sair. Ela disse que o sacerdote passou a mão em seus seios e nos cabelos, e numa ocasião a abraçou e tentou beijá-la. O padre negou as acusações e disse que era víti-

ma de vingança por ter afastado do trabalho a mãe da menor. Em junho de 2022, a Justiça acolheu a denúncia do Ministério Público gaúcho, e o padre Vanderlei virou réu por importunação sexual. Havia também uma ação cível movida pela mãe contra a Diocese de Novo Hamburgo, cobrando indenização por danos morais, e um processo trabalhista contra a paróquia.

107. Vilson Dias de Oliveira
Era o bispo do caso de Limeira. Em maio de 2019, Dom Vilson, então com 61 anos, renunciou ao posto da Diocese de Limeira, no interior de São Paulo, onde estava havia 12 anos. Ele foi investigado por enriquecimento ilícito e acobertamento de assédio sexual de padres da diocese contra menores. No fim de 2021, o processo continuava tramitando em segredo de Justiça. *(Ver página 110)*

108. Vitalino Rodrigues de Lima
Foi preso em 2007, acusado de abusar de cinco meninos com idades entre 8 e 12 anos no município de Fazenda Rio Grande, no Paraná. Vitalino era pároco na Igreja Nossa Senhora da Luz, ligada à Diocese de São José dos Pinhais. Em agosto de 2009, ele conseguiu um habeas corpus no Superior Tribunal de Justiça e foi posto em liberdade. Três anos depois, porém, recebeu uma pena de 11 anos e 3 meses de prisão pelos ataques às crianças. Padre Vitalino conseguiu escapar da prisão por quatro anos, até ser capturado em 11 de agosto de 2016, em São José, na Grande Florianópolis, em Santa Catarina.

AGRADECIMENTOS

Este livro não seria possível sem a ajuda de muitas pessoas que, em momentos distintos, nos apoiaram no trabalho durante três anos.

A Bruno Thys e Luiz André Alzer, pelo desafio de produzir o livro e pelas sugestões e correções preciosas no texto final.

Às vítimas e seus parentes, pela coragem de romper o silêncio, ou mesmo indicar caminhos para que pudéssemos buscar a verdade dos fatos por meios diversos. Revelar fatos, revirar as memórias de períodos dolorosos é algo que exige coragem e determinação. Tornar públicos os casos é uma forma de apoiar as vítimas que continuam em silêncio por medo, vergonha ou por uma culpa que lhes foi imposta.

Em busca de referências sobre o tema, atravessamos fronteiras usando os meios digitais de comunicação para entrevistar Anne Barrett Doyle, Tim Lennon, Peter Saunders e Federico Tulli, generosas fontes que contribuíram com informações e depoimentos sobre a situação das vítimas de abuso nos Estados Unidos, Reino Unido, Itália e outros países.

A Michael Rezendes, por dividir as experiências e os bastidores da cobertura do escândalo de Boston revelado pelo time Spotlight, informações que nos ajudaram nas investigações dos casos no Brasil.

Ao padre Paulo Profilo, pela paciência e as explicações detalhadas, verdadeiras aulas, sobre o processo canônico. Qualquer imprecisão nesse trecho é de responsabilidade exclusiva dos autores.

À advogada Ruth Azevedo e ao desembargador Fábio Uchôa Montenegro pela leitura atenta do texto sobre as mudanças na legislação de crimes sexuais.

A Erick Rianelli, pelo apoio inestimável durante algumas entrevistas.

A Mirticeli Medeiros, por nos trazer um panorama, de dentro do Vaticano, do impacto das mudanças na legislação canônica introduzidas pelo papa Francisco.

Ao padre Alfredo da Veiga, Nelson Giovanelli e Eliane De Carli, por apresentar o ponto de vista de dentro da Igreja Católica sobre os abusos sexuais e pelos desafios no trabalho de conscientização e de educação que desenvolvem.

Aos advogados de vítimas de abuso, promotores públicos e policiais que contribuíram com detalhes sobre os casos e nos municiaram de documentos que permitiram um relato preciso das histórias. Aos que deram longas entrevistas, mesmo em off, obrigado por cumprir um dever que se sobrepõe a qualquer necessidade de holofotes.

BIBLIOGRAFIA

LIVROS E DISSERTAÇÕES

CARROLL, Matt et al. *Spotlight – Segredos revelados*. São Paulo: Vestígio, 2016.

CÓDIGO de Direito Canônico. Braga: Conferência Episcopal Portuguesa, 1983.

DAMIÃO, São Pedro. *O livro de Gomorra e a luta de São Pedro Damião contra a corrupção eclesiástica*. Campinas: Editora Ecclesiae, 2019.

DOYLE, Fr. Thomas P; SIPE, A.W. Richard; WALL, Patrick J. *Sex, priests and secret codes – the Catholic Church's 2,000-year paper trail of sexual abuse*. Reino Unido: Crux Publishing, 2016.

FERREIRA, Joana Rosa Henrique. *Em nome do sagrado – Os casos de pedofilia na Igreja Católica da Paraíba na imprensa*. UFPB: João Pessoa, 2020.

MARTEL, Frédéric. *No armário do Vaticano – Poder, hipocrisia e homossexualidade*. Rio de Janeiro: Objetiva, 2019.

MOTT, Luiz. *Bahia – Inquisição e sociedade*. Salvador: EDUFBA, 2010.

NASINI, Gino. *Um espinho na carne – Má conduta e abuso sexual por parte de clérigos da Igreja Católica do Brasil*. Aparecida: Editora Santuário, 2001.

TULLI, Federico. *Chiesa e pedofilia – Non lasciate che i pargoli vadano a loro*. Roma: L'Asino d'oro edizioni, 2010.

VEIGA, Alfredo César da (Org.); e ZACHARIAS, Ronaldo (Org.). *Igreja e escândalos sexuais – Por uma nova cultura formativa*. São Paulo: Paulus, 2020.

VEÍCULOS DE IMPRENSA

BBC, The Boston Globe, Correio Braziliense, Diário do Centro do Mundo, Diário do Grande ABC, El País, Estado de Minas, Extra, O Estado de S. Paulo, Folha de S.Paulo, The Irish Independent, G1, A Gazeta, O Globo, IstoÉ, Jornal de Brasília, Jornal do Brasil, National Catholic Reporter, Palm Beach Post, O Popular, SBT, South Florida Sun-Sentinel, The Tablet, O Tempo, Vatican News, Veja, Zero Hora.

SITES

Archdiocese of Boston: *https://www.bostoncatholic.org/*

BishopAccountability.org: *https://www.bishop-accountability.org/*

NAPAC: *https://napac.org.uk/*

SNAP: *https://www.snapnetwork.org/*

Tribunal do Santo Ofício – Arquivo Nacional da Torre do Tombo: *https://digitarq.arquivos.pt/details?id=2299703*

RELATÓRIOS

Dar voz ao silêncio — Relatório final. Comissão independente para o estudo dos abusos sexuais de crianças na Igreja Católica Portuguesa. Lisboa, fevereiro 2023.

Relatório final da Comissão Parlamentar de Inquérito – Pedofilia. Brasília, 2010.

Report I of the 40th Statewide Investigating Grand Jury – Redacted by order of Pennsylvania Supreme Court. July 27, 2018.

FILMES

Exame de consciência. Direção: Enric Hernández, Luis Mauri, Albert Solé. Espanha, 2019.

Graças a Deus. Direção: François Ozon. Bélgica, França, 2019.

No caminho da cura. Direção: Robert Greene. Estados Unidos, 2021.

Spotlight — Segredos revelados. Direção: Tom McCarthy. Estados Unidos, 2015.

NOTA DO EDITOR

Este é um livro jornalístico, escrito a partir de entrevistas e pesquisas. O trabalho está em conformidade com o Art. 5° da Constituição, inciso XIV*, que assegura o direito de informar, e do cidadão de ser informado. Ainda assim, se algum leitor detectar qualquer imprecisão ou incorreção nos fatos narrados, os editores se propõem a reexaminá-los e a fazer correções. Para isso, é necessário enviar a informação ao endereço contato@maquinadelivros.com.br.

É assegurado a todos o acesso à informação e resguardado o sigilo da fonte, quando necessário ao exercício profissional.

Este livro utilizou as fontes Glosa Text e Roseritta.
A primeira edição foi impressa em papel Pólen Soft 80g em maio de 2023 na gráfica Idealiza, quando o papa Francisco tinha recém-completado dez anos de seu papado.